AF310153

LA VIE OUVRIÈRE

L'OUVRIER ESPAGNOL

Observations vécues

PAR

JACQUES VALDOUR

Tome II

ANDALOUSIE, ARAGON, CASTILLE
PAYS BASQUE

RENÉ GIARD | ARTHUR ROUSSEAU
ÉDITEUR | ÉDITEUR
2, RUE ROYALE | 14, RUE SOUFFLOT
LILLE | PARIS

1919

L'OUVRIER ESPAGNOL

LA VIE OUVRIÈRE

L'OUVRIER ESPAGNOL

Observations vécues

PAR

JACQUES VALDOUR

Tome II

ANDALOUSIE, ARAGON, CASTILLE
PAYS BASQUE

RENÉ GIARD
ÉDITEUR
2, RUE ROYALE
LILLE

ARTHUR ROUSSEAU
ÉDITEUR
14, RUE SOUFFLOT
PARIS

1919

L'OUVRIER ESPAGNOL

CHAPITRE II

L'ANDALOUSIE. — SÉVILLE

En parcourant, cet après-midi de lundi, les quartiers populeux de *San Marco*, de la *Feria* et de l'*Alameda de Hercules*, je rencontre trois hommes qui s'en vont titubant. Le soleil, même l hiver, est chaud, le vin capiteux, et le Sévillan parfois s'écarte de la stricte sobriété. Un climat si doux invite à la flânerie : dans une petite rue, huit hommes et jeunes gens, assis à terre, jouent au loto ; plus loin, quatre jeunes gens jouent aux dominos et trois autres s'occupent à jeter des sous en l'air en pariant pile ou face : travaux plus plaisants que ceux de l'atelier.

Dans le réseau irrégulier de ces rues étroites dont les noms chantent parfois à l'oreille comme les sonorités orientales — *Calle Mosqueta, Plaza*

Mendizabal — flotte l'odeur d'huile et d'épices dont s'embaument les villes de l'Afrique du Nord et du Levant. C'est aussi la même lumière brillante qui glisse et joue sur les faïences des minarets maghrebins et sur les *azulejos* (1) des églises andalouses, qui baigne les colonnes blanches des harems maures et des *patios* (2) sévillans et flotte sur leurs dalles de marbre clair. Quelques cavaliers passent, montés sur des selles africaines au pommeau saillant et les pieds chaussés de larges étriers arabes. A la devanture des selliers s'offrent de riches harnachements de cuir fauve découpé sur cuir blanc en menus dessins géométriques, à la façon moresque. De petits ânes trottent, enfouis sous un vaste fardeau de broussailles qui grattent les murs. Sur l'abside de plusieurs églises se découpe le crénelage pointu imité de l'Alcazar ; sur le flanc de leurs tours s'étalent des tapis de briques dont la broderie épaisse s'inspire de celle qui orne la Giralda, sœur de la Kouttoubyia de Marrak'sh et de la tour Hassan de R'bât. Beaucoup d'enfants portent cheveux ras avec, sur les tempes, deux longues mèches, à la mode castillane héritée des Maures. Dans le coin d'une place, près d'un marché, au pied d'une haute muraille de briques à rangs rouges et jaunes alternés

1. Faïences qui couvrent les dômes ou ornent les murailles.
2. Cours intérieures des habitations.

où s'ouvre le double fer à cheval d'une fenêtre gé-
minée, une vingtaine de fillettes choquent les paumes des mains et murmurent un refrain monotone,
groupées en cercle autour de deux d'entre elles qui
dansent, les hanches souples et provocantes, les
bras relevés avec grâce et faisant claquer en cadence
les castagnettes ; l'une d'elles, aux yeux très noirs
fendus en amande, au teint mat, a couvert ses cheveux d'un mouchoir de soie blanche noué sur la
nuque ; on la croirait échappée d'un harem. Des
cours des églises, des jardins des monastères, des
patios des maisons montent dans le ciel très pur les
panaches des palmiers, les bouquets de feuilles des
bananiers. Le pavé des églises, comme ailleurs le
sol des mosquées, disparait sous les nattes de
paille ; leur plafond se fleurit de rosaces moresques. Sur le seuil d'une église apparaît, à genoux
une femme âgée, modestement vêtue de noir : orante,
pénitente, elle gagne la rue sur les genoux ; le visage pâle, creusé de douleur, les yeux clos, un coin
de la mantille ramené sur la bouche, elle avance
lentement, regagnant son logis, à genoux sur les
durs pavés. Des passants la regardent avec sympathie. Plus loin, dans les rues, à l'ombre, de nombreux groupes d'hommes du peuple, oisifs, rêvent
ou bavardent ; ils portent tous, quelque modestes
ou pauvres que soient leurs vêtements, des chaussures de cuir et beaucoup d'entre eux des bottines,

étroites, serrant des pieds très fins ; une partie des
boutons manque parfois, ou bien la chaussure est
crevée ; mais ils portent bottines. Sur tout cela,
gens et paysage, souffle de temps à autre un grand
nuage de poussière. Puis le ciel flamboie, le ciel ardent de cette fin d'hiver.

Un important quartier industriel s'étend au nord
et à l'est de la ville et le long des vieux remparts
entre la *Puerta Macarena* et la *Puerta de la Carne*.
Entre celle-ci et le *Prado*, le faubourg *San Ber-
nardo*, exclusivement peuplé d'ouvriers, compte de
nombreux ateliers. Le quartier occidental, entre le
Guadalquivir et l'*Alameda de Hercules*, possède
beaucoup de fonderies et d'ateliers où se travaille
le fer. C'était jadis un quartier de couvents, aujour-
d'hui envahi par les fabriques. En face, sur l'autre
rive du fleuve, on aperçoit, convertie en usine fu-
mante, l'ancienne Chartreuse. Cet étroit paysage
offre la synthèse de deux époques qui se sont suc-
cédées : autrefois, autour de ses nombreux monastères, le peuple espagnol vivait en paix ; maintenant, autour de ses couvents menacés, ou détruits,
ou transformés en ateliers, ce même peuple, déchiré
par un siècle de luttes intestines, plein de rancunes
et de colères savamment entretenues, risque de se
laisser entraîner aux suprêmes convulsions. Dans
le faubourg de *Triana*, se groupent de nombreuses
fabriques d'*azulejos*. Si l'on ajoute les dockers qui

travaillent sur les quais du fleuve, entre *Triana* et le *Prado*, on peut dire que tout Séville est ceinturé d'ateliers et d'usines. On ne s'en douterait guère, car, seules, quelques bâtisses neuves décèlent cette activité; la plupart des fabriques sont installées dans des maisons utilisées et aménagées vaille que vaille. Quelques-unes de ces constructions nouvelles s'élèvent sous les vieux remparts arabes, près du magnifique hôpital de la Renaissance, édifié à une époque où la foi ardente de la nation logeait ses malades pauvres en un palais plus beau que le palais de ses rois. Au delà de son ample façade s'étend la campagne vers les bas coteaux du Guadalquivir, les champs piqués de maisons blanches, ornés de bouquets de palmiers et de cyprès où pèse lourdement le soleil. Le cimetière est quelque part de ce côté, car fréquemment passent au trot les corbillards. Voici même un petit cercueil blanc et bleu, cercueil d'enfant porté par quatre adolescents et que suivent en causant avec animation une demi-douzaine d'hommes aux chapeaux de feutre plats, aux vestes courtes, aux pantalons étroitement serrés sur les hanches ; les quatre porteurs bavardent et, comme une jeune fille passe, ils l'appellent de la tête et de la voix, lui sourient...

C'est en parcourant les quartiers populeux que j'entre au hasard dans une vieille église conventuelle dont la porte était entr'ouverte : à ma grande surprise, la nef disparaît derrière une haute cloison. Apercevant un homme occupé à puiser des brochures dans une caisse, je lui demande si cet édifice n'est plus une église. Il parait hésiter, chercher prudemment ses mots : « Si... mais on la réforme... « elle n'est pas encore réparée... Le culte est le di- « manche... — Quel culte ? — ... Le service reli- « gieux... — Ah ! bien, j'y suis : service protestant ? « — Oui. » Volée par l'Etat en 1835, cette église subit une nouvelle et pire profanation. Le projet de *loi du cadenas* interdit la fondation d'établissements catholiques, mais non pas d'établissements protestants. Les libéraux n'ont jamais autrement entendu la liberté de conscience et de cultes ; rien ne les sépare de la conception protestante de cette liberté. L'Espagne est gouvernée au rebours de sa conscience collective et séculaire (1). L'Etat libéral y exerce contre la volonté générale les mêmes sévices, injures et violences qu'en France l'Etat laïque. Sur le boulevard extérieur, entre la Porte de Cordoue et la Porte de la *Carne*, près de la *Plaza San Augustin*, de volumineuses enseignes accrochées à une maison y indiquent la présence d'une « église évangélique », et d'« écoles évangéliques ».

1. Dans la séance du Sénat du 27 mai 1913, un sénateur jaimiste, Polo y Peyrolon, a pu affirmer sans être contredit qu'il existait au Palais royal une chapelle protestante et qu'elle était fréquentée par dix-neuf *palatinos* (fonctionnaires du palais). Le poisson pourrit par la tête.

Un soir, j'entre dans la « chapelle », une petite salle
où je compte sept femmes, trois ouvriers vêtus de
toile bleue, deux garçonnets et trois fillettes. Cette
propagande s'exerce à vide dans l'atmosphère d'indifférence religieuse croissante créée par la presse
libérale : les offices dominicaux réunissent peu de
fidèles dans les nombreuses églises ; les petits artisans, serruriers, menuisiers, travaillent le dimanche.

Les marchands de journaux, qui pullulent à Barcelone, sont bien peu nombreux ici. C'est par exception qu'ils affichent quelques numéros de l'anarchiste *Tierra y Libertad* et de l'hebdomadaire licen-
cieux illustré *Vert et Rose*. *Figaro* et *El Noticiero
sevillano* sont des journaux « indépendants » très
répandus. Mais *El Liberal* de Séville est de beaucoup le plus lu de tous les quotidiens, soit à Séville,
soit dans les *pueblos* (1) de la province : d'après ses
propres indications, il tirerait quotidiennement entre vingt-trois et vingt-cinq mille numéros. Plusieurs feuilles violemment anticléricales s'étalent
aux kiosques : quelques exemplaires du *Motin* et
de nombreux numeros de *El Radical, El Païs,
España nueva*. Celle-ci est une sorte de *Lanterne*
qui se vend aussi dans les compagnes andalouses.

1. **Villages, bourgs, communes rurales.**

Le dimanche des Rameaux, *El Liberal*, à propos
des processions de la semaine sainte, publie un premier article que ne désavouerait pas un chrétien.
C'est toujours la même tactique prudente : ménager
le sentiment public en favorisant des fêtes religieuses populaires et, en même temps, ruiner les idées
qui les ont suscitées et d'où elles tirent leur signifi-
cation ; quand le sentiment religieux s'est transformé en une simple parade, on supprime ces cor-
tèges en invoquant la liberté de la circulation, puis
on réclame, sans plus de souci de cette liberté,
l'établissement de processions civiques. Le jour du
Vendredi Saint, *El Liberal* de Séville perfectionne
son maquillage : la moitié de la première page est
remplie par un grand crucifix. C'est à le croire ré-
digé par les Assomptionnistes ! Il n'en mène pas
moins insidieusement campagne contre les intérêts
catholiques, d'accord avec les journaux ouvertement anticléricaux. *España naeva* du Jeudi saint
(20 mars 1913) publie en première page une carica-
ture anticléricale, un premier article de polémique
anticléricale et plusieurs entrefilets anticléricaux ;
en deuxième page, un article d'exégèse libre-penseuse sur « Jésus » ; en troisième page, un long article sur « Les crimes de l'Inquisition ». *El País*,
España nueva et *El Radical* publient pour le Vendredi saint des numéros spéciaux, exclusivement
consacrés à une violente prédication anti-catho-

lique. Aussi *El Motin* (27 mars) écrit-il en première
page, sous le titre « Félicitations » que ces trois
journaux méritent de recevoir les félicitations de
« tous les anticléricaux espagnols pour les numé-
« ros qu'ils ont publiés dans la dernière Semaine
« sainte, surtout pour ceux de jeudi et vendredi. »
Ces feuilles de mensonge dépeignent le Portugal —
ravagé par la guerre civile, tyrannisé et ruiné par la
faction révolutionnaire — comme un paradis terrestre : le 18 mars 1913, *España nueva* publie sous ce
titre, « Nos compatriotes au Portugal ; combien heu-
« reux ! et malheureux, nous autres ! » un premier
article où l'on peut lire : « Les républicains espagnols
« aiment la République portugaise parce qu'elle réa-
« lise leur idéal. Ils veulent et espèrent sa consolida-
« tion et son développement pour qu'elle soit un
« exemple de plus de la grandeur de la cause... » Elle
en fournit en effet un exemple typique ! Le numéro
d'*España nueva* du 23 mars, que lisent sous mes yeux,
à la *casa de comida*, trois ouvriers maçons, porte
ce titre en manchette : « Au Portugal, les Espagnols
trouvent travail et liberté. ». Voilà une des sources
où s'alimente l'opinion populaire qui fait du mot —
République — le synonyme de bonheur, richesse et
liberté. Cette annonce retentissante et menteuse est
imprimée à propos de l'inauguration, à Lisbonne,
d'un « Centre espagnol scolaire démocratique » où
Soriano, directeur d'*España nueva*, s'est rendu pour

prononcer un grand discours. Cette réclame a
d'autant plus d'importance que les relations entre
Lisbonne et l'Andalousie sont très intimes : beaucoup d'Andalous, surtout lorsque le travail manque
chez eux, vont en chercher à Lisbonne. Mais comment l'opinion individuelle de ces émigrants pauvres
pourrait-elle détruire l'effet produit sur le public
par la puissante propagande de Soriano ?

Maîtres de la pensée populaire par les illusions,
dont ils la nourrissent, d'un paradis terrestre républicain, ces journaux poursuivent un succès facile
lorsqu'ils entreprennent de ruiner les croyances
religieuses. Modérés ou violents, ils poursuivent,
sous l'inspiration du ministre libéral Romanones,
une campagne commune destinée à justifier un
projet de décret portant suppression de l'enseignement du catéchisme dans les écoles publiques. *El
Liberal* de Séville (1), sous le titre « Réunion anticléricale », rapporte complaisamment que, la nuit
précédente, au « Cercle républicain » de Séville, les
délégués de divers comités se sont rencontrés en
vue d'organiser un grand meeting en faveur du décret
projeté sur l'enseignement du catéchisme : « Etaient
« présents ou représentés la Maison du Peuple, la
« colonie hébraïque, les pasteurs évangéliques de
« Séville, l'Union républicaine, le parti radical, le

1. 28 mars 1913.

« parti réformiste, le Ligue anticléricale, les Loges
« maçonniques du Grand-Orient espagnol, le dé-
« puté..., les conseillers... Les Sociétés de *Cor-
« chotaponeros* (1) et de maçons ont envoyé leur
« adhésion. » Comme en France ! Derrière l'écran
des mêmes partis politiques, les mêmes éléments
inspirateurs, initiateurs et directeurs ! Et ces éléments sont les ennemis historiques, traditionnels et
irréductibles de l'Espagne comme de la France ! Les
journaux commencèrent par dire que le décret rendrait l'enseignement du catéchisme facultatif, puis,
devant les protestations de l'opinion, assurèrent
qu'il s'agissait seulement d'en dispenser les enfants
dont les parents déclaraient ne pas appartenir à la
religion catholique, simple mesure de tolérance,
faisait-on remarquer en oubliant que la liberté
d'enseignement existe en Espagne et que les non-
catholiques possèdent des écoles où ils peuvent
envoyer leurs enfants ; d'ailleurs, mesure destinée
à préparer l'opinion à la déclaration de neutralité
de l'Etat, comme si la neutralité était possible !
comme si, à la supposer réalisable, on pouvait
admettre que l'Etat fût neutre ! L'Etat doit professer
la religion du pays dont il exprime et dirige l'activité : dans un pays catholique, l'Etat doit être catholique et ses écoles, si par aberration il s'est constitué

1. Ouvriers tailleurs de bouchons de liège.

maître d'école, doivent être catholiques. Le décret projeté est donc nettement dirigé contre le catholicisme : et nul ne s'y trompe. On sait qu'il est destiné à ouvrir la voie à des mesures plus radicales encore. Déjà il ne satisfait pas les partis extrêmes qui éprouvent grande hâte à la réalisation immédiate de tout leur programme : *El Radical* (1) écrit que « le libéralisme » du gouvernement n'est qu'une « farce » puisqu'il prépare ce décret dans l'instant même où il renoue les relations diplomatiques avec Rome. Manié par des sectaires habiles et prudents, le décret projeté sur le catéchisme vise à exercer une pression sur l'opinion publique, à l'incliner dans une certaine direction, à la contraindre d'entrer dans une certaine voie : ainsi, dans une nation religieusement homogène, l'Etat libéral travaille à susciter l'hétérogénéité en la supposant et à la développer en l'imposant. L'Etat a pour fonction de fortifier le pays : l'Etat libéral s'efforce de l'affaiblir. Alors que le rôle de l'Etat consiste à concourir avec les forces unifiantes, l'Etat libéral s'attache à favoriser le jeu des forces dissolvantes. Les libéraux y sont poussés par l'esprit — qu'ils ont répandu en Espagne — de basse et automatique imitation des pays étrangers et par leur volonté perfidement calculée d'entrer progressivement dans la conspiration inter-

1. 31 mars 1913.

nationale ourdie contre l'Eglise, par suite contre l'Espagne chrétienne et donc contre l'Espagne. Ce décret, personne ne le demandait en Espagne ; nul n'y songeait, même parmi ceux qu'il enchante. Brusquement, annonce en est faite dans la presse. La politique libérale espagnole n'exprime donc pas le sentiment de la nation. Comme cette politique intérieure de la faction libérale copie servilement la politique intérieure de la France libre-penseuse, il faut conclure que le gouvernement intérieur de l'Espagne est livré aux inspirations de l'étranger lorsqu'il est livré aux libéraux et qu'il travaille alors au profit des intérêts et des idées de l'étranger contre les idées et les intérêts de l'Espagne. *El Correo de Andalucia* (1) signale le voyage à Paris, peu de temps avant la publication du projet de décret contre le catéchisme, d'un important fonctionnaire du Ministère de l'Instruction publique. Un peu plus tard et avant l'arrivée du nouveau nonce à Madrid, Steeg, ex-ministre de l'Instruction publique en France et huguenot de marque, était reçu officiellement par les ministres ot l'Université espagnols: ce voyage avait pour prétexte l'inauguration de l'Institut français de Madrid. Chaque fois que l'anticléricalisme prépare une nouvelle offensive en Espagne, il se produit ainsi entre les deux pays des

1. 1ᵉʳ avril 1913:

allées et venues d'importants personnages. Combes,
étant président du Conseil, fit également un voyage
en Espagne à la veille de la violente poussée anti-
catholique qui amena la révolution ferreriste et les
ministères Canalejas et Romanones. Que le parti
anticatholique soit, en Espagne comme en France,
le parti de l'étranger, ces passages d'*España nueva*
et d'*El Motin* en contiennent l'aveu : — *España
nueva* (1) dit « avoir reçu de l'étranger un grand
« nombre d'adhésions au Comité de la liberté de
« conscience et de la neutralité de l'école et à la
« campagne qu'il a entreprise. » Voici la liste complète des adhésions reçues ce jour-là et publiées par
ce journal : « Suprême conseil franc-maçonnique
« de France; Grand Orient de France ; sénateur
« Debierre; Grand Orient d'Italie ; Suprême Con-
« seil, Grand Maître, Grand Commandeur et Grande
« Loge de Florence ; Ferrari, Grand Maître de la
« Franc-maçonnerie italienne ; Grande Loge suisse
« alpestre ; Suprême Conseil de Roumanie ; Grand
« Orient de Roumanie; Suprême Conseil et Grand
« Orient de la Maçonnerie de Belgique; Chambre
« du Parti socialiste ouvrier de Hollande, Liegen
« président. » *El Motin* (2) se réjouit de la création
et de l'inauguration de l'Institut français de Madrid :
« Cet institut est une succursale de l'Université fran-

1. 3 avril 1913.
2. 3 avril 1913.

« çaise, Université athée et foyer d'athéisme... Cela
« est beau... La France intervient chez nous pour
« déployer l'étendard du rationalisme... Cela ne va
« pas mal... Ce fut une fête *laïque*, totalement laï-
« que... L'Institut réalisera l'internationalisation de
« la science : les professeurs espagnols iront pro-
« fesser en France ; les professeurs français vien-
« dront professer en Espagne. Pourquoi ne pas
« étendre cette mesure à toutes nos écoles, à tous
« nos collèges ?... Ouvrons-les à tous les étrangers !
« Que tous les étrangers viennent enseigner chez
« nous ! Ce sera le salut ! » La *Mission laïque* du
gouvernement français comble ce désir. Elle a fondé
des « écoles françaises » dans plusieurs grandes
villes d'Espagne, notamment à Séville. Un industriel
sévillan me disait, à propos de l'école « française »
de Séville : « J'ai demandé à plusieurs élèves
« s'ils y recevaient l'instruction religieuse et ils
« m'ont répondu négativement. Cependant, la reli-
« gion est l'école du devoir ! On enseigne les mathé-
« matiques, la géographie, l'histoire et l'on n'ensei-
« gne pas la religion !... Et puis, on y pratique la
« coéducation des sexes ! C'est incompréhensible
« La nature féminine est trop différente pour ne pas
« exiger des programmes spéciaux et des méthodes
« pédagogiques particulières. » La *Mission laïque*
prend d'ailleurs ses précautions pour n'effaroucher
personne : elle n'appelle pas ses écoles « laïques »

ou « neutres », mais écoles « françaises », et elle n'affiche pas son programme de coéducation des sexes, elle prend même soin de séparer hypocritement l'entrée réservée aux garçons de l'entrée réservée aux filles par toute la façade de l'immeuble. Le piège est bien tendu.

Cette intrusion de l'étranger de connivence avec Romanones apparaît plus nettement encore dans l'histoire du meeting libre-penseur de Madrid. Romanones mène sa campagne à la mode française : copiant les procédés de notre gouvernement, il commence par violer la loi en vigueur et devancer la loi future en créant, par décret, à Madrid et à Barcelone, des écoles d'adultes dont le programme exclut l'enseignement religieux. *El Correo de Andalucia* (1), signale le fait et conclut : « Déjà, nous « commençons à avoir des écoles neutres officielles. » Par une autre manœuvre, identique à celle qu'emploie constamment le gouvernement français, le président du Conseil laisse les professeurs libres-penseurs, fonctionnaires de l'Etat, manifester en faveur du décret contre le catéchisme, mais il affecte d'ignorer la contre-manifestation des professeurs catholiques, fonctionnaires de l'Etat, et il fait blâmer la protestation signée par les membres des quatre Ordres militaires. *El Liberal* (2) annonce, en

1. 9 avril 1913.
2. 2 avril 1913.

effet, que des professeurs ont demandé au président
du Conseil « la liberté de conscience dans la chaire »,
c'est-à-dire la liberté d'enseigner ce que réprouve
la conscience des élèves catholiques, et *España
nueva* (1), paraît avec cette manchette : « La voix de
« la culture. Cinq cents professeurs espagnols de-
« mandent la liberté de la chaire. La jeunesse des
« écoles ne les laissera pas seuls. » Ainsi se déroule
peu à peu tout le scenario réglé d'avance. En même
temps, Romanones intrigue auprès des autorités
catholiques pour obtenir la suppression du grand
meeting que les catholiques devaient tenir à Madrid
contre le décret anti-catéchistique projeté ; il en
obtient l'ajournement et il provoque en sous main
la tenue d'un grand meeting anti-catholique sur le
même sujet. Le lendemain du meeting, dans ses
communications complaisantes aux journalistes
amis (2), il se réclame de l'importance de cette manifestation pour justifier sa hâte à voir signé et publié
le décret projeté.

Le meeting libre-penseur de Madrid, sur lequel
s'appuie, après l'avoir favorisé, le premier ministre,
apparaît comme l'œuvre directe de l'étranger inter-
venant en Espagne, dans la politique intérieure de
l'Espagne, contre l'Espagne et ses intérêts fonda-
mentaux. La preuve directe en est fournie par le

1. 1er avril 1913.
2. *El Liberal* de Séville, 8 avril.

numéro du 7 avril du grand journal anti-catholique
España nueva. Ce journal donne une photographie,
une seule, du meeting de Madrid du 6 avril : « La
« table présidentielle pendant le discours de Geo
« Fliedner, représentant des *évangéliques* résidant
« à Madrid. » Ce choix vaut tout un programme. Il
prouve une fois de plus que la propagande protes·
tante ne se poursuit que pour la forme et sans succès
du reste dans les temples protestants, mais qu'en
réalité elle utilise et elle sert une propagande politique s'exerçant dans les milieux politiques par les
intrigues, les comités, les journaux, les réunions
publiques. Ou la religion n'est qu'un prétexte, ou les
buts religieux ne sont cherchés qu'à travers la politique et par des moyens purement politiques. Tout
se passe en Espagne comme en France. Le meeting
anti-catéchistique de Madrid est une œuvre politique
protestante, une œuvre politique étrangère, l'œuvre
politique d'étrangers qui sont les alliés naturels et
historiques des protestants : la preuve en est admi-
nistrée par le même numéro d'*España nueva* qui
publie une liste d'adhésions au meeting. Nous y
lisons les noms qui suivent : « Suprême Conseil et
« Grand Orient de Belgique, Grand Orient d'Espa-
« gne, Alliance britannique évangélique, Société
« internationale de l'Union de chrétiens progres-
« sistes et de libres croyants de Boston (Etats-Unis),
« Victor Charbonnel, Ligue internationale de catho-

« liques modernistes de Ginebra ; Kaufman Kaohler,
« rabbin et président du Collège de l'Union à Cin-
« cinnati (Etats-Unis) ». Dans le « résumé des adhésions », *España nueva* compte « soixante et onze
groupements évangéliques. » Le même numéro de
ce journal publie également une longue lettre de la
Maçonnerie belge où on lit : « Nous avons l'honneur
« de vous accuser réception de votre très gracieuse
« lettre du 15 courant par laquelle vous nous deman-
« dez notre approbation et notre appui pour le mou-
« vement d'opinion que suscite en Espagne la
« Maçonnerie... Vous préconisez la neutralité de
« l'école. Vous êtes dans le bon chemin; c'est par
« l'enseignement qu'il y a lieu de commencer l'œuvre
« de l'émancipation du peuple... » Puis, le journal
publie « parmi d'autres communications des Hébreux
« d'Espagne et du nord du Maroc, la lettre suivante
« reçue d'une communauté israélite de la Pénin-
« sule :

« Nous considérons l'Espagne comme la nation la
« plus fanatique de la terre et nous concevons, nous
« autres Juifs, le fanatisme comme une dégradation et
« une honte nationale... Vous savez que notre amour
« pour l'Espagne n'a pas de limites, que sa langue est
« celle que nous aimons, pratiquons et propageons ;
« mais nous sommes tout à fait convaincus que l'Espa-
« gne n'est pas encore l Espagne pour les Juifs. L'Espagne
« est rongée par une multitude de poux appelés commu-

« nément *frailes* (1), ennemis implacables des Juifs, et
« qui se multiplient et se fortifient là où la conscience et
« l'intelligence sont atrophiées... Nous sommes, nous
« autres, ceux qui sont appelés à dire à l'Espagne
« qu'elle est en train de pourrir dans son jus... »

Ces Juifs amoureux de l'Espagne, les protestants
de tous pays, les apostats modernistes, la Franc-
Maçonnerie internationale, voilà les éléments sur
lesquels s'appuyait le monarchiste libéral Canalejas
et s'appuie le monarchiste libéral Romanones pour
décatéchiser les Espagnols, pour gouverner l'Espagne et orienter ses destinées. Il est vrai que, pour
El Radical, ces éléments-là constituent l'Espagne qui
— imprime-t-il en manchette en rendant compte du
meeting (2) — « ne veut pas être serve du Vatican ».
Aussi, pour mieux libérer l'Espagne du Vatican, les
libéraux préparent-ils la rentrée en masse dans la
péninsule, en qualité de citoyens, des Juifs dont les
ancêtres en furent jadis expulsés : *El Liberal* de
Séville (3) rapporte amicalement que 80.000 Juifs
du Maroc espagnol demandent la nationalité espagnole ; d'après *El Correo de Andalucia* (4), il s'agi-
rait de 80.000 Juifs des Balkans. J'ai lu ailleurs que,
du Maroc ou des Balkans, les Juifs songeaient à

1. Moines.
2. 7 avril.
3. 10 avril.
4. 10 avril.

renouveler le coup Crémieux en demandant leur
réintégration en masse dans la nationalité espagnole
perdue en masse quatre siècles plus tôt, et naturellement les libéraux modérés comme les partis
extrêmes, tous agents de l'étranger et en particulier
de l'Etat juif, sont les artisans actifs de cette besogne.
de trahison.

Finalement, le 10 avril, date pour laquelle la
publication du décret avait été annoncée, le décret
ne parut pas. *El Liberal* en donnait pour raison
l'agitation jaimiste, conséquence de la mesure pro-
jetée. Le décret ne fut signé que le 25 avril. La
crainte des Jaimistes, qui est pour les libéraux le
commencement de la sagesse, en avait retardé la
publication. Mais, par là même, nous comprenons
mieux le plan de la conjuration internationale contre
l'Eglise : pour pouvoir lutter victorieusement contre
une élite qui ne craint pas de recourir aux armes
lorsque la justice, les droits de la pensée et de la
conscience l'exigent, et qui oppose encore un obstacle à leur dessein de bouleverser de fond en comble la société, de ruiner à jamais, pensent-ils, avec le
christianisme, toute la civilisation, les libéraux, la
haute finance cosmopolite et leurs alliés religieux ou
politiques cherchent à transformer la multitude des
salariés en une armée immense ; intéressés à établir
et à maintenir dans la servitude et l'ignorance les
ouvriers qui leur fournissent la matière exploitable,

ils utilisent dans les utopies socialistes ou communistes les moyens idéologiques d'organiser l'armée de la misère ou des mécontents pour en faire leur instrument de destruction de tout vestige de civilisation chrétienne ; de là, tous les obstacles moraux et légaux opposés à la libération de la classe ouvrière et les puissants moyens mis en œuvre pour l'aiguiller sur l'impasse des folles illusions, pour pénétrer cette foule, l'intoxiquer d'erreurs et de rêves, l'encadrer, la mobiliser et, à l'heure favorable, la soulever dans un coup de délire sanglant.

Quelles difficultés pour trouver un logis ! Les *casas de huespedes* ne sont pas destinées aux ouvriers et il n'en existe pas dans les quartiers industriels. D'ailleurs, la population ouvrière flottante est insignifiante : les ouvriers de la province venus travailler à Séville, mariés ou célibataires, habitent chez des parents ou des amis. Dans quelques maisons se louent des chambres avec ou sans mobilier ; mais elles sont toutes occupées. J'ai passé trois jours à battre inutilement les quartiers de la *Feria*, de *San Marco* et de la *Macarena*. Deux fois, la chambre meublée annoncée par un morceau de papier fixé au balcon, avait trouvé preneur quelques jours plus tôt. Je demande en vain dans les boutiques, chez les marchands de vin, aux femmes qui flânent sur le pas de leurs portes. Chaque fois, je m'éloigne, déçu, sur leur parole d'adieu : « *Vaya Usted con Dios !* Allez avec Dieu ! » Il arrive que l'on ajoute : « Oh ! voilà qui est difficile... » Sur leurs indications, je m'adresse successivement à une demi-douzaine de maisons qui louent des chambres à des ouvriers : maisons très pauvres ou anciennes demeures bourgeoises aux *patios* ornés d'*azulejos*, elles sont entièrement occupées ; une chambre, souvent exiguë, sert à loger toute une famille émigrée de son *pueblo* andalou ; on m'offre, dans un de ces immeubles, ce qui reste de libre, une sorte de trou noir sous l'escalier, une tanière coudée, profonde de trois mètres et large de soixante centimètres, où l'on disposera une couchette et une chaise et que l'on me fera payer un *real* (1) par jour. Ailleurs, comme j'ai pénétré dans le vestibule après avoir sonné, une planche du plafond est soulevée et j'aperçois au-dessus de moi le profil aquilin d'une femme âgée, au teint noir, au visage creusé de rides ; elle ne peut m'offrir qu'un lit en dortoir pour trois *perragorda* (2) par nuit et, pendant que nous causons, son *niño* trouve drôle de cracher sur moi par le trou. Dans beaucoup de ces maisons ouvrières, il n'y a guère que des chambres à quatre lits. Une femme m'avait dit connaître une chambre qui serait bientôt libre, mais, lorsque je

1. Vingt-cinq centimes.
2. Trente centimes.

reviens, elle m'apprend qu'un nouveau locataire s'y est installé. Sa voisine, dont le fils travaille à une teinturerie, a appris par son *muchacho* (1) qu'un nouvel ouvrier devait arriver de Barcelone, avec une recommandation : « Serait-ce vous ? » Assurément ! Alors, les deux femmes témoignent beaucoup d'empressement pour me tirer d'embarras. Elles vont s'enquérir auprès d'un voisin : il a bien une chambre vacante, mais ni lit ni literie. Après avoir échangé entre elles quelques réflexions, elles me disent de revenir le soir même avec mon bagage parce qu'elles auront sûrement trouvé quelque chose à ma convenance. Mais, le soir, elles présentent de vagues excuses : elles n'ont rien pu découvrir, ayant eu peu de temps à leur disposition et les chambres meublées disponibles étant rares. Alors je me hâte de me rendre à une maison proche où l'on m'avait offert un lit dans une chambre commune. Un corridor condé à la mode arabe donne accès à leur cour intérieure. La chambre a deux mètres cinquante sur chaque côté ; ses murs sont blanchis à la chaux ; le sol est en contre-bas d'un mètre d'un vaste jardin sur lequel s'ouvre une fenêtre grillée ; une vitre étant brisée, un courant d'air continuel règne entre la fenêtre et la porte située en face et mal close ; pour mobilier, un lit de sangle, une chaise défoncée,

1. Jeune garçon.

une cuvette sur un support de fer ; une porte sans
clôture permet d'entrer dans une arrière-chambre
qui prend jour sur la cour intérieure et que deux lits
remplissent presque complètement; l'un d'eux est
loué à un ouvrier andalou. Le prix du lit est de cinquante centimes pour une nuit, ou trente centimes
par jour si on loue pour plusieurs jours, ou deux
francs par semaine. Je le loue à la semaine. Un
autre ouvrier est ensuite venu prendre gîte. Mes deux
co-locataires rentrent plus tard que moi et partent, le
matin, après moi. C'est à peine si, au cours de mon
séjour, nous nous sommes entrevu le visage.

Le blanchissage hebdomadaire d'une chemise, une
flanelle, un caleçon, un mouchoir, une paire de
chaussettes, me coûte cinquante centimes.

§ 1. — TEINTURIERS

Je suis embauché dans une teinturerie sur soie et
coton. Beaucoup d'ouvriers sévillans, parmi les
teinturiers et dans les autres professions, ne sont
pas syndiqués. Les salaires sont moins élevés et la
journée de travail plus longue que dans les métiers
similaires de Barcelone.

Les teinturiers travaillent dix heures, de sept
heures à onze heures et de midi (midi dix par tolé-

rance) à six heures. Ils débutent à deux francs cinquante et sont progressivement augmentés jusqu'au maximum de trois francs soixante-quinze (au lieu de quatre francs à Barcelone). Un contremaître est payé cinq francs. Dans la maison où je travaille, le contremaître touche, en outre, un intérêt de 2 o/o sur le chiffre des affaires. Le tissage auquel la teinturerie est annexée emploie environ cent cinquante ouvrières ; la journée de travail est de huit heures pendant l'hiver, de neuf et dix heures pendant l'été. La moyenne annuelle des salaires varie entre une peseta et demie et deux pesetas. Les ouvrières sont payées à la tâche.

Pendant la dizaine de minutes qui précède sept heures, les quinze ouvriers teinturiers arrivent l'un après l'autre et attendent dans un vestibule le coup de sifflet. Il y a des jeunes gens de dix-huit à vingt ans et des hommes de trente, quarante et soixante ans. Moustachus ou complètement rasés, coiffés d'une casquette ou d'un feutre à fond et bords plats, chaussés de bottines, ils portent un pantalon très ajusté aux hanches, serré à la cheville et s'enflant autour du genou, un veston de coutil gris ou noir rayé de blanc, à col droit, par-dessus lequel les plus frileux endossent un veston d'hiver, en drap épais, avec col et parements imitant grossièrement l'astrakan. La coupe des vêtements, accentuant l'étroitesse des épaules, du buste et des hanches, donne à leur silhouette un allongement démesuré. Ils ne me disent rien, semblent indifférents à ma venue ; ils échangent seulement entre eux quelques propos dans cette langue rapide et molle, douce, zézayante et bredouillée, qui est si éloignée des belles sonorités aragonaises et castillanes.

Le tissage et la teinturerie-annexe sont logés dans une habitation grossièrement aménagée pour les besoins de cette industrie. Cette installation de fortune est celle de la plupart des fabriques sévillanes. Dans un coin de la teinturerie, chacun accroche sa veste à un clou et change ses bottines contre des galoches ; près de moi, un ouvrier d'une quarantaine d'années au moins, coquet et soigneux, prend souci de couvrir d'un papier son chapeau de feutre avant de le pendre au mur.

Nous travaillons dans une cour et sous un hangar. La matinée, de sept à onze heures, non interrompue par une collation, semble longue. Les ouvriers, dans cette province, ne mangent que deux fois par jour, aux deux principaux repas. Le matin, avant de commencer leur travail, ils ne prennent généralement rien de plus qu'un café ou un verre de vin. Aussi, le matin, dans les quartiers ouvriers, voit-on, aux approches de sept heures, aux carrefours, se dresser de petits éventaires où se débite du café ou du café au lait à un sou le verre ; le plus souvent, le marchand fait des crêpes qu'il vend cinq centimes.

Une heure pour le déjeuner, c'est très court ; on a bien juste le temps de manger vite. Les *casas de comida* sont rares, faute de population flottante ; chacun va manger chez soi ; la plupart des ouvriers célibataires venus de leur village prennent pension chez ceux qui les logent. A l'heure de la sortie des ateliers, les rues s'emplissent d'ouvrières, toutes en cheveux, des fleurs souvent piquées dans la chevelure, les épaules toujours couvertes d'un châle noir. J'ai presque dix minutes de chemin à parcourir pour gagner le petit marché de la *Calle Feria* où se trouve une *casa de comida*. On n'y fournit pas de couteau : un unique verre près d'une carafe est mis à la disposition des clients. Pour un pain, une portion de pommes de terre avec un œuf dur, une portion de poisson frit servi froid, une portion de morue au riz et un café, je paie soixante-cinq centimes. Les ouvriers qui y fréquentent déjeunent, pour quarante centimes, d'un pain, d'une soupe, d'une portion de viande ou de morue et d'un café. Mais quelle cuisine ! La viande est de dernière qualité, des débris de tripes et de viscères ; la morue se réduit à de petits morceaux où il n'y a pas plus épais de chair que de peau ; cela nage avec quelques pommes de terre dans une sauce à l'huile, fade, écœurante. Le café, c'est de l'eau chaude colorée et sucrée. Chacun boit deux doigts d'eau dans le verre commun. La cuisine est un peu moins mauvaise

dans les restaurants populaires du grand marché,
au centre de la ville, et le service y est plus convenable : pour cinquante centimes, on a nappe et serviette, couvert complet, un pain, une soupe, une
portion de viande ou de morue avec pommes de
terre, et une orange ou un café ; le dîner comprend,
en outre, une portion de pois chiches avec un peu
de bœuf et de lard. J'y vois, un jour, un homme
de trente à quarante ans, ayant l'apparence d'un
employé de commerce ou de bureau, portant faux-
col et manchettes, qui mange avec ses doigs, et des
deux mains, sa portion de poisson frit.

Le travail du soir, de midi à six heures, sans arrêt,
paraît interminable et fatigue beaucoup par sa longue
durée. Nous sommes encore en hiver et cependant
la chaleur m'est pénible à supporter, de une heure
à trois heures, bien que le hangar soit suffisamment
aéré ; l'été, ce doit être accablant. Mes compagnons
parlent peu et rarement au cours de leur travail ; ils
me paraissent plutôt taciturnes et tristes ; on dirait
que ce long, lassant et abrutissant labeur leur a fait
perdre l'humeur joyeuse de leur race, l'allégresse
que répand le beau ciel de leur province. Je remue
des bâtons chargés d'écheveaux de coton, je retourne
les écheveaux dans leur bain de couleur, face à un
vieil ouvrier sévillan. A un certain moment, un jeune
teinturier, passant avec un paquet d'écheveaux derrière mon compagnon, est légèrement heurté par

celui-ci : il s'en plaint avec une certaine brusquerie.
Le vieux proteste qu'il ne pouvait voir derrière son
dos et, quelques instants après, il me dit, d'un ton
où passait une nuance d'hostilité et de mépris : « C'est
un Aragonais ! »

Comme nous nous habillons pour sortir, deux de
mes compagnons me conseillent amicalement de faire
doubler d'une feuille de vieux cuir la semelle de bois
de mes galoches pour l'empêcher de s'user trop vite.
Un autre m'offre une chambre chez lui : je le remer-
cie, ayant arrêté un logement. D'autres, apprenant
où je demeure et s'éloignant dans cette direction,
s'offrent à me montrer le chemin le plus court : ce
qui n'est pas inutile, les petites rues des vieux quartiers de Séville formant un réseau compliqué qui
perpétue le labyrinthe de l'ancienne ville arabe.
Bref, tous mes camarades se prodiguent en amabi-
lités, sans se départir de la plus grande discrétion :
aucun ne me demande qui je suis, ni d'où je viens,
ni pourquoi je me trouve là, ni comment il se fait
que je ne connaisse pas mieux ce métier ; quelques-
uns ont entendu dire que j'arrivais de Barcelone ;
seul, le bonhomme avec lequel j'ai travaillé l'après-
midi m'interroge pour savoir de quelle province
espagnole je suis originaire.

En quittant l'atelier, je croise un adolescent d'une
quinzaine d'années, ivre, avançant avec peine, escorté
de cinquante gamins dont il fait la joie Près de chez

moi, une demi-douzaine de jeunes gens de vingt ans
jouent à pile ou face. Dans les mêmes parages, je
croise un Juif en babouches, houppelande et calotte
noire, venu d'un *mellah* africain sur cette terre dont
les siens furent chassés pour qu'elle fût affranchie
et où ils n'ont jamais perdu l'espérance de revenir
exercer contre elle, contre son patrimoine moral et
sa richesse matérielle, leurs représailles ; il leur
semble que l'heure est venue de satisfaire la vengeance attendue avec une ténacité plusieurs fois
séculaire. Près de mon logis, dans une *tienda de
vinos*, j'aperçois deux *gitanos* attablés : comme leur
type est bien celui des Hindous de basse caste ou
hors caste de l'Inde dravidienne !

Lorsque je reviens à l'atelier, le lendemain, le
patron, ainsi que de coutume, nous attend assis
contre la porte intérieure et chaque ouvrier, au
passage, échange avec lui un bonjour familier. Au
vestiaire, trois ouvriers — ils ont passé la quarantaine — me demandent le vocabulaire obscène
français ! L'*encargado* (1), s'étant informé du restaurant où je prends mes repas et du chemin que
j'ai suivi pour m'y rendre, charge un ouvrier qui
demeure dans ces parages de me montrer la rue qui
y conduit le plus directement. Cet ouvrier aurait
pu se contenter, une fois parvenu chez lui, de me

1. Contremaître.

dire qu'au bout de la rue je serais rendu à desti-
nation, mais il a tenu à ne me quitter que devant la
casa de comidas : « *Vaya con Dios !* » me dit-il
alors, en levant, à la mode andalouse, sa main à
hauteur du visage, en signe d'amitié et de salut.

L'après-midi, je travaille tantôt avec l'un, tantôt
avec l'autre. La légère réserve du premier jour a
tout à fait disparu. Ils me montrent amicalement
comment il faut s'y prendre pour bien exécuter certains détails professionnels que j'ignore et qu'ils ne
s'étonnent pas de me voir ignorer. Mon apparition
soudaine dans cette province lointaine, dans cet atelier, ne leur cause aucune suprise : c'est un fait ; ils
l'admettent et m'admettent avec beaucoup de bonne
grâce parmi eux. « Aimez-vous le théâtre ? la mu-
« sique ? me demande l'un. Vous verrez, au théâtre
« *del Duque*, l'opéra-comique pour quinze centimes
« quand il dure une heure et pour deux réaux (cin-
« quante centimes) quand il dure toute la soirée. »
« Aimez-vous les courses de taureaux ? me demande
« l'autre. C'est la plus belle peut-être de toute l'année,
« celle qui a lieu le jour de la Résurrection ! Et il n'y
« pas, dans toute l'Espagne, de plus belles courses
« qu'à Séville ! — Est-ce que les meilleures épées ne
« sont pas andalouses ? — D'ici ! mais d'ici même ! de
« Séville ! » Et un troisième : « C'est vraiment joli,
« la *Rambla*, à Barcelone ? et le *Paseo de Gracia* ?
« On en parle souvent dans les journaux... Les mai-

« sons, à Barcelone, ont quatre et cinq étages ? »
Cela lui semble bizarre et difficile à se représenter,
lui qui ne connaît que les gracieux logis à un étage
des villes d'Andalousie. Et presque tous me disent :
« Mais vous allez voir les *cofradias!* les processions
« des confréries pendant la Semaine sainte! vous
« verrez comme c'est beau! quelle richesse! » L'ouvrier qui enferme avec tant de soin dans un papier
son feutre à bords et fond plats ajoute : « Moi, je
« fais partie d'une *Cofradia!* » Il porte à sa chaîne
de montre une large médaille de la Vierge. Ses
tempes sont soigneusement rasées, à la pure mode
de la province.

Notre journée finie, à six heures, les ouvriers les
plus âgés m'emmènent à une *tienda de vinos* voisine
de la teinturerie pour y fêter ma venue. Nous
sommes sept. Mes compagnons n'entendent pas se
contenter de boire un verre de vin ou deux : ils
passent au troisième en déclarant que chacun videra
sa bouteille. C'est du vin blanc de Valdepeñas,
agréable, frais et traître, très riche en alcool. De
suite, les premiers verres ajoutent à la volubilité de
leur langage. Mais ils restent mesurés, distingués et
gracieux : point d'éclats de voix, ni de grands gestes,
ni de mauvaise tenue. C'est un susurrement rapide
et très doux de choses dépourvues d'intérêt, un
bavardage dont il semble qu'ils se plaisent à s'étour-
dir mais où apparaît tout d'un coup, par instants, le

trait précieux qui accuse les sentiments ordinairement cachés dans le fond de leur âme. L'*encargado* me demande quelques-uns des prix des objets
de première nécessité en France et, voyant que la
vie y est beaucoup plus chère qu'ici, avec un salaire
à peine supérieur, il s'écrie, s'adressant aux autres
ouvriers : « Et ils ont la République ! » car — République — est pour eux comme pour les Catalans le
mot magique, prometteur de toutes les félicités. « Et
« comment vous appelez-vous ? » me demande-t-il.
Mon prénom énoncé, j'allais dire mon nom. Mais,
rapide, l'*encargado* m'arrête net, de la voix et du
geste : il ne demande pas cela, il n'a pas voulu, il
ne doit pas être indiscret à l'égard d'un hôte ; le
prénom suffit pour permettre de me désigner et de
m'appeler ; et, de même, il se nomme, il nomme les
autres : Juan, Luis, Pedro, Pepito, Pepe, Antonio.
Et les verres circulent, les yeux brillent plus fort,
l'*encargado* ne peut plus parvenir à allumer sa
cigarette. En face de moi, les yeux écarquillés, le
regard fixe, se tient Pedro, très grand, très maigre,
démesurément étroit, une silhouette donquichot-
tique. « Il a servi le roi dans l'artillerie », me dit,
bredouilleur, bredouillant, l'*encargado*. « ... Il était
« sous-officier !... Et il en sait, des choses ! Ah ! il en
« a lu !... Il en a, de l'instruction !... Moi, je suis ici
« (il montre le sol) ; lui, il est là (il montre le pla-
« fond). » Et Pedro, fouillant de son regard fixe et

aigu dans mes yeux, me dit doucement : « Vous con-
« naîtrez notre caractère, dans cette province... —
« Mais il est tout de joie ! — Cela, continue-t-il
« doucement, c'est la légende : chanter, danser, fleurs
« et castagnettes. Oui ! mais c'est la légende... Nous
« sommes hospitaliers. Et nous sommes heureux
« d'accueillir un Français. Nous n'avons pas d'autres
« voisins. Nous sommes heureux de vivre d'accord... »
Tous approuvent de la tête et dans un murmure de
paroles rapides et moelleuses. « ... Seulement », continue Pedro... Et il s'arrête en me regardant plus
fixement encore. L'*encargado*, qui sent où il veut
venir, tente de l'arrêter ; les autres se montrent
gênés : on va pénétrer sur le terrain brûlant. Pedro
poursuit : « Seulement, la France.,. — Eh oui ! lui
« dis-je, Napoléon ! Mais il a fait du mal à tous les
« peuples et à la France plus qu'à tous les autres, car
« ils en ont guéri et nous, pas. — Oui », continue
Pedro, fixe et obstiné, de son ton mesuré et doux,
« Napoléon, sans doute ; mais aussi, il faut bien le
« dire, la France a toujours observé à l'égard de
« l'Espagne une politique de trahison (1)... » Et Pedro
s'est tu, car l'*encargado* et ses compagnons sont trop
émus de ces déclarations. Et puis, voici qu'à ce
moment est entré un ami du contremaître, un homme
qui a passé la cinquantaine, mince, étroit, extraor-

1. Allusion à notre politique marocaine qui a si fortement
indisposé les Espagnols contre nous.

dinairement allongé dans le veston, le pantalon
ajusté et bouffant ; sa face rasée s'auréole des bords
plats du feutre marron ; il apparaît à contre-jour
dans le cadre de la porte, la taille cambrée, le jarret
tendu, le geste éloquent, la voix harmonieuse ; il
vient à nous, se remet d'un léger trébuchement produit par la collaboration du sol inégal et des précé-
dentes libations ; il s'écrie : « Ne sommes-nous pas
« sur la terre des Califes ?... — Des Califes ! » n'ai-je
pu m'empêcher de m'écrier. « Ah ! » susurre, en face
de moi, souriant et minaudant, Pepito, « vous com-
« prenez ce nom de Calife ? Ah ! » et il me serre la
main, et il dit aux autres : « Il sait ce que sont les
« Califes ! » Et il me prend la main dans ses deux
mains, deux mains fines, nerveuses et souples, caress-
santes et compliquées ; il minaude, modulant quelques sons que le Valdepeñas l'empêche d'articuler.
Le nouvel arrivant avait continué son discours :
« ... Ne sommes-nous pas sur la terre des *Moros?...* »
Et tous, alors, de choquer les paumes de leurs
mains en criant en cadence : « Olé ! Olé !... Olé !
« Olé ! »

J'ai essayé en vain de persuader l'*encargado* de
rentrer chacun chez soi pour dîner. Les verres ont
continué de succéder aux verres. J'ai ramené à sa
maison Pepito, docile et titubant, que sa mère attendait sur le pas de la porte, sachant trop ce que signifiait ce retard. Pedro était survenu rapidement sur

nos talons pour assurer le retour de Pepito au foyer et pour me ramener à la *tienda*. Je profite du trouble de mes compagnons pour vider discrètement sur le sol le verre qu'ils me passent. Et Pedro finit par partir avec moi, laissant l'*encargado* fixé par la semelle de ses chaussures au sol de la *tienda* et causant en grande animation avec son ami de la terre des Califes.

« Terre des Califes ! terre des Moros ! » exclamation révélatrice : à l'heure où la forte et féconde discipline catholique se relâche ou disparaît sous le flot des idées corruptrices vomies de France et qui trouvent dans le gouvernement espagnol une profonde, hypocrite et tenace complicité, la vielle nature de la race retrouve des chemins secrets pour redescendre ses pentes et s'abaisser à ses origines : le paganisme renait en France, en Italie, à Barcelone ; en Andalousie, les Califes retrouvent leur peuple ; l'Espagne occupe le Rif et c'est l'âme musulmane qui se réveille dans une Espagne abandonnée à tous les vents du dehors.

Le lendemain matin, pendant que nous attendons l'ouverture de l'atelier, toutes les réflexions échangées ont trait aux excès de la veille ; un seul de mes compagnons a pu dîner. Au cours du travail, ils émettent de temps à autre une remarque analogue. L'*encargado* dit et plusieurs après lui répètent : « Ce vin est fort ; il a beaucoup d'alcool ; il porte à

« la tête. » Ils me demandent « si je me sens fati-
« gué ». Pendant que nous nous habillons pour partir,
ils me disent que je n'aurai rien à payer pour les
bouteilles bues la veille, que cette dépense incombe
à tous les ouvriers qui m'ont ainsi souhaité la bien-
venue. Et ils parlent aussitôt des processions des
confréries pendant la Semaine sainte : « Vous ver-
« rez comme c'est riche ; tous les étrangers affluent
« à Séville pour les voir. » L'après midi, ils reviennent encore sur ce sujet et ils me vantent les beaux
édifices de Séville qui possède un si grand nombre
d'églises « *preciosas* ». Un des teinturiers me
demande le prix de la vie en France et il s'en étonne
car, ici, il suffit, pour manger et dormir, de vingt-
cinq à trente sous par jour ; une paire de bottines
coûte de dix à quatorze pesetas ; un complet veston,
en drap, sur mesure, se paie de trente à cinquante
pesetas ; dès le printemps, ils sont vêtus de coutil ;
le veston, tout fait, coûte trois pesetas. Le contremaître me dit encore : « Il n'y a pas de teinturiers
« syndiqués, ici ; chacun agit à sa fantaisie. »

A la sortie, le teinturier Luis, membre de confrérie, m'invite à lui confier mes sabots ; il fera poser
un vieux morceau de cuir sous la semelle de bois
pour qu'elle ne soit pas trop vite rongée par les
acides ; une paire de sabots ou de galoches coûte
ici très cher, quatre et cinq pesetas ; aussi dépensent-
ils tous trois à quatre réaux pour les faire doubler

d'une feuille de cuir. Le « confrère » se charge de
la commande. Mais je l'accompagne pour lui éviter
de porter mes sabots jusque chez lui. Et, en route,
faisant allusion aux libations de la veille, il me confie, tout rieur: « Ah! je les connais, les autres!
« Aussi je ne vais jamais boire avec eux : ils ne
« savent pas s'arrêter. Moi, je bois bien un petit verre,
« mais pas plus. » Et, avant d'arriver à sa maison,
il entre dans une *tienda de vinos*, demande pour chacun de nous un petit verre de vin blanc accompagné,
à la mode du pays, d'une bouchée de poisson frit
dans la pâte ; je lui rends sa politesse ; nous avons
dépensé vingt centimes chacun. Il me fait lire le
nom de sa rue : « Vous ne l'oublierez pas, vous saurez
« la retrouver... Tenez! c'est là que je demeure!... »
Et il me fait entrer dans la cour : « Voilà, là, au pre-
« mier, cette chambre... C'est là que je demeure...
« Si vous avez besoin de moi... »

C'est un samedi soir : les marchands de vin regorgent de monde ; dès huit heures, un homme titubant
pénètre dans une de ces *tiendas* pour achever d'y
noyer sa raison. Dans d'étroites boutiques, on fait
des crêpes et des fritures de poisson que les femmes
et les enfants du voisinage viennent acheter pour le
dîner de la famille. Les petites rues, armées de cailloux ronds entre deux rubans de dalles, sont emplies
d'une foule empressée. Les petites maisons blanches
semblent frôler le ciel très pur où montent les dômes

des nombreuses église... Il ne se fait pas de bruit, ni
dans les demeures, ni au dehors : cette foule n'est
pas bruyante ; elle sait causer sur le ton de la cause-
rie ; plus de ces sonorités éclatantes qui retentissent
dans les cafés, laiteries et magasins de Barcelone ;
plus de ces voix de poissardes que là-bas ont si souvent les femmes ; plus de ces chants ou sifflements
qui, partout dans les rues, à la porte de toute maison,
de toute boutique, dans toute *casa de comida*, vous
répètent à satiété le dernier refrain du café-concert ;
plus de cette multitude de pianos mécaniques lâchés
sur la voie publique pour l'exaspération des oreilles
délicates ; à Séville, on ne chante, ni on ne crie, ni
on ne joue de ces affreuses musiques, ni on ne semble
connaître les stupides refrains qui font le tour du
monde ; le « Psstt ! » barcelonais, par lequel chacun,
de toute classe, vous appelle, est remplacé par un
« Pshutt ! » un peu plus discret ; la conversation
familière est moins émaillée de c... qu'en Catalogne
et Aragon ; l'immonde blasphème national s'entend
rarement, soit dans la rue, soit à l'atelier ; on cause
à mi-voix, on sait se taire, on goûte la conversation,
les chants très doux, passionnés et tristes où s'atten-
drit et pleure l'âme africaine, et aussi le silence et la
paix des rues aimables, entre les petites maisons
blanches.

Les processions de la Semaine sainte commencent le jour des Rameaux. Tout le monde se découvre au passage des statues sacrées. A ce moment, s'élève parfois de la foule une voix d'homme ou de femme qui chante une prière improvisée, supplication ou louange, sur ces notes de tête modulées en plainte qui s'arrêtent court comme un sanglot s'étrangle et par où tout l'Orient exprime la profonde mélancolie dont déborde son âme. Après m'être successivement et pendant des heures transporté sur divers points du parcours sans surprendre trace d'hostilité, je finis par remarquer dans la *Calle Sierpes*, la principale rue de la ville, un marchand ambulant qui reste farouchement tête couverte et finit par s'écrier avec colère : « Un carnaval ! c'est un carnaval ! » Peut-être ce bref raisonnement s'est-il élaboré dans la profondeur de sa subconscience : ce qui caractérise le carnaval, c'est la présence de masques ; ce qui caractérise ces processions, c'est la présence de pénitents masqués ; donc, c'est un carnaval. On n'est pas plus simple. Deux femmes traversent la foule : elle ne sont pas accueillies, comme dans le nord de la péninsule, par des obscénités. Un ouvrier, se penchant vers elles, leur dit à mi-voix, souriant, galant et poète : « O jolis visages ! chefs-d'œuvre de « Murillo ! » Un petit cireur de bottes, âgé d'une quinzaine d'années, cause avec deux gamins qui comptent dix à douze ans ; il demande à l'un d'eux : « Tu

« as encore tes père et mère ? — Oui, grâce à Dieu !
« répond gravement l'enfant. Quand le père manque,
« c'est un grand malheur. Mais quand la mère n'est
« plus là, il n'y a plus rien. » Dans les remous des
spectateurs et des passants, ce ne sont que rudes
bousculades et bourrades : en Espagne, on en abuse
même quand il n'y a pas foule, même quand le
bousculeur appartient à une catégorie sociale qui
ferait supposer plus d'éducation ; dans ce pays, les
coups de coude, d'épaule et de tout le corps sont dis-
tribués avec une insouciante prodigalité et reçus avec
une complète indifférence. Une femme, cependant,
trop fortement et trop souvent heurtée contre la
muraille, murmure sans conviction : « *Que barbari-
dad* ! » Le désordre est invraisemblable : on coupe
la procession, on la parcourt dans les deux sens, les
pénitents sont mêlés et presque confondus avec les
promeneurs et les gens pressés ; nul n'y prend garde
et ne songe à s'en plaindre ; chacun agit à sa fantaisie ; la liberté et la tolérance dont il est fait preuve,
comme le désordre, l'incohérence et la laideur qui en
résultent, n'ont d'équivalent en aucun pays du monde.

Le lendemain, à l'atelier, l'ex-sous-officier d'artillerie Pedro m'avoue que, fidèle à ses vieilles et détes-
tables habitudes, il a « encore été boire la bouteille,
« hier soir ». Le « confrère » rit, bavarde et rit, rit
encore, et toute la matinée ne cesse de répéter : « Je
« n'ai bu que des *vasitos* (petits verres), mais j'en

« ai bu beaucoup et de vin fin ! Ça m'a coûté cher.
« Dame ! à la procession et toute la nuit, j'ai joué
« du piston ! » Si bien que, l'après-midi, il ne revient
pas travailler, il reste au lit. L'un après l'autre, en
travaillant, les ouvriers s'entretiennent des proces-
cessions de la veille. Presque tous font la même
réflexion : « C'est d'une richesse !. . Quelle richesse,
« hein ? Que d'argent !... Et de l'or !... Et on dit
» que Séville est pauvre, que nous sommes pau-
« vres !... » C'est là ce qui semble le plus les impressionner : la richesse, surtout le métal précieux,
argent ou or ; et aussi la crainte de ne pas passer
pour riches. La richesse ostentatoire, voilà ce qui
les séduit. Mais ils connaissent le nom des artistes
célèbres qui ont sculpté les principaux groupes. Le
sous-officier déclare : « Ces processions-là, ce n'est
« pas religieux, c'est païen. » Cette critique dépré-
ciative ne saurait être admise sans réserve : une
cérémonie qui reproduit des scènes chrétiennes et
exprime des pensées chrétiennes est elle-même chrétienne ; mais le sentiment du public qui assiste ou
concourt à la cérémonie peut n'être pas chrétien et
les anticléricaux du parti libéral qui ont travaillé
depuis tant d'années à obtenir ce résultat y sont largement parvenus. D'autres teinturiers me disent :
« Jeudi et vendredi, ce sera encore plus beau. »
D'autres : « Il y aura une grande course de taureaux,
« dimanche de Résurrection. Aimez-vous les tau-

« reaux. Irez-vous ? » L'ancien sous-officier Pedro :
« Si vous le souhaitez, je vous ferai voir tous les mo-
« numents de Séville. » Le « confrère » avait déjà fait
cette offre tout inspirée par le caractère aimable et
hospitalier des Andalous. Le contremaltre m'exprime
crânement des sentiments moins délicats : « Pendant
« la Semaine sainte, on mange bien, on boit davan-
« tage et on... les femmes encore plus ; il n'en
« manque pas, la nuit, par les rues pour vous tirer
« par la manche. »

Le jour suivant, je leur paie à mon tour ma bien-
venue. En se rendant à la *tienda de vinos*, plusieurs
déclarent qu'il ne faudra pas abuser du vin, mais en
boire seulement un ou deux verres ; le contremaltre approuve ; il convient que, l'autre soir, il a
trop bu de vin et que l'estomac lui a fait mal : « Ce
« vin a trop d'alcool ; il brûle. » Je paie une bouteille : cela fait un verre pour chacun de nous. Mais
l'adroit marchand, en enlevant la bouteille vide, en
glisse une autre sur la table. Plusieurs font entendre
une légère protestation, mais nous nous accordons
pour dire que ce sera la dernière. Et ce fut la dernière, en effet. A peine le verre vidé, chacun se hâte
dehors. S'ils s'enivrent, c'est en général par entraîne-
ment ou par surprise plutôt que de propos délibéré.

Le mardi, le mercredi, le jeudi saints, ils ne
cessent de me répéter : « Dans la nuit de jeudi à
« vendredi, sort la *Macarena !* Vous verrez la *Maca-*

« *rena !* Ah ! la *Macarena !* .. Une couronne d'or !
« des diamants !... C'est la statue de la Vierge la
« plus belle, sa confrérie la plus riche ! Et elle vient
« de la paroisse la plus pauvre ! Le roi est frère de
« la Confrérie de la *Macarena !* » Et, le samedi, ils
me demandent : « L'avez-vous vue, hier, « la *Maca-*
« *rena ?...* » Le mercredi saint, au vestiaire, ils me
disent en riant : « A partir d'aujourd'hui, on ne
« mange plus de viande. — Vendredi, fait un autre
« sur le ton le plus sérieux, on n'en verra pas un mor-
« ceau sur le marché (1). — Oh ! s'écrie le confrère
« à médaille de la Vierge, *ils* disent qu'il ne faut pas
« manger de la viande ce jour-là ; mais c'est un
« moyen de faire demander et payer des dispenses ;
« c'est pour tirer l'argent... Jésus-Christ était un
« homme bon : ce sont les prêtres (2) qui l'ont mis à
« mort. Il a prêché la vraie doctrine chrétienne qui
« est la doctrine républicaine : comme Castelar !...
« Sagasta a été un libéral, c'est-à-dire un républi-
« cain. Aujourd'hui, poursuit-il d'un ton approba-
« teur, les libéraux veulent que l'enseignement du
« catéchisme cesse d'être obligatoire dans les écoles ;
« ils veulent laïciser l'enseignement... » Si les con-

1. Dans les *Casas de comida* populaires, les jeudi et vendredi saints, au dîner, le garçon demande à chaque client
qui s'attable : « Une *vigile ?* » C'est-à-dire une collation
de jeûne : soupe, haricots, orange. Rares sont ceux qui
refusent de se contenter d'une « vigile ».

2. Il n'ajoute pas : juifs.

fréries comptent beaucoup de « confrères » de ce
genre !... Les autres teinturiers l'écoutent sans
sourciller comme s'il s'agissait là d'idées familières.
Elles leur sont, en effet, devenues familières sous
l'action constante de la presse libérale : *El Liberal*
de Séville se trouve dans toutes les mains ; dans les
rues de ce quartier ouvrier, les maçons près de leur
chantier, les ouvriers sur le pas de leurs portes, les
clients des barbiers, les consommateurs des cafés
lisent *El Liberal*. Sous ces influences, l'âme du
peuple espagnol s'en va en déliquescence et sa ruine
est accélérée par l'effort d'un gouvernement imbécile
ou complice. Quand on voit la multitude des églises de
Séville, les statues ou tableaux de piété qui décorent
les boutiques, les logis, les cours des maisons
ouvrières, on ne peut croire que ce ne sont plus là
que les restes extérieurs et les témoins déjà anciens
d'une foi qui s'éteint.

Mes camarades d'atelier se montrent étrangement
ignorants : l'un d'eux, âgé de cinquante ans, me
demande si Marseille appartient à la France. Un
autre — dix-huit ans — me pose la même question
à propos d'Oran. Plusieurs de leurs compagnons ont
cependant voyagé : l'un d'eux connaît Madrid ; un
autre, Barcelone, Valence et Carthagène ; deux
autres, Oran et Melilla ; trois autres, Lisbonne ;
mais ils ne paraissent en avoir tiré aucun profit
pour leur instruction personnelle. Un teinturier

d'une vingtaine d'années, fort intelligent d'ailleurs
et très travailleur, n'a jamais voulu apprendre à lire
bien que ses camarades l'y invitent avec insistance
et que les écoles et cours du soir gratuits ne
manquent pas plus à Séville qu'ailleurs. L'ex-sous-
officier d'artillerie Pedro me déclare avec fierté
qu'il a « lu l'histoire de la Révolution française. »
Et aussitôt, il me demande : « Ce soir, irons-nous
« boire un verre ? » Le contremaître me dit, un jour,
en passant près de moi : « L'Espagne a été autrefois
« le plus grand empire du monde... » Toujours cette
même réflexion que l'on entend dans toute la péninsule, sur le même ton de regret, avec la même fierté
mêlée de tristesse. Toujours le même oubli que ce
maximum de puissance fut atteint lorsque l'Espagne
était la plus grande nation catholique de la terre.
Un autre jour, tout en retournant avec moi sur la
« barque » les écheveaux de soie, le contremaître
s'attriste sur la mauvaise répartition des richesses
dans l'Espagne moderne (libérale) : « Dans notre
« pays, nous sommes un à travailler pour en nour-
« rir sept qui ne travaillent pas. Pi y Margall, un
« Catalan, a fait le compte : il a mis, d'un côté, tant
« de prisonniers, tant de *guardias civiles*, tant de
« *serenos*, tant de soldats, tant d'employés du gou-
« vernement ; de l'autre, les travailleurs, et il a vu
« que ceux-ci étaient un contre sept.. — Oui !
« appuie Pedro, le septième de l'Espagne » L'en-

cargado répète son explication comme s'il la jugeait
trop compliquée pour être saisie du premier coup.
Les autres ouvriers approuvent de la tête. Nous
retrouvons ici le préjugé du travail conçu uniquement
comme un effort musculaire, le préjugé de
l'inutilité de tout l'appareil administratif et militaire
qui cependant assure seul au travail l'indispensable
sécurité, enfin la croyance illusoire que la République
supprimerait les abus, les privilèges, les
parasites, les fonctionnaires et les gendarmes ! Après
quelques instants de silence, l'*encargado* conclut :
« Le travailleur est l'âne de charge. » L'ouvrier n'est
pas seul, dans la société, à jouer ce rôle ; il y a
d'autres charges que la sienne à porter et non moins
pesantes ; mais il est vrai qu'alors le râtelier est
mieux garni. Après un nouveau silence, l'*encargado*
achève toute sa pensée : « Celui qui travaille le plus
« mange le plus mal. » Le peuple, en effet, mange le
plus mal et généralement travaille le plus. Une autre
fois, un lendemain de chômage, Pepe reste silencieux
et triste, puis, brusquement, me fait cette
réflexion : « Il y a beaucoup d'industrie à Séville,
« une centaine de fabriques hors ville et bien davan-
« tage en ville. Beaucoup d'entre elles ont été fondées
« par des Catalans qui ont quitté Barcelone parce
« qu'il s'y fait trop de révolutions. » Pepe a constaté l'effet inévitable d'une agitation ouvrière excessive, l'émigration de l'industrie : expédient, non

solution, car les mêmes causes objectives ne tardent pas à faire apparaître la même agitation. Il se produit seulement une période passagère de calme qui finit le jour où l'industrie, ayant pris un développement suffisant, suscite ses effets habituels de mécontentement populaire; les salariés prennent conscience de leurs intérêts, du dommage qui leur est apporté et de leur force. Le régime économique libéral leur apparaît comme permettant aux capitalistes de s'enrichir et non aux salariés de vivre humainement; mais il ne leur apparaît pas — car cette vérité leur est soigneusement cachée — comme l'œuvre de la Révolution française qui a supprimé l'association professionnelle et la propriété collective de la corporation. L'association des capitaux a produit la grande richesse, la dispersion des travailleurs a causé leur misère. La Révolution française a instauré le règne des riches, la Ploutocratie. Des sociétés qui jusqu'alors avaient connu sans en souffrir une certaine pauvreté ont subi la souffrance de la misère : d'où la lutte des classes, l'insubordination permanente, les demi-séditions à l'état endémique, les insurrections fréquentes ; toutes ces manifestations d'un état anormal sont devenues l'état normal de la société, d'une société qui se décompose et que menace, si elle ne retrouve enfin un équilibre nouveau, une ruine prochaine.

Les quelques remarques politico-sociales que je

viens de recueillir de la bouche de mes camarades
d'atelier sont les seules qu'ils aient jamais émises.
Leurs propos habituels concernent invariablement
la danse, les courses, les théâtres. Un des jeunes
ouvriers me dit : « Je ne crois pas qu'il y ait pays
« où l'on danse plus qu'à Séville. » D'autres : « la
« danse sévillane est la plus gracieuse de toutes » ; et
ils esquissent aussitôt quelques pas en me désignant
l'un d'eux comme un danseur hors pair : « Il y en a
« aussi, ajoutent-ils, qui valsent, mais cela ne vaut
« pas notre façon de danser. » Ils parlent surtout
des courses de taureaux. Cette passion tauroma-
chique s'accuse à Séville par les *graffiti* dont on ne
trouve guère d'autre sorte que celle-ci : « Vive... ! »
(tel *toreador* favori.) Les deux plus jeunes ouvriers de
l'atelier portent sur le sommet du crâne la mèche de
toreador. Pour jouer au simulacre de la *corrida*, ils
possèdent une cape de *toreador*, une vraie, « qui a
servi ! » me disent-ils avec grande fierté. Au cours
du travail ou au vestiaire, les *corridas* font souvent
les frais de la conversation. La veille de Pâques,
tout l'atelier ne s'entretient que de la course de taureaux du lendemain ; chacun me demande : « Irez-
« vous ? — Je ne sais... — Oh ! il faut y aller ! ne
« manquez pas d'y aller ! Cela ne coûte que deux
« pesetas soixante-quinze ! Et n'attendez pas à
« demain pour prendre votre billet, car il coûtera
« plus cher. » Pedro ajoute : « Vous verrez les riches

« Sévillanes en mantille, des fleurs dans les che-
« veux, une mantille de Chine sur les épaules. Mal-
« heureusement, nos modes tendent à se perdre :
« cependant, les chapeaux de Paris ne sont pas plus
« faits pour les Espagnoles que les mantilles pour
« les Françaises !... » Comme c'est vrai ! « ... Nous
« aimons beaucoup les fleurs. ici. Y en a-t-il, en
« France ?... Autant qu'ici ? D'aussi belles ?... Vous
« avez vu comme nous en mettons aux balcons !
« Chaque maison a son *patio :* vous avez vu comme
« les *patios* sont fleuris ?... » Il sent très vivement
la poésie de sa ville natale. Et les voilà tous qui
parlent déjà de la *Feria* (1), qui va commencer dans
trois semaines... Le lundi de Pâques, ils causent de
la *corrida* de la veille et l'un d'eux me dit : « Il y a
« aujourd'hui une autre course. Pour y assister,
« j'aurais manqué mon travail, ce soir, si mon *niño*,
« en ce moment malade, ne me coûtait trop en méde-
« cin et pharmacien. » A quatre heures, deux teinturiers successivement remarquent : « La course,
« à cette heure-ci, commence. » Au vestiaire et à la
sortie de l'atelier, tous parlent de la course de la
veille et en discutent avec beaucoup d'animation les
différentes phases. Je demande à l'un des jeunes
ouvriers : « On ne paraît pas beaucoup aimer le ciné,
« ici ? — Oh ! il y en a trois ! Et trois théâtres !

1. Foire de Séville.

« C'est beaucoup ! Nous aimons mieux les tau-
« reaux ! »

Aimant le plaisir, ces ouvriers andalous ne sont
guère économes. En travaillant, ils fument presque
tous la cigarette et ils fument plus que les Catalans.
Comme j'avoue à l'*encargado* qu'avec mon petit
salaire j'hésite à aller à la *Plaza de toros*, il s'écrie :
« Mais l'argent est fait pour rouler !... Dimanche,
« je dépenserai un douro : trois pesetas pour la
« course et deux pesetas pour boire avec un cama-
« rade. »

Il faut voir, dans une *corrida*, le petit public des
places du soleil siffler, applaudir, commenter avec
passion tous les épisodes de la lutte entre l'homme
et le taureau ! On le retrouve, au théâtre et au cinématographe, aussi animé, vivant, vibrant, prompt
à comprendre et à s'émouvoir, discernant les nuances, toujours élégant, discret, harmonieux, plein de
tact et de mesure. Un dimanche soir, après dîner,
le théâtre *Duque de la Victoria* donne successivement trois représentations, de une heure chacune ;
le prix des dernières places est de quinze centimes
et elles regorgent de monde, surtout de soldats ; les
places plus chères restent à moitié vides. On donne
une *zarzuela*, opérette en un acte et trois tableaux :
un thème insignifiant sert de prétexte à un peu de
musique et de chant et à beaucoup de danses. A la
différence des Catalans assistant à un spectacle sem-

blable au théâtre Soriano, les Andalous se montrent peu recueillis : de multiples échanges d'impressions s'y produisent à mi-voix. Ils rient aux moindres plaisanteries des acteurs et pendant l'instant même où la plaisanterie est dite ; ils applaudissent avec beaucoup de vivacité ; ils soulignent de la voix les quelques légers sous-entendus équivoques qui se peuvent soupçonner. Je retourne à ce théâtre un autre dimanche pour y entendre également une opérette pendant une heure ; j'y trouve autant de spectateurs que la première fois ; les places à quinze centimes sont occupées pour une moitié par des soldats et pour l'autre par de jeunes ouvriers, apprentis ou employés, de quatorze à vingt ans, et par quelques familles. Avec quelle passion ils suivent des yeux les danses ! et quel contentement se lit sur les visages ! Ils ponctuent les finales drôles ou égrillardes en contrefaisant l'acteur dont ils renforcent ainsi les effets ; on dirait le chœur antique ; vraiment, à ces moments-là, la scène et la salle se confondent ; l'exclamation collective accompagne l'acteur plutôt qu'elle ne le suit et ne dure que juste ce qu'il faut pour souligner le trait sans troubler le spectacle.

Le dimanche soir, le théâtre *San Fernando* donne deux séances de ciné, de huit heures trente à dix heures et de dix heures a onze heures trente. Les places les moins chères coûtent vingt centimes ;

occupant la dernière galerie, elles sont peu nombreuses; elles ne s'emplissent cependant qu'au dernier moment; la salle de spectacle n'est occupée qu'aux trois quarts. En attendant le début de la séance, les jeunes gens du *paraiso* (paradis) s'amusent à jeter sur les fauteuils d'orchestre des flèches en papier; leur grande animation, leur agitation, leurs conversations, les allées et venues continuelles contrastent fortement avec le calme, la froideur, la tenue réservée et correcte qu'observe, dès avant le spectacle, le public populaire des cinés de Barcelone. Même différence pendant le déroulement des films : les spectateurs sévillans réagissent très vivement ; ils échangent constamment entre eux, à mi-voix, leurs impressions qui ne sont jamais en retard sur le phénomène visuel ; ils rient, s'indignent, s'exclament, interpellent même les ombres vivantes; ils voient des Arabes, ils les huent; ils voient fonctionner le sifflet d'une usine appelant les ouvriers au trava l, ils se mettent à siffler. Tout cela, d'ailleurs, sans excès, sans fracas, mais avec une mesure, une discrétion qu'un public parisien n'observerait pas; ils accompagnent le spectacle, vibrent à l'unisson de toutes ses phases et le renforcent, en amplifient l'effet. Les films n'offrent aucune de ces scènes risquées et même indécentes que représentent si fréquemment les cinés barcelonais. J'y retourne un autre dimanche, mais l'après-

midi, de quatre à six heures : il n'y a pas de course
de taureaux, le temps est pluvieux ; cependant, au
début de la séance. la moitié seulement des places
à vingt centimes sont occupées ; par la suite, elles
achèvent peu à peu de s'emplir. Lorsqu'ils lisent les
textes explicatifs, les spectateurs expriment souvent
leurs sentiments avant d'avoir achevé leur lecture ;
ils ont compris avant d'être parvenus au bout du
texte. Le dimanche suivant, après-midi, comme il
y a *corrida*, le théâtre est vide aux quatre cinquiè-
mes. Les films ne comportent que des drôleries et
des bouffonneries ; elles sont en général accueillies
par de grands éclats de rire; mais un certain nombre
de spectateurs, de tout âge, ne se dérident pas un
seul instant ; au *paraíso*, près de moi, je compte,
gardant un visage sévère, un garçon d'une douzaine
d'années, un jeune homme d'environ vingt-cinq ans,
un homme de trente à quarante ans, deux autres
qui ont passé la cinquantaine. Un autre dimanche,
l'après-midi, le ciné de S. Fernando n'a pas davantage de succès. Un film, toutefois, représente une
corrida : aussitôt, parmi les spectateurs clairsemés,
règnent la même animation, les cris, l'émotion, les
halètements que l'on remarque dans une *corrida*
réelle.

Le matin des lundis ou des lendemains de fête,
les teinturiers arrivent à l'atelier avec des figures
grises et longues ; ils travaillent dans un silence

morne ; ils restent tristes, presque maussades ; ils
ne sortent par hasard de leur mutisme que pour
murmurer entre les dents quelque réflexion de
méchante humeur. Mais, l'après-midi, le nuage se
dissipe et ils reprennent leur amabilité coutumière.
Parfois, à la sortie de l'atelier, quelques-uns d'entre
eux s'arrêtent dai i une *tienda de vinos* pour y boire
quelques verres. Un autre jour, nous nous y rendons
presque tous et quatre teinturiers offrent chacun
une tournée, ce qui fait, pour chacun, quatre verres
d'un vin généreux accompagnés d'une bouchée de
saucisson, puis de morue frite, puis d'olives. Après
les deux premiers verres, je profite de leur inatten-
tion bavarde pour jeter tout sous la table. L'angle.
de la salle, suivant l'usage, est pourvu de deux pla
ques de marbre et d'un orifice ; sans presque quitter
la table, le consommateur a ses commodités ; il avait
dû si souvent les prendre que l'on n'a rien trouvé
de mieux que de se conformer à ses habitudes.
L'Andalou s'écarte assez aisément des règles de la
stricte sobriété ; il ne se passe guère de jour que je
ne rencontre un ou deux ouvriers dont l'équilibre
imparfait témoigne de quelque excès ; mais l'excès
est si vite atteint avec ces vins fortement alcoo-
lisés !

Deux ou trois fois seulement, j'entends mes compagnons de travail tenir des propos ou faire des
gestes obscènes, ou proférer un blasphème. Ils sont

trop raffinés pour s'abaisser souvent à ces grossièretés énormes. Antonio va bientôt se marier ; son
voisin de « barque », âgé de vingt-huit ans, me dit
à ce propos : « Vous devriez vous marier avec une
« d'ici ! » Après quelques instants : « Je suis marié
« depuis deux ans ; j'ai une petite fille... » Après un
nouveau silence : « Etre marié, c'est ce qu'il y a
« de mieux. Quand on perd ses parents, on n'est pas
« seul. »

Leurs préoccupations d'élégance sont très vives.
Les deux plus jeunes teinturiers me déclarent qu'ils
ne croient pas qu'il y ait pays au monde où la
recherche de l'élégance soit aussi grande qu'en
Andalousie. Tous ces ouvriers n'ont pas moins de
goût pour la politesse et pour le beau langage. Après
avoir quitté l'atelier, il m'est arrivé, à deux reprises, de rencontrer un de mes anciens compagnons
teinturiers : chacun d'eux m'a abordé le premier,
manifestant son contentement de me revoir et s'informant de ce que je devenais. Jamais un Catalan
ne se met ainsi en frais d'amabilité : il reste froid,
renfermé, indifférent. L'ouvrier andalou n'est pas
seulement affable et serviable ; il aime la langue
littéraire et la poésie : le jour de sa fête, le contremaître nous offre à chacun un cigare ; l'artilleur-
teinturier Pedro a composé en son honneur une
pièce de vers dont le manuscrit circule de main en
main et qui marque les dispositions littéraires de

l'Andalou (1), son inclinat...u pour les jolies choses
et son aptitude à les produire, comme aussi l'harmonie qui règne dans cet atelier.

L'amabilité naturelle à la race de cette province
aide singulièrement à maintenir ce bon accord : le
contraste est frappant entre le ton sec, tranchant,
impérieux, du Catalan qui commande et le ton
affable de l'Andalou qui donne un ordre ; lorsqu'il
nous commande quelque chose, le contremaître
semble continuer de converser avec nous ; d'ailleurs,
il travaille avec nous, comme nous et autant que
nous. L'Andalou est tenu pour flâneur, paresseux,
mou. indolent : je constate que les ouvriers teinturiers de cet atelier travaillent mieux que les teinturiers catalans que j'ai connus ; ils montrent une
application, un zèle, une activité soutenus pendant
toute la durée du travail et ils perdent moins de
temps que les Catalans en bavardages. Il est vrai
qu'ils ne dépendent pas des comités révolutionnaires
et que cela suffit pour expliquer qu'ils n'aient rien
perdu de leurs qualités naturelles.

Loin de montrer de la répugnance pour le travail,
ils accueillent avec satisfaction l'annonce d'une
heure de travail supplémentaire : « Ce sera davan-
« tage d'argent gagné ! » me disent ils tout joyeux.

1. On entend parfois dans les cafés populaires des consommateurs chanter leurs improvisations tout comme sur
le passage des processions de la Semaine sainte.

En fait, le patron leur paie une heure de travail
pour toute fraction d'heure, ne s'agirait-il que de
dix minutes, qui s'ajoute à la durée normale de la
journée. Le matin, nous travaillons toujours jusqu'à
la dernière minute, jusqu'à onze heures sonnant.
L'après-midi, le travail effectif est toujours achevé
à cinq heures trente : alors on lave les ustensiles,
le pavé, on se nettoie longuement les mains en
flânant, on s'habille lentement et l'on sort cinq à
dix minutes avant six heures. Rien ne s'opposerait
donc à ce que la durée de la journée fût réduite à
neuf heures et demie. Ou bien le patron pourrait,
en exigeant le travail effectif jusqu'à six heures,
renvoyer ses ouvriers, le samedi, à trois heures du
soir, ce qui équivaudrait presque à la semaine
anglaise. Depuis que j'ai quitté Barcelone, le patron
de la fabrique d'appareils d'éclairage a établi chez
lui la semaine anglaise en consentant un léger sacrifice et en obtenant de ses ouvriers une concession
semblable ; les cinq minutes laissées au début et à
la fin de chaque séance, c'est-à-dire six fois par jour,
pour se déshabiller ou s'habiller et se laver, sont
récupérées pour le travail qui dure désormais effec-
tivement de l'heure à l'heure ; la demi-heure ainsi
gagnée chaque jour, soit trois heures par semaine,
est rendue aux ouvriers le samedi après-midi, ce qui
permet déjà de les laisser partir à trois heures au
lieu de six ; mais ils restent, ce jour-là, à l'atelier

jusqu'à une heure au lieu de midi et le patron leur
fait remise de la demi-heure de travail qu'ils lui
doivent encore. Ainsi, grâce à ce léger sacrifice, à
la récupération des cinq minutes perdues deux fois
par séance et à la prolongation, jusqu'à une heure,
de la matinée du samedi, ses trois cents ouvriers
peuvent, ce jour-là, disposer de leur après-midi.
Combien d'améliorations ne seraient pas réalisées
dans le régime du travail industriel si les difficultés
étaient abordées de part et d'autre avec bonne
volonté et dans un esprit de conciliation ! Le groupement professionnel des employeurs et des salariés,
dans la Corporation, permettrait de rapides et inces-
sants progrès dans l'organisation du travail.

Un industriel sévillan me dit qu'à Séville, dans
tous les corps d'état, il y a des syndiqués qui obéissent à un mot d'ordre venu de Barcelone ou d'ailleurs ; mais ils ne sont encore qu'un petit nombre ;
la grande majorité des ouvriers reste étrangère au
syndicalisme. Il s'en félicite : dans sa maison, il ne
compte pas un seul syndiqué ; il n'en veut pas, car
alors « je ne serais plus maître chez moi ; il n'y
« aurait plus unité de direction. » Ce même sentiment, commun à tous les patrons, semble en principe dépourvu de justification : si les ouvriers cherchent à se grouper, c'est qu'ils y ont un intérêt qui
naît de la nature de leur travail ; contre ce fait, il
est superflu ou dangereux de s'élever ; toutes les

difficultés dont souffrent l'industrie et les industriels ont précisément leur source dans cette inorganisation ouvrière et surtout professionnelle. D'ailleurs, l'unité de direction a ses limites objectives, naturelles et rationnelles, constituées par l'organisation ouvrière ou professionnelle, les exigences de la loi, de la concurrence, de la clientèle et de la mode avec lesquelles les patrons doivent composer ; dans ces limites, l'unité de direction patronale trouve le terrain propre sur lequel elle peut légitimement et librement s'exercer. Ce qu'en réalité et avec raison les patrons redoutent, c'est l'intrusion d'un pouvoir perturbateur et désorganisateur de l'industrie ; mais ils n'auraient aucune raison de ne pas accepter l'intervention d'un pouvoir organisateur et régulateur qui collaborerait puissamment à la prospérité industrielle. La solution du problème dépend de l'esprit qui anime la direction du syndicat ouvrier, suivant que celui-ci est conçu comme un instrument de lutte intestine, de guerre, ou comme un élément du groupement de métier, un moyen d'accroître la vie et la prospérité sociales.

Cet industriel apprécie beaucoup l'ouvrier andalou: « Je suis Castillan, me dit-il, mais établi depuis « trente ans à Séville. A mon sens, il n'y a pas, « dans toute l'Espagne, d'ouvriers qui aient la « noblesse de sentiments de l'ouvrier andalou. Il « est doué d'une grande et vive intelligence; il

« comprend très vite et très bien ; il devance, il
« devine l'explication. Mais il manque d'esprit de
« suite et de persévérance. L'Espagnol du Nord, qui
« a l'esprit plus lent, n'abandonne jamais l'idée qu'il
« a conçue, le plan qu'il a adopté. L'Andalou a
« comme toute le monde ses petits défauts : si je
« rencontre un de mes ouvriers ivre, je le prends
« par le bras et je le ramène chez lui ; et, pour tout
« le monde, ce que je fais là paraît tout naturel. »
L'Espagnol est à la fois beaucoup plus fier et beaucoup plus égalitaire que le Français : nous ne redou·
tons rien tant que de nous « compromettre » en
compagnie de gens mal vêtus ou que nous estimons
nos inférieurs.

L'absence, à Séville, d'une forte organisation
révolutionnaire inspire à ce patron une quiétude
exagérée. Pour lui, « les agitations de Barcelone
« sont sans importance pour le reste du pays ; Barce-
« lone est tout à fait à part de l'Espagne ; ce qui s'y
« passe n'exerce pas d'action sur les autres provin-
« ces. » (C'est, tout au contraire, le centre d'initiation,
de propagande et d'impulsion). « Les chefs républi-
« cains ou socialistes sont secrètement d'accord avec
« le gouvernement qui trouve en eux l'opposition
« dont il a besoin, puisqu'il faut, dans le parlemen-
« tarisme, qu'il y ait une opposition. Mais ce sont,
« au fond, des collaborateurs et des amis » (Il
importe, cependant, de ne pas prendre des collu-

sions momentanées pour une collaboration et le
chantage pour une manifestation d'amitié) « L'ar-
« mée est fidèle et la propagande politique que l'on
« y pourrait tenter demeurerait sans effet » (On
devait raisonner ainsi, au Portugal). « Dans les pro-
« vinces, à Séville par exemple, le parti de la Révo-
« lution est constitué pas quatre fous et deux
« gamins. La Révolution et la République sont
« impossibles. La Couronne est solide ; elle a actuel-
« lement devant elle pour cinquante ans de tran-
« quillité (1). » C'est au milieu de paisibles propos
de ce genre qu'à dû éclater, à Barcelone, ce coup
de foudre de la semaine sanglante qui a livré cette
ville, pendant plusieurs jours, à l'insurrection, et qui
a failli se propager à tout le royaume. Il est exact
que l'agitation anticléricale et révolutionnaire reste
le fait d'une petite minorité, parfois même de groupes numériquement insignifiants. Mais ces éléments
sont organisés, unis, soutenus par des forces internationales, savent ce qu'ils veulent et le veulent
fortement, savent comment réaliser ce qu'ils veulent
et en préparent activement la réalisation : c'est pour
cela qu'ils peuvent triompher d'une masse inorga-
nique, inerte et béatement optimiste.

Ce patron a parfaitement raison, au contraire,

1. Ces prévisions optimistes n'auraient pas été formulées
au cours de la Grande guerre !

lorsqu'il proteste contre l'opinion fausse que se font
les étrangers de la vie andalouse qui serait paresseuse, oisive et improductive : « On ne nous connaît
« pas et on nous calomnie ! Il y a beaucoup d'indus-
« trie, à Séville, beaucoup ! Mais on ne s'en doute
« pas, parce qu'elle n'est pas visible : installée dans
« des maisons particulières, elle n'attire pas l'atten-
« tion du passant. Et, du reste, les étrangers ne
« viennent ici que pour voir danser ; pour eux, c'est
« tout Séville et toute l'Andalousie. On méconnaît
« tout autant l'Espagne. Nous venons d'achever,
« pour la somme de dix millions, souscrite en
« Espagne, un canal de dix mètres de profondeur
« qui permet d'éviter les boucles du Guadalqui-
« vir et de donner aux plus grands navires accès
« dans un port creusé près de Séville. C'est un
« grand et beau travail qui a enrichi la ville et la
« province : qui en a parlé ? Qui ? — Mais personne !
« Ne savez-vous pas, Monsieur, qu'il y a une con-
« juration internationale contre l'Espagne, restée
« trop catholique, et que l'on cherche à exagérer en
« toute chose ses défauts ou ses erreurs et à taire
« tout ce qu'elle peut tenter ou réaliser de bien ? »
Ces travaux du canal du Guadalquivir ont été con-
duits avec une grande sagesse : comme il ne s'agissait pas d'une œuvre électorale propre à assurer de
« bonnes élections » à la prochaine consultation
populaire, on n'y a pas appelé du dehors des

milliers d'ouvriers dont on n'eût su ensuite que faire, mais seulement, en période de chômage, les bras inemployés de la province ; lorsque la sécheresse avait fait perdre la récolte et que des villages entiers manquaient de pain, le gouverneur faisait reprendre les travaux ; tous ceux qui souffraient de la disette et du chômage étaient amenés en chemin de fer et ensuite rapatriés aux frais de la province.

Moins d'intelligence préside aux travaux municipaux : l'*Ayuntamiento* (1) de Séville, féru d'européanisation, ayant perdu le sens de la tradition urbaine et du goût local, rêve de transformer Séville en une grande ville moderne avec maisons à multiples étages, rues larges et droites, et se propose de contracter un gros emprunt pour démolir la curieuse cité dont le charme aimable et l'originalité gracieuse attirent tant d'étrangers. Vandalisme, laideur, banalité : n'oublions pas que l'*Ayuntamiento* est libéral. De tels projets, contraires aux intérêts réels de la cité, ne vont pas sans impliquer de lourdes charges fiscales nouvelles. Mais l'exemple vient de haut : lorsque Canalejas est arrivé au pouvoir, me dit le patron sévillan, le budget de l'Etat montait à sept cent millions ; à sa mort, il se chiffrait par un milliard. Mon interlocuteur ajoute, sur la remarque que je lui fais de la diffusion du journal *El Liberal*

1. Conseil municipal.

de Séville, qu' « on ne le lit que pour connaître les
« nouvelles. » Le prétexte n'est pas neuf et la tactique
est d'usage courant : les nouvelles présentent un
caractère tendancieux, les faits sont exagérés ou
passés sous silence suivant les besoins de la politique
que le journal défend, de sorte que, le lire pour connaître les nouvelles, c'est s'abandonner à toutes ses
suggestions et s'imprégner de son esprit. A Séville,
dans toutes les classes de la société, ce résultat est
obtenu.

§ 2. — TERRASSIERS

La propagande socialiste s'est exercée avec un
succès complet, à Séville, parmi les *corchotapone-*
ros, ouvriers tailleurs de bouchons de liège. Cette
industrie, particulière à Séville, y atteint un développement important ; elle transforme le liège des
forêts de l'Estramadure Les nombreux ouvriers
qu'elle emploie ont la réputation de fortes têtes, sont
syndiqués et professent communément l'opinion des
politiciens socialistes qui dirigent leur association.
Les mêmes idées dominent chez les mineurs et chez
les salariés agricoles si nombreux dans cette province qui est presque entièrement soumise au régime
de la grande propriété. Lorsque les grèves éclatent,
elles prennent un caractère de violence inouïe.

La même propagande a porté des fruits parmi les ouvriers du bâtiment. Un dimanche, au marché, je vois un groupe d'ouvriers maçons auxquels l'un d'eux lit un manifeste de leur syndicat : «... bour-« geoisie... exploitation... parias... », tout le vocabulaire habituel y passe. La lecture terminée, ils se séparent sur un « *Vaya con Dios !* » Le syndicat sévillan des maçons et aides-maçons avait réussi, à un certain moment, à englober tous les ouvriers de la corporation : il obtint alors la journée de huit heures et une élévation des salaires ; les manœuvres furent payés deux francs cinquante au lieu de deux francs et les maçons reçurent, suivant leur catégorie, de trois francs cinquante à cinq francs. Mais le syndi-cat, ayant ensuite voulu proclamer une grève de principe, ne fut pas suivi par la totalité des syndi-qués ; le division fut même si profonde entre les deux partis qu'un syndicat rival s'éleva contre l'ancien syndicat et qu'actuellement (1913) les deux syndicats ne parviennent à grouper, à eux deux, qu'une partie des ouvriers du métier. Néanmoins, les avantages acquis grâce à l'unanimité antérieure subsistent. Les ouvriers travaillent, le matin, de huit heures à onze heures, et, le soir, de midi à cinq heures. Cette répartition des heures de travail est défectueuse : il serait plus logique de travailler quatre heures le matin et quatre heures le soir. Non seulement cinq heures de travail sans arrêt entraînent

une fatigue excessive, mais il se trouve que cette
durée plus grande se place précisément pendant les
heures de la journée où le travail est plus pénible.
Les accords intervenus entre le syndicat et les patrons offrent deux autres inconvénients : — 1º Le
contrat de travail ne vaut que pour le jour même ;
l'ouvrier peut quitter l'entrepreneur, sa journée
finie, sans avis préalable ; il en résulte que les manœuvres du moins doivent se présenter au chantier
quinze à trente minutes avant l'heure pour être sûrs
d'être occupés, car un sans-travail pourrait, en arrivant plus tôt, se faire embaucher par le contremaître ; — 2º sa journée finie, le manœuvre ou maçon n'est pas payé sur le chantier, mais au bureau
du patron, ce qui lui occasionne une fatigue et une
perte de temps tout à fait inutiles. Une organisation
professionnelle soucieuse des intérêts de ses membres
aurait tôt fait d'obtenir sur ces divers points les
modifications nécessaires.

Un Sévillan a successivement tenté, mais en vain,
de me faire accepter par trois patrons qui étaient,
l'un son obligé, l'autre son fournisseur et le troisième
son ami. Il leur a exposé franchement les raisons du
service qu'il leur demandait, mais deux d'entre eux,
des industriels, ont allégué que ma présence pourrait mécontenter leur personnel, et le troisième, un

entrepreneur de maçonnerie, qu'il n'avait pas de travail en ce moment. « Des bêtises ! ajoute mon ai.
« mable intermédiaire. Ils doivent s'imaginer que
« l'on cherche à pénétrer les secrets de leur maison,
« comme s'il y avait des secrets à garder ! C'est une
« question de confiance et ils n'ont aucune raison de
« n'avoir pas confiance en moi. Mais, vraiment, il
« faut bien le dire, votre cas est si extraordinaire
« que, si j'en lisais le récit sans vous avoir vu à
« l'œuvre, je crierais au roman !... »

Enfin, son ami l'entrepreneur se décide à me donner un mot pour un collègue, se bornant à le prier
de lui faire le plaisir de donner du travail au *peon*
(manœuvre) qu'il lui adresse.

Après deux démarches auprès de ce second entrepreneur, j'obtiens l'assurance d'être embauché à son
chantier, le lendemain matin.

Dès sept heures trente, je me trouve à l'adresse
indiquée. Les ouvriers habituels y sont déjà rendus
ainsi qu'un sans-travail qui vient demander à être
embauché. Le contremaître arrive à huit heures
moins cinq et nous prend tous les deux. Le travail
à exécuter est un travail de terrassier : il s'agit de
creuser, dans un terrain herbeux, les fondations d'un
hangar. Ce travail étant pressé, nous devrons subir
la journée légale de dix heures, et les deux heures
supplémentaires ne seront payées qu'au taux de
l'heure normale qui est de trente centimes : nous

toucherons trois francs dix centimes pour dix heures
au lieu de deux francs cinquante pour huit, combi-
naison moins avantageuse que la journée de huit
heures puisque, dans ce cas, dix centimes s'ajoutent
aux deux francs quarante représentant huit heures
de travail.

Le terrain vague où se déploie l'équipe est limité
par des bouquets d'arbres au-dessus desquels, au
loin, surgit dans le ciel clair le somptueux minaret
de la cathédrale. A coups de pic, un *peon* creuse le
sol à environ trente centimètres de profondeur. Derrière lui, armé d'une pelle, je tire la terre et la rejette
sur le côté. Cela semble un jeu, mais les sept heures
de travail de l'après-midi sont épuisantes. Le soleil
est déjà très lourd dès ce matin, bien que nous ne
soyions qu'aux premiers jours du printemps et que
l'on m'ait assuré que, cette année, le début de la
belle saison était exceptionnellement tardif.

Tout de suite, par leur physionomie, leur tenue,
leur allure, mes compagnons m'apparaissent comme
inférieurs aux teinturiers : effet de l'éducation professionnelle. Mais ces manœuvres andalous sont,
par leur aspect, supérieurs à leurs collègues français : question de race.

Leur travail est assez lent : c'est une nécessité.
Une besogne qui exige une forte dépense musculaire ne peut se prolonger qu'à la condition de n'être
pas intensive. J'en fais l'expérience : je travaille,

pendant une demi-heure, avec toute l'activité que je puis donner et me voilà exténué ; je travaille avec lenteur et je supporte la fatigue. Il est entendu que l'habitude du métier me manque ; mais, pour ceux qui la possèdent, l'effet, toute proportion gardée, reste certainement le même. Aussi retrouve-t-on toujours cette lenteur chez tous ceux qui se livrent à des travaux analogues, par exemple les ouvriers agricoles.

Ce travail lent se ralentit encore et même cesse de temps à autre, dès que le contremaître s'éloigne. Sa fonction de surveillance est donc nécessaire : elle est productive de travail.

Très peu de paroles sont échangées entre les ouvriers. A un certain moment, j'entends deux d'entre eux, près de moi, s'inquiéter de la date de la prochaine *corrida de toros*.

Au cours de l'après-midi, mes compagnons ne se montrent guère plus loquaces. L'un d'eux me demande si je suis Catalan. Un autre, m'entendant répondre que je suis Français, me dit : « Vous ne con- « naissez donc pas la fabrique de *** ? Ils sont tous « Français là-dedans ! » Ayant besoin de se servir pendant quelques instants de ma pelle, il me la demande dans les formes les plus courtoises : « *Haga* « *Usted el favor...* », et il me la rend en ajoutant : « *Gracias !* » Quatre d'entre eux ont un type sémite très accentué. Vers le milieu de l'après-midi, je tra-

vaille avec un autre piqueur. Il **arrive du Maroc**
français (sans s'être jamais douté qu'il ressemble
aux *Moros* comme un frère) : il en rapporte cette
opinion que « les Français boivent joliment d'alcool !
« Ce sont tous des ivrognes ! » Il baisse la voix pour
me dire cela, comme s'il craignait de me froisser et
comme si cette constatation l'attristait. Ces terras-
siers andalous sont étonnants de sobriété et d'endurance : tout l'après midi, ils ont travaillé sans manger ni boire et sans arrêt ! Sept heures de suite ! et
sous un soleil qui me paraît bien lourd.

Un labeur aussi dur exige, plus que tout autre,
la journée de huit heures. Les professionnels qui
m'entourent touchent certainement à la limite de
leurs forces pendant les deux heures supplémentaires, car deux piqueurs avec lesquels j'ai achevé
ma journée et qui étaient particulièrement vigoureux
et vaillants, s'arrêtaient assez souvent pour souffler,
entre cinq et sept heures, et me demandaient l'heure
fréquemment : ce double changement d'attitude
témoignait d'une fatigue rapidement croissante et
d'un épuisement certain.

Nos dix heures terminées, il nous a fallu aller au
domicile de l'entrepreneur pour toucher notre
salaire : exigence inutile et inhumaine. Nous nous y
rendons d'un pas lent et lourd. Il y a près de dix
minutes de chemin et c'est encore trop pour des
hommes qui sont las. A cette course supplémentaire

s'est jointe l'attente au bureau : le patron n'avait pas terminé ses comptes ! Une demi-heure a été ainsi perdue. Et ce n'est pas tout : avec une incroyable désinvolture, l'employeur, qui doit à chaque ouvrier individuellement son salaire propre, s'était dispensé du souci de préparer la monnaie nécessaire : il se borne à remettre au plus ancien peon la somme globale en douros ! Et nous voilà, sur ses talons, obligés de courir de boutique en boutique dans un quartier où elles sont rares, dans un pays où la crainte de la fausse ou mauvaise monnaie fait que l'on n'aime pas changer une pièce, et à une ' cure tardive où beaucoup de petits commerçants n ont plus de menue monnaie. Quand enfin l'opération est achevée, il est presque huit heures. Nous avons le ventre creux. Chacun doit maintenant parcourir la distance qui le sépare de sa maison ou de la *Casa de comida*. Une heure a été perdue en fatigues supplémentaires par des hommes sur qui pesait le fardeau d'une longue et pénible journée, parce que le patron n'a daigné ni se munir de monnaie ni faire payer ses hommes sur le chantier. Ce ne sont pas là petits détails : l'homme doit compter avec son temps et avec ses forces, surtout lorsque le travail lui prend tout son temps et toutes ses forces. Ce sont graves inconvénients et auxquels le remède serait facile. Les intéressés ne se plaignent pas, dira-t-on. La belle excuse ! S'ils se plaignaient, on les traiterait de révoltés.

Pauvres gens ! en effet, non, ils ne se plaignent pas !
ils ne pensent même pas à se plaindre : ils sont
trop las et ils ont besoin, pour vivre, de ces trois
francs dix centimes durement gagnés, difficilement
empochés, qu'une réclamation les exposerait à
perdre.

Ainsi, il est huit heures du soir quand nous pouvons nous mettre en route pour chercher notre souper
et notre lit. Pourrons-nous, du moins, nous reposer
demain qui est dimanche ? Non. On nous a dit, en
nous poussant hors du bureau : « Demain, au chan-
« tier ! et à six heures ! » Le travail est urgent : donc
pas de repos dominical alors que, pour nous l'assurer, il suffisait de prendre aujourd'hui quelques
hommes de plus ; or, les bras inemployés ne manquent pas ; au cours de la journée, plusieurs sans-travail sont venus rôder autour de nous. En outre,
demain dimanche, le travail commencera à six heures au lieu de huit : le repos de la nuit se trouvera
réduit sans que le manœuvre qui se souvient qu'il a
une âme puisse cependant vaquer à ses devoirs religieux (1). Quelle vie de brute ! Mais n'est-ce pas là
ce régime de libre concurrence, de liberté — liberté
des forts et écrasement des faibles — que défend

---

1. J'ai vu, à Murcie, un dimanche, des maçons en vêtements de travail, le visage et les mains couverts de poussière, prendre sur le temps de leur repos pour assister à la
messe de midi.

l'économie politique libérale et qu'a instauré la Révolution ?

Je ne retourne pas, le lendemain, au chantier,
moi qui n'ai pas besoin d'y travailler dix heures
pour avoir dans ma poche de quoi payer mon lit et
mon pain. Je me repose. Mais, ce dimanche-là, comme
je pense à mes compagnons qui piochent et remuent
la terre, qui peinent comme des animaux et qui sont
des hommes comme moi ! Et qui donc, dans la société actuelle, pourrait changer cela, réparer cette
injustice ? L'Eglise ? Elle est sans action sur cette
société civile qui l'a rejetée. A défaut de la société
religieuse, la société laïque ? Mais elle est fondée
sur ces principes qui veulent cette injustice, la né-
cessitent et la justifient. Sinon l'Eglise, du moins
l'Etat ? Mais il ne s'intéresse à l'ouvrier que pour
l'exploiter et l'asservir. Un parti politique ? Il agira
comme l'Etat lui-même, se servant de l'ouvrier pour
conquérir l'Etat ou, l'ayant conquis, pour garder sa
conquête. Les ouvriers eux-mêmes ? Mais ils sont
désunis, étrangers en quelque sorte à leur métier et
les uns aux autres, tout dominés par la crainte de
perdre ce travail auquel ils doivent de pouvoir mener
une vie pauvre, mais enfin de pouvoir vivre : ce sont
des travailleurs isolés et impuissants, des individus
que ne rattache aucun lien ainsi que l'a voulu la

Révolution issue du Contrat social, ou bien groupés
par les forces qu'elle a engendrées et qui, sous couleur d'apporter remède à leur misère, la perpétuent
et l'aggravent pour en faire les instruments aveugles
de la grande Dévastation qu'elles poursuivent.

§ 3. — CONCLUSION

Qui ne serait séduit par le caractère des habitants
de cette province ? Les Andalous sont polis, aimables, fins, élégants, hospitaliers, improvisateurs et
poètes ; ils aiment les fleurs, la littérature, la musique et la danse.

Si la générosité des vins espagnols surprend aisément leur faiblesse et si le charme d'un incompara-
ble climat les incline à l'oisiveté, ils ne manquent
cependant ni d'activité, ni d'application au travail,
ni d'endurance, et une vie industrielle considérable
se cache, à Séville, sous la séduction des fleurs et
du plaisir.

Mais précisément, par l'effet du régime économique libéral, toutes ces qualités tendent à disparaître.
L'impression reposante qui se dégage de Séville,
surtout lorsqu'on arrive de Barcelone, commence à
se dissiper dès que l'on pénètre plus avant dans la
vie intime de la cité. Si elle reste enveloppée d'une

atmosphère lumineuse et sereine, si la population paraît s'adonner à ses affaires et ses plaisirs plus qu'à la politique, les méfaits de celle-ci ne tardent pas à se faire connaître et l'on plaint l'optimisme aveugle où s'abandonnent les gens cultivés.

De même que sous les dehors charmants se peuvent surprendre, dans un rare instant d'oubli, les lointaines affinités moresques et la persistance de ce sentiment général en toutes les Espagnes qui est, greffée sur un régionalisme vivace et un nationalisme ombrageux, une xénophobie tout particulièrement dirigée contre la France, de même, sur la ville et dans les âmes, s'aperçoivent bientôt les premiers ravages causés par des idées mauvaises que depuis longtemps propage une publicité puissante. . La municipalité libérale, trahissant ses devoirs envers le dépôt d'art et de beauté traditionnels confié à ses soins, assume l'entreprise de démolition du cadre matériel où tant de générations coulèrent des jours de paix. Une presse hypocrite et perfide, pilotée par quelques organes de violence et de haine, des comités aux ramifications nombreuses, lointaines, secrètes même, après avoir semé un scepticisme stérilisateur, propagent l'illusion funeste de l'Eldorado républicain et, avec l'utopie du bonheur socialiste, les ferments trop réels de divisions mortelles et d'une guerre de classes désastreuse. Tous les maux, engendrés par des principes qui assurent

la liberté et l'impunité à l'égoïsme jouisseur et à
l'exploitation impudente, et refusent aux idées de
justice et aux institutions réorganisatrices tout droit
ou toute possibilité de vivre, sont soigneusement
entretenus et aggravés pour maintenir la société
tout entière dans la direction qui la mène à sa ruine.
Dans certains métiers, ouvriers agricoles, ouvriers
du liège ou du bâtiment, cette action malfaisante se
trahit avec plus de netteté : le caractère affable de
l'ouvrier sévillan s'altère ; les idées de vengeance se
fraient un chemin dans son âme ; les égoïsmes obs-
tinés des grands propriétaires et des patrons préparent les grands dissentiments ; courbé sous une
servitude matérielle à laquelle on ne lui laisse entre-
voir d'autre remède que celui de la violence dévas-
tatrice, l'âme dépouillée de toutes ses richesses
spirituelles, l'intelligence morte à tout ce qui n'est
pas l'écho des appels aux bestialités sourdement
vivantes dans le bas-fond de notre nature, le salarié
andalou commence à s'abandonner à tous ces
agents anti-civilisateurs qui s'efforcent de faire de la
foule souffrante, ignorante et dupée, la grande
armée de l'universelle Destruction.

CHAPITRE III

L'ARAGON

—

§ 1. — VIGNOBLES ARAGONAIS

A l'exemple de nombreux journaliers espagnols, je me décide à couvrir à pied au moins une petite partie de la distance qui sépare Saragosse d'Ateca. L'étape de Casetas compte quatorze kilomètres le long de la voie ferrée qu'il est toujours permis de suivre en cette Espagne où tout est permis. J'ai acheté à Saragosse, pour un franc vingt-cinq centimes, un bissac qui contient mes effets et mon linge et que je porte sur l'épaule.

L'opulente vallée de l'Ebre, couverte de riches cultures, s'étale entre les montagnes dont les falaises grises l'enserrent dans leur nudité, opposant par un contraste brutal leur désolation à la fertilité de la plaine. Sur la rive nord du fleuve, les falaises, très proches, paraissent la frontière d'un désert immense.

Invinciblement, l'on songe au Nil, sa vallée et sa
bordure menaçante de solitudes stériles. Seuls,
manquent les palmiers : mais, comme là-bas, parfois
surgit une haute cheminée d'usine — une à Utebo,
deux à Casetas ; j'en compterai trois à Calatayud.
On a disséminé les foyers industriels pour échapper
aux inconvénients des grandes agglomérations ouvrières ; mais on ne résout pas le problème et on
étend le mal ; ce que le mouvement ouvrier perd
momentanément en cohésion, il le gagne par la diffusion des idées nouvelles à travers toute la contrée
et leur propagation par contact de voisinage dans
les corps d'artisans des villages et chez les cultiva-
vateurs.

Je m'arrête à Casetas au déclin du jour. Le village
s'étend sur les pentes méridionales de la vallée, fer-
tilisées par un canal d'irrigation bordé de roseaux ;
à travers leur rideau mobile et rude, s'aperçoivent
les riches vergers contigus aux habitations. Cette eau
dérivée du fleuve et qui domine la plaine pour la
féconder, ces roseaux que froisse avec un bruit de
râpe le vent, la terre calcinée des berges et du chemin, la verdure intense de la plaine et des jardins,
la ligne lointaine des montagnes nues couleur de
cendre, le parfum qui monte du sol brûlé par trois
mois d'été : c'est l'Afrique du Nord, le Maghreb et
l'Orient, les vergers de Damas au pied des falaises
mortes d'Es-Saléhyié ; autour de Fez, dans les plai-

nes de Marrak'sh, comme dans la *vega* de Grenade
et la vallée aragonaise, coule l'eau fertilisante,
menée par les canaux où la frange des roseaux fré
mit ; et dans la rue de Casetas, le long de ses maisons de briques crues, crépies et badigeonnées à la
chaux, c'est encore l'odeur d'huile et d'épices qui
flotte comme aux abords des demeures moresques et
des souks. Le jour va finir : la cloche de l'église
appelle, de sa voix aigre et sans sonorité, comme
fêlée, à la récitation du rosaire. J'y compte une cinquantaine de jeunes enfants, une vingtaine de femmes
et deux hommes. Le prêtre prêche sur le devoir de
la mère chrétienne de donner à ses enfants, avec la
nourriture du corps, celle de l'âme. Il y emploie
beaucoup d'éloquence : qui n'est éloquent, en ce
pays ? Mais son éloquence est ardente, âpre, violente même ; les gestes, le ton sont excessifs ; on le
croirait hors de lui et prêt à se jeter hors de la chaire.
Cette fureur d'accent, on la retrouve chez tous en
cette province, même dans la simple conversation
pour peu que la moindre contrariété ou contradiction fasse jaillir au dehors toutes les impétuosités
mal contenues de leur nature.

Nous sortons : la nuit est faite. Sur le seuil des
maisons jouent des multitudes d'enfants : race vi-
goureuse et prolifique qui se répand sans trêve à
travers le monde, essaimant en Algérie, au Maroc,
en France et continuant de peupler l'Amérique. Une

voix forte, harmonieuse et colorée, monte dans la nuit : un homme passe, accompagnant de la guitare la confidence de son cœur. A la *posada*, l'accueil est aimable, empressé. De ma chambre dallée, aux murs nus, meublée d'une chaise, d'un lit de fer et d'une petite toilette de fer, la vue s'étend sur la vallée immense, sa verdure noire, riche don des eaux et du soleil, et jusqu'à l'horizon des montagnes décharnées, ossature grimaçante, aux tons pâles qu'adoucit encore la lumière de la lune.

De Paracuellos à Calatayud, la voie ferrée suit un long et sinueux défilé entre des montagnes abruptes, des pentes de pierre déchiquetée, au profil et à l'aspect apocalyptique. Un torrent coule au fond du ravin, faisant surgir sur ses berges l'excessive verdure de champs, vergers et jardins paradisiaques, nature âpre et féconde, ensorceleuse et brutale.

Au sortir de cette longue série de gorges, s'élargit la plaine de Catalayud. Les clochers mozarabes de la petite ville s'élancent de la verdure, au pied d'une falaise géante, couleur jaune pâle, percée de demeures souterraines dont les ouvertures font une tache d'ombre comme les hypogées d'Egypte dans les parois des Monts du Nil. Sur la cime, se dressent les ruines d'une forteresse féodale comme il en a tant surgi dans le montagneux Aragon à mesure qu'il était reconquis, pouce à pouce, sur l'envahis-

sœur musulman. La *posada* où je prends gîte offre les
deux caractéristiques habituelles : la parfaite nudité
et l'extrême propreté. Je paie une peseta pour une
chambre qui prend jour sur un vestibule, et une
peseta cinquante pour un dîner composé de haricots
blancs, ragoût aux pommes, poisson, salade et
amandes grillées, pain et vin. Le déjeuner coûte le
même prix : riz et légumes, deux plats de viande,
dessert, pain et vin. Le café au lait du matin est
compris dans le prix de la chambre.

Il y a bien peu de fidèles, ce matin de dimanche,
dans les églises. Dans une serrurerie proche de la
gare, on travaille toute la journée ; mais cette in
fraction semble exceptionnelle, car toutes les boutiques sont closes. Devant l'église Saint-Jean, un
écriteau accroché au-dessus d'une porte annonce :
« *La Justice*, journal républicain quotidien ». Sur
un banc du *Paseo*, un jeune ouvrier de moins de
vingt ans et un apprenti de treize à quatorze ans
lisent *El País*, un des plus violents journaux républicains anti-cléricaux de la péninsule. Je m'assieds
un peu plus loin. Deux agents de police, qui font
leur tournée armés de sabres et de revolvers, m'a-
perçoivent : visage inconnu, habits de travailleurs...
Ils m'interpellent, me demandent d'où je viens, où
je vais, quel est mon métier, et examinent mon livret
d'ouvrier. Il est bien rare qu'en ce pays l'autorité se
fasse sentir aux petites gens. Des cultivateurs pas-

sent sur leur mulets. Ils chantent. Toujours ces airs orientaux, ces appels dont le rythme s'arrête court, comme un cri de triomphe et de joie qui s'étranglerait dans un sanglot...

Vers la fin de l'après-midi, je me rends, le long de la voie ferrée, à Ateca, à treize kilomèttes de la ville. A mainte reprise, je vois des paysans travailler dans leurs champs.

A) ATECA

Je descends à l'hôtellerie où viennent avec leurs mulets et leurs charrettes les paysans d'alentour, la *parador* au porche énorme et profond, à l'escalier de pierre, aux chambres blanchies à la chaux, fermées par des portes massives et basses : un lit de fer, une toilette de fer, une table, des chaises ; le sol est cimenté. La salle à manger mesure dix mètres sur cinq : deux petites fenêtres suffisent à l'éclairer, mais la lumière est encore si vive en cette arrière-saison que les volets restent rabattus ; dans l'un d'eux est pratiquée une ouverture de trente centimètres de côté, vitrée, qui répand le jour sur les murs et le plafond blancs, le sol dallé, les tables et les bancs de bois blanc. La cuisine est voisine : on se sert moins des fourneaux que du brasero qu'entourent sur deux côtés un banc de carreaux de faïence, bas et profond, comme l'on en voit dans les demeures marocaines. Je paie une peseta pour la chambre, cinq réaux (1 fr. 25) pour le repas composé de soupe grasse, légumes secs, côtelette fort peu charnue, deux œufs, pain et eau.

Ateca, petite ville d'à peine quatre mille habitants, est un centre agricole, producteur de blé et de vin, pourvu de l'habituel petit commerce local. J'espérais pouvoir travailler avec les vendangeurs, mais j'apprends que le phylloxéra a complètement détruit les vignobles et que les habitants s'occupent à les reconstituer en plants américains. Le plus riche propriétaire, pour lequel j'ai un mot d'introduction, m'accueille avec une extrême courtoisie, mais évidemment croit avoir mal compris lorsque je lui expose mon désir de travailler avec les paysans ; l'étrangeté de ce dessein le lui fait interpréter raisonnablement, lui semble-t-il, dans le sens d'une enquête sur les conditions économiques de la contrée et, malgré mon costume d'homme du peuple, il estime de son devoir de me faire les honneurs de son jardin et de la ville, en me donnant tous les détails qu'il croit susceptibles de m'intéresser ; enfin, il me remet pour ses amis de Morata une lettre de recommandation. Pendant notre promenade, les gens que nous rencontrons le saluent, mais sans servilité. Il me dit qu'ils sont francs, loyaux, et que l'on peut compter sur leur parole et sur leur

cœur quand ils les donnent. Ils sont vêtus de velours ; ils portent une veste aussi courte qu'un gilet ;
ceux de la montagne, où ils mènent paître les troupeaux, ont gardé les culottes courtes d'autrefois.
Quand ils ne coiffent pas le béret, ils se ceignent la
tête d'un mouchoir comme d'un turban sur lequel ils
plantent parfois un feutre aux très vastes bords.
Toute cette population a du sang arabe dans les
veines ; parfois, le type est purement arabe ; près
d'Ateca, il y a même un village appelé Moros,
comme si les habitants descendaient d'une colonie de
Maures convertis. La petite ville, avec ses ruelles
étroites, tortueuses, grimpantes, armées de cailloux
ronds, a des airs de cité africaine. Ici, apparaît un
balcon chargé de fleurs, comme en Andalousie ; là,
des masures au milieu des ruines à l'abandon, des
pans de murs et de pierrailles, évoquent la misère
de l'Islam. La tour de l'église et celle de l'ancien
château-fort se dressent, carrées, ornées de festons
de briques, ainsi que des minarets maghrebins.

La population est acquise aux idées libérales :
lors de la dernière guerre civile, en 1873, elle for-
tifia rapidement la cité pour la mettre à l'abri d'un
coup de main des carlistes ; il reste encore, près de
l'église, un mur crénelé qui fut construit à cette
époque. Une affiche manuscrite, déjà ancienne, à
demi déchirée, étale sur un mur les restes d'un appel
adressé par « la jeunesse républicaine » au nom du

« parti républicain d'Ateca ». La propagande venue
du nord des Pyrénées, installée dans trois ou quatre
grandes villes industrielles, s'est propagée dans les
capitales de province et, de là, dans les petits centres semi-urbains semi-ruraux. Ce « parti républicain » n'est pas un phénomène de génération locale
spontanée, mais de contagion de proche en proche ; il ne trouve sur place aucune raison de naître
ni de se développer ; il est venu d'ailleurs et c'est
d'ailleurs qu'il reçoit les raisons et les fonds qui
l'alimentent. Devant l'*Ayuntamiento* (1), s'étend la
place de la « Constitution ». Il n'y a pas, je crois,
de ville, si petite soit-elle, qui ne possède sa place
de la « Constitution ». Comme si l'Espagne n'avait
pas eu, de tout temps, une Constitution ! Entend-
on faire croire que l'Espagne n'a reçu de Constitution qu'au xixe siècle ? Cette prétention ressemble à celle des ignorants pour qui l'histoire de
France commence en 89. L'ancienne Constitution
espagnole n'était pas si mauvaise pour avoir duré
des siècles de puissance et de prospérité ; et la Constitution moderne ne vaut sans doute pas qu'on la
célèbre si fort puisque si souvent on la change. On
dirait que l'Espagne, comme la France, ayant perdu
son équilibre intérieur, s'affole pour le retrouver et
ne le retrouve pas, le cherchant en dehors des con-

1. Mairie.

ditions historiques qui lui sont propres et des conditions rationnelles qui s'imposent à toute société dès lors qu'elle veut vivre. Une nation ne peut se juger ni se comprendre lorsqu'elle s'exile de son histoire et s'insurge contre la raison. L'anticléricalisme, état d'esprit déjà fort ancien, inoculé par la conquête napoléonienne, c'est-à-dire jacobine, exalté par la perte de l'empire colonial qui, due à l'invasion, fut attribuée aux moines, a trouvé un aliment nouveau dans la perte de Cuba, la guerre du Rif et les difficultés intérieures suscitées par le développement de l'industrie : il précipite la décadence de l'Espagne. L'œuvre de renaissance nationale consiste d'abord à refaire l'âme espagnole. A cette tâche se sont attelées, par la fondation d'écoles chrétiennes, les Congrégations que l'intolérance libre-penseuse et l'Inquisition maçonnique ont chassées de France. Trop souvent, surtout dans les classes populaires, la foi ne se transmettait plus que par l'habitude ; l'enfant reproduisait imitativement des gestes consacrés par l'usage. On imagine sans peine la pauvreté d'une pareille croyance, l'ignorance religieuse réelle, l'inefficacité d'un état d'esprit aussi superficiel. Il était urgent de distribuer à la jeunesse une formation réellement chrétienne et des éléments de vie religieuse intérieure. De là, la fureur des sectes que ce renouveau religieux troublait dans leur entreprise et le redoublement de leurs efforts,

l'extension de leur propagande dans les campagnes.
Le mot « République » leur sert actuellement de
mot d'ordre pour exprimer la foi en un avenir
merveilleux : la durée de ce régime en France et son
établissement en Portugal paraissent à des esprits
ignorants et simples justifier toutes les espérances.
L'intendant de Don*** me dit avec surprise : « Com-
« ment ! vous venez de France, pays riche, cher-
« cher du travail en Espagne ! Au Portugal encore,
« je comprendrais : là, ça va bien... » Au Portugal,
cela va bien ! La France, pays riche dont on ne voit
pas que, par une incroyable contradiction, il laisse
échapper les plus belles parties du monde, se laisse
dépouiller par les rivaux ou les amis et épuiser par
une fiscalité dévoratrice et stérile (1) ! Mais le Portugal et la France sont en République : donc tout doit
y être pour le mieux dans le meilleur des mondes.
Le préjugé a pris racine. L'idée que l'établissement
de la République ferait l'Espagne riche et heureuse,
tout comme un coup de baguette de fée transforme-
rait une citrouille en carrosse doré, nous apparaît
maintenant (2), à nous Français, comme la marque
d'une incommensurable naïveté : nous oublions
trop vite que nous avons commis cette même naï-

1. Cette remarque inspirée par l'avant-guerre, trouve une
nouvelle justification dans le traité de paix et les débuts de
la période d'après-guerre.

2. En 1912-1913. A combien plus forte raison après les
leçons de 1914-1919 !

veté et que nous ne faisons que de commencer à la perdre ; nous nous guérissons aux prix de douloureuses et coûteuses expériences. Peut-être est-ce là, chez les Espagnols, une survivance du déplorable état d'esprit suscité par la possession des mines du Nouveau-Monde : toute la Nation s'habituait à penser, comme le dogmatisaient les savants, que l'or est la richesse, et l'on vivait dans l'attente des galères chargées du métal libérateur. Tout le royaume a vécu de l'écoulement de ce Pactole à travers l'Atlantique et à travers la péninsule, et il s'est déshabitué de cette réalité que la vraie source de la richesse est le travail créateur de produits d'échange. L'Espagne est toujours en face de sa terre natale, riche et pauvre tout ensemble, riche parce que fertile, pauvre parce qu'aride ; aridité en grande partie acquise au cours des dévastations causées par des siècles de guerres d'indépendance et accrue par la vente des biens et bois communaux sous l'influence des idées de la Révolution française. Il s'agit de reconstituer ce capital, de ressusciter de vastes étendues de pays désert et stérile en lui procurant, par un labeur tenace, des réserves d'eaux fécondantes. Au grand travail de de libération du territoire, poursuivi depuis le VIIIe jusqu'au XVIe siècle, doit succéder le patient travail de réfection dont la possession du Nouveau-Monde avait ajourné l'entreprise : perspective moins séduisante que celle d'un millénarisme théâtral qui promet, par une Révolution, la République et, par la République, la fortune et la joie. La puissance palingénésique d'un changement de régime est la plus menteuse des utopies. La réalité est toute différente : c'est de la mise en valeur du sol et du sous-sol que peut venir la prospérité. Encore cette mise en valeur n'engendrerait-elle que des maux si la classe qui produit ne recevait une organisation. Or, si un régime politique donné se montre incapable d'accomplir cette double tâche de la reconstitution du sol et de la reconstitution sociale, il peut, par contre, très bien empêcher qu'elle ne s'accomplisse. Non-seulement une République anticléricale n'exécutera pas ce double travail, mais, étant un régime de guerre civile et religieuse, elle aggravera tous les maux actuels au point d'anéantir jusqu'à l'espérance d'une résurrection.

Ateca est bâtie au carrefour de plusieurs vallées étroites, serrées entre des montagnes nues. Entre les pentes calcinées des monts, la *vega* se montre extrêmement féconde : pas de transition entre la fertilité et la stérilité; là où l'irrigation cesse, immédiatement commence la zone désolée. C'est un paysage âpre et magnifique, rude et riche, stérile et fertile. C'est l'Afrique ardente, avec son opulence et sa désolation. Les murs des vergers et des potagers sont construits, comme ceux du Maghreb, d'Egypte et de Syrie, en blocs d'un béton de cailloux, de paille et d'argile pressés et pilés entre les parois d'un moule de planches ; je verrai même, à Morata, des maisons construites de cette manière ; ici, elles sont presque toutes faites de briques crues, crépies et badigeonnées de blanc ou de jaune. Les montagnes d'alentour étaient encore couvertes de forêts au milieu du dernier siècle : tout a été coupé. Aussi la rivière connaît-elle maintenant des colères soudaines : elle s'enfle de plusieurs mètres à l'époque des pluies et ravage ses bords ; tous les sept ou huit ans, sévit une grande inondation. Toutes les pentes environnantes ont été, après leur dénudation, plantées en vignes. A l'époque des vendanges, des équipes de travailleurs venaient de toute la région ; il en montait même de Valence. Mais le phylloxéra a tout détruit.

Le reboisement systématique des sommets assurerait seul la prospérité du pays en empêchant le ravinement des hauteurs et de la plupart des pentes, ainsi que le ravage de la vallée par les coups de fureur du rio. Dans quelques régions de la péninsule, on a reboisé en oliviers et caroubiers. C'est très exceptionnel. L'effort des habitants, comme il est inévitable lorsque le but visé est la satisfaction des intérêts individuels, tend au profit le plus immédiat et le plus élevé, par conséquent surtout à la plantation de vignobles ; la province de la Manche,

qui était une des plus déshéritées, possède aujour-
d'hui des vignobles très vastes. L'activité individuelle des Espagnols est digne d'óloges : ils font
tout ce qu'ils peuvent pour sauvegarder, améliorer
et accroître leur patrimoine. Leur malheur vient
d'une constitution politique qui ne permet pas à
l'Etat de remplir son devoir. Le reboisement et
l'irrigation, œuvres d'interêt public, ne peuvent être
réalisés que par les pouvoirs publics ; entreprises
d'intérêt regional, ils ressortissent aux attributions
naturelles des autorités provinciales. Mais le régime
parlementaire interdit à l'Etat, devenu la proie des
intérêts des partis et des intérêts des partisans, de
gérer convenablement le bien public, et la centralisation parlementaire interdit aux provinces de gouverner leur patrimoine.

B) Morata

Les maisons de Morata sont d'une grande pauvreté — sol nu, murs nus et blanchis à la chaux —
mais tenues très proprement. Elles témoignent de
la vie simple et rude que mènent ses dix-sept cents
habitants. Rues et maisons sont éclairées à l'électri-
cité. La grande rue, *Calle mayor*, allonge des trot-
toirs dallés de chaque côté d'une chaussée plus ou
moins empierrée ; mais, dans les autres rues, c'est le
sol à l'état de nature, la terre grise semée de cail-

loux ; cette rusticité convient à un pays où l'on a
moins à craindre la boue que la poussière contre
laquelle les travaux de l'homme manquent générale-
lement d'efficacité, pour coûteux qu'ils soient. Les
abords du bourg et des montagnes se pénètrent et se
mélangent ; l'aridité et la pierraille semblent envahir
le village ; des aires argileuses s'arrondissent où l'on
bat le blé ; çà et là, se disséminent des habitations
demi ruinées et que l'on croirait à tort dépourvues
d'habitants ; le lit desséché d'un rio se creuse le long
des murs de jardins dont la crête écaillée s'orne de
l'épaisse et sombre verdure des figuiers. Dans le ciel
très pur montent le clocher de l'église et la tour du
palais, tuilés d'*azulejos* bleu paon ; la terre et les
demeures et les murs sont couleur d'ambre comme
le cercle des montagnes encadrant la *vega* noire de
cultures et de vergers. Dans la paix du matin
s'élève, un instant, la plainte d'une chèvre ou le
bourdonnement d'un essaim de mouches ; puis,
c'est un cri qui traverse le silence, un appel, ou la
mélopée venue d'Orient dont s'enchante un vendangeur au teint sombre, aux yeux d'encre, au grand
nez d'aigle, qui passe juché sur son mulet entre deux
paniers vides, se rendant aux vignobles.

La *vega* de Morata, comme celle d'Ateca, est
couverte de légumes et d'arbres fruitiers. Sur les
premières pentes de la montagne qui domine le
bourg, s'étalent quelques champs de blés et de

vastes étendues de vignes. Mais, à l'est, des montagnes de pierre surgissent de la plaine verte. La *vega* est à fond plat, de forme circulaire, percée, à deux extrémités opposées, d'un défilé qui livre passage à la rivière. Je visite le massif rocheux qui la ferme à l'orient : sur les pentes et dans les ravins, on trouve encore de larges taches de terre qui nourriraient, semble-t-il, quelque végétation. Un effort a été accompli, mais sans succès ; dans quelques coins, on a retenu la terre par des murs de pierres sèches, tenté d'y planter de la vigne, puis tout abandonné. En un endroit s'alignent de jeunes plants, mais l'eau des pluies les a déjà ravinés. Ailleurs, en dehors de la masse des roches nues, sur des pentes plus douces, de jeunes vignobles semblent donner quelques espérances. Dans les plus hauts replis des montagnes voisines, s'aperçoivent de nombreux murs parallèles qui retiennent le reste des terres ; mais leur construction est déjà ancienne et l'abandon est complet. On a tenté tout le possible, et au delà, pour établir partout des cultures. L'individu ne peut entreprendre que des travaux susceptibles de le payer largement et promptement de ses peines. Il vise au profit le le plus prochain et le plus élevé : sa vie est brève et sa famille s'accroît vite. Comme nous l'avons déjà noté à propos d'Ateca, les grandes reconstitutions de réserves forestières répondent à un intérêt général et dépassent les vues d'un individu ou d'une famille ;

elles exigent une dépense de forces supérieure à celle que peuvent envisager les possesseurs du sol. Un propriétaire de Morata a planté vingt mille pins qui sont tous morts : ni lui ni personne ne peut renouveler une expérience coûteuse et malheureuse. C'est à la collectivité — commune, province, Etat — qu'il appartient de prendre ces initiatives et de les poursuivre jusqu'au succès, soit directement sur leurs domaines, soit indirectement sur les domaines privés en subventionnant les particuliers et en les grevant d'obligations spéciales (par exemple, interdiction de détruire les réserves reconstituées et contrôle des coupes annuelles). De cette action des autorités officielles on ne voit pas trace en Espagne : sa constitution politique, inspirée des principes jacobins dont la fureur n'a pas épuisé non plus qu'en France la puissance de destruction, doit être tenue pour responsable de cette abstention. Mais il faut reconnaître que l'action individuelle a donné des résultats qui, s'ils pourraient être meilleurs encore, n'en sont pas moins remarquables. Nous calomnions les Espagnols, sous l'influence intéressée des apologistes de la libre-pensée, leurs détracteurs, lorsque nous les accusons d'imprévoyance, d'inertie, de paresse. Tout le pays se déroule à mes pieds, du haut des montagnes que j'ai gravies : de là, comme lorsque je traversais la vallée, je reçois le même témoignage du magnifique effort des habitants pour

mettre en valeur leur héritage. La *vega* féconde a
été de tout temps cultivée: c'est si facile et si rému-
nérateur. Mais on ne s'en est pas tenu là : tout ce
qui a pu être mis en valeur par les individus et les
familles sur les pentes et les hauteurs voisines a été
l'objet d'un travail obstiné. Partout où les oliviers
et les vignes pouvaient prospérer, on en a planté.
Les anciennes vignes donnaient de 20 à 22 degrés
d'alcool ; les plants américains donnent 15 à 17 degrés.
Ce vin est vendu dans les autres provinces d'Espagne
et en France. Les forces individuelles et familiales
ont certainement fourni tout ce qu'on pouvait en
attendre. C'est aux forces collectives de faire davantage. Si le parlementarisme et la centralisation
s'accroissent, non seulement l'œuvre qu'il reste à
entreprendre ne sera pas commencée, mais l'œuvre
réalisée sera compromise.

La calomnie jacobine et libre-penseuse va plus
loin encore. C'est un lieu commun, en France, et
enseigné officiellement dans les lycées, que l'expulsion des Juifs et des Maures a ruiné l'Espagne. La
vérité est tout au rebours de cette affirmation. Pour
les Juifs, cela va de soi ; nous commençons à nous
en apercevoir en ce qui nous concerne ; leur pratique
constante, ou bien est celle des nomades, épuiser le
pays où ils campent (1) et aller camper ailleurs pour
y appliquer à nouveau la même méthode, ou bien

1. Exemple : la Russie et la Révolution russe.

est celle des conquérants asiatiques qui encadrent
la population conquise et la font travailler à leur
profit. L'Espagne a échappé à ce double péril et
conquis l'immense avantage d'assurer à ses nationaux le bénéfice de leur patrimoine; sa transformation en pays industriel a ensuite nécessité la collaboration de capitaux et de spécialistes étrangers et
cette invasion nouvelle est une des principales causes
des crises si graves qu'elle traverse; on peut
attendre de son énergie qu'elle parvienne à constituer le capital national nécessaire à la mise en œuvre
de ses richesses; il reste à lui souhaiter de retrouver
les principes traditionnels qui ont fait sa grandeur
et de leur conserver une fidélité qui lui assurera la
force d'expulser les idées malfaisantes que l'invasion
industrielle et capitaliste lui a inoculées et qui lui
donnent les grands frissons d'une fièvre dont les
accès peuvent faire mourir. Son histoire prouve
que, son indépendance matérielle et morale, elle l'a
conquise dans le passé au prix de la double expulsion (d'ailleurs légitime en elle-même) des Juifs et
des Maures, et qu'elle lui doit, en outre, plusieurs
siècles d'une prospérité inouïe. Quelles niaiseries ne
débite-t-on pas à propos de l'expulsion des Maures!
Sa conséquence aurait été la ruine agricole de
l'Espagne (comme l'expulsion des Juifs, sa ruine
commerciale) par suite de la destruction de leurs
« admirables » travaux d'irrigation ! Ces travaux

d'irrigation n'avaient rien de propre aux Arabes : ils
sont nécessaires pour tous les pays méditerranéens ;
sans irrigation, pas d'eau ; sans eau, pas de culture ; le
pays redevient un désert où l'homme ne peut vivre.
Tous les habitants des pays de la même zone clima-
tique ont toujours pratiqué ce système sous l'empire
de la même nécessité : ce sont peut-être les Perses
qui l'ont poussé à son plus haut degré de perfection.
Si ce système n'est pas propre aux Arabes, encore
est-il moins admirable chez eux. L'Arabe est essentiellement déprédateur : il a trouvé les terres de
l'Afrique du Nord et d'Espagne pourvues par les
Romains d'un réseau irrigateur remarquable et il y
a laissé moins de terres cultivées qu'il n'en avait
trouvé ; sa conquête a eu pour résultat de réduire
partout la zone irriguée ; sa longue domination en
Espagne et les guerres qu'elles a suscitées peuvent
compter parmi les principales causes de la disparition des forêts. L'Arabe est paresseux : il ne travaille
que pour produire ce qui est strictement nécessaire à
son existence ; les irrigations qu'il conserve ou exécute ne fournissent donc jamais un exemple à imiter,
mais réalisent le minimum à dépasser. Les Espagnols
l'ont dépassé sans peine, suivant les besoins de la
population : ils s'efforcent de tirer de leur sol tout
ce qu'il est possible d'en obtenir ; ils travaillent avec
toute l'énergie dont l'homme peut disposer sous un
climat brûlant.

Ce que l'on comprend facilement, c'est que ies
Arabes aient aimé ce pays où ils retrouvaient les
aspects de leur propre pays d'origine : l'extrême
fécondité des vallées, l'immensité des horizons, la
désolation des sierras, le soleil ardent, la fraîcheur
de la brise et des eaux courantes. Ici même, dans
les replis rocheux de ce massif désolé, il me semble
que je suis tapi dans quelque creux perdu des
Monts d'Arabie : le soleil d'automne tombe lourdement et le vent soufflé par les cimes m'apporte son
haleine vivifiante ; près de moi, l'aridité, la mort
semblent avoir atteint leurs limites extrêmes et,
par delà ces rocs gris et lumineux, c'est l'épaisse
verdure des vergers de la plaine qui repose et
enchante les yeux. Quand les nomades, après les
immensités de la soif et de la faim, aperçoivent ces
oasis qui sont comme le vestibule du ciel, ils lèvent
les yeux et les mains vers l'azur infini et soupirent
« Allah ! » dans un élan de reconnaissance et de
joie. Ainsi firent-ils sans aucun doute lorsque des
déserts de l'Afrique du Nord il se répandirent à
travers les *huertas* fécondes de la péninsule ibérique.

Les modes traditionnelles que les cultivateurs
perpétuent ont conservé des traces de l'empreinte
musulmane : le mouchoir roulé en turban autour de
la tête ; la couverture de laine, aux rayures multicolores, jetée sur l'épaule ; les dessins polychromes qui
mettent leur éclat sur les harnachements des chevaux

et des mules. La journée de travail terminée, les hommes s'assemblent par groupes sur la place de l'église et restent là plusieurs heures, causant. Quelques-uns entrent au café voisin : rares, ceux qui prennent une consommation ou lisent le journal, *El Imparcial, El Liberal ;* plus nombreux, ceux qui jouent aux cartes ; presque tous s'entretiennent des événements du jour avec grande animation. Un commerçant de Morata entre dans la salle ; sa famille a de tout temps vécu dans le pays et il présente le type juif le plus caractéristique : nez crochu, bouche épaisse, molle et féroce, regard inquiet et perçant, teint blême ; du Juif, il a les manières agitées, impudentes et vulgaires ; certainement, il descend d'un de ces Juifs convertis, sincèrement ou non, qui s'agrégèrent à la race sans se fondre en elle, malgré des croisements séculaires. Un ouvrier maçon reproduit exactement Sancho Pança. Un cultivateur a le visage et les cheveux blonds d'un Rifain (1). Quelques visages, d'ailleurs très rares, entrevus dans le bourg, paraissent accuser la présence de quelques gouttes de sang noir : les lèvres lippues, la forme épaisse et écrasée du nez, le dessin rond des yeux fournissent le signalement d'un

1. Ce type blond, révélant une origine wisigothique ou peut-être berbère, n'est pas rare dans les campagnes aragonaises chez les hommes, les femmes et les enfants.

métissage ancien et accidentel dans les colonies des tropiques.

A la messe, le dimanche, je compte deux douzaines de vieux paysans, une cinquantaine de femmes, soixante ou quatre-vingts enfants des deux sexes qui ne sont qu'une partie de la marmaille locale ; seulement une dizaine d'adolescents et de jeunes gens ; la bourgeoisie de Morata, assez nombreuse, n'est représentée que par une trentaine de femmes et quatre hommes. Je ne vois aucun des trente soldats envoyés ici en raison de la grève des chemins de fer et ni l'un ni l'autre de leurs deux officiers. Et Morata compte dix-sept cents habitants ! Et il y a des hommes qui travaillent aux vignes ! Indifférence chez le plus grand nombre et sans doute, chez beaucoup, incrédulité ; ce peuple épuise les réserves spirituelles du passé. Ce qui maintient encore son unité et sa vie morale, c'est l'armature sociale demeurée chrétienne, l'atmosphère religieuse du passé entretenue par la ferveur d'une élite, l'institution fondamentale de la famille chrétienne, monogamique parce qu'indissoluble, et les grandes idées directrices du christianisme. Mais ce peuple vit sur un capital qu'il ne tardera pas à dissiper. La bourgeoisie propriétaire et commerçante est à peine représentée à l'église : or, elle vit en union parfaite avec les paysans et ceux-ci suivent ses exemples ; ici comme à Ateca, on m'accueille particulièrement bien

dès que l'on me sait recommandé par un des propriétaires du pays ; nous sommes dans une région
d'opinion politique libérale, c'est-à-dire, en réalité,
sous ce masque, d'opinion religieuse affaiblie, de
christianisme tenacement, méthodiquement, progressivement diminué. L'initiative, les discours et les
actes de cette bourgeoisie ont agi très efficacement
sur le peuple attaché à elle comme à sa force direc-
trice : situation analogue à celle du XVIIIe siècle et
qui pourrait avoir le même dénouement — classe
dirigeante dirigeant mal et balayée ; après les nobles
incroyants, les bourgeois infidèles.

L'après-midi dominical est consacré aux récréa-
tions populaires : dans une salle de bal, une vingtaine
de jeunes gens et autant de jeunes filles ; au jeu de
pelote, de nombreux amateurs ; çà et là, des groupes
d'hommes, de jeunes gens, de gamins, jouent avec
passion à lancer des sous en l'air et à parier pile ou
face.

La lettre dont je suis muni pour Don Luiz me
vaut de sa part un excellent accueil. Mais mes
commentaires sur l'utilité qu'il y aurait pour moi à
être mêlé à une équipe de vignerons restent super-
flus : Don Luiz ne s'arrête pas un instant à l'interprétation réaliste de mon désir ; malgré mes explications et malgré la rusticité de mon habillement, il

comprend simplement que je fais une enquête sur les conditions du travail dans la viticulture et il s'y prête de la meilleure grâce du monde.

« Ici, me dit-il, propriétaires et paysans, nous «vivons tous en bonne entente. D'ailleurs, il n'existe «pas de *latifundia* comme en Andalousie où ces «vastes domaines provoquent l'apparition et le déve· «loppement du socialisme agraire. Tous les habitants «à quelques exceptions près, sont de petits proprié- «taires. On compte près de deux cents journaliers et «ils ont chacun un peu de bien ; travaillant chez les «autres, ils sont payés deux pesetas à deux pesetas cin. «quante par jour et reçoivent, en outre, un peu de vin.» L'accord social subsiste. En politique, « l'opinion « courante est l'opinion moyenne du pays ; les culti- « vateurs sont attachés aux institutions actuelles. » Normalement, les campagnes sont conservatrices de l'ordre de choses existant ; elles ne conduisent pas, elles suivent ; elles constituent des forces pondéra- trices et régularisantes ; elles agissent passivement et en quelque sorte par leur poids. « En religion, « il n'y a pas de fanatisme. La minorité est croyante « et pratiquante, La majorité, indifférente, vit sans « croire à rien. » On remarquera l'expression : « Il n'y a pas de fanatisme. » Les rengaînes sur « le fana- tisme espagnol », dont le trop réel fanatisme libre- penseur a assourdi nos oreilles en France, ont fini par traverser les Pyrénées et se répandre dans les

classes supérieures qui semblent prendre à cœur de
ne pas paraître « fanatiques. » L'expression est
équivoque, autant que celle de « cléricalisme », chez
nous. Ce que l'on a pourchassé sous le nom de
fanatisme, c'est la foi catholique, et l'on a tiré parti
du quiproquo en affadissant celle-ci. La crainte de
paraître « fanatique » a eu souvent pour effet d'empêcher que l'on paraisse chrétien. Le résultat a été,
sous la pression des classes dirigeantes, cet indiffé-
rentisme religieux qui règne sur la majorité de la
population des campagnes dans cette partie de
l'Aragon et qui constitue le terrain d'élection pour
toutes les poussées violentes de fanatisme libre-penseur. Les mœurs individuelles s'en ressentent. Mais
l'atmosphère générale étant imprégnée de catholicisme et celui-ci continuant encore à constituer
l'appareil essentiel de soutien de la société, la moralité publique, fortifiée par les institutions anciennes
nées de l'Eglise, conserve tout son prix : la famille
est toujours aussi fortement constituée et toujours
aussi féconde ; la race a gardé toute sa vigueur
parce qu'elle n'a pas abdiqué les grandes idées directrices de son énergie. Non seulement les familles
sont nombreuses, mais « il n'y a pas d'alcoolisme »,
ajoute mon interlocuteur, bien que cependant on
commence à voir des hommes qui se laissent aller à
« boire plus de vin qu'ils n'ont besoin, mais sans
« jamais cependant glisser à l'ivresse complète. »

En général, la belle sobriété traditionnelle continue
à être de règle. On tâche d'en fortifier la pratique
par des conférences et projections sur le danger de
l'alcoolisme. Don Luiz poursuit : « Le reboisement
« est une question vitale pour l'Espagne ; reboisée,
« elle serait d'une fécondité prodigieuse. Il y a des
« projets de loi relatifs à ces travaux que l'Etat seul
« peut entreprendre. Mais les projets dorment... »
Sans doute ! Et en quel Parlement les verrait-on
cesser de dormir ? Un Parlement n'est qu'une coalition
d'intérêts privés, d'appétits ligués contre la chose
publique pour l'exploiter jusqu'à épuisement.

Don Luiz me fait visiter ses pressoirs : un petit
bâtiment enferme de nombreuses cuves de briques
cimentées. Les raisins sont apportés, soit dans des
paniers à dos d'âne ou de mulet, soit dans un cais-
son de fer qui peut en contenir mille kilogrammes
et qui est chargé sur une charrette. Derrière le bâtiment, s'étend un jardin que Don Luiz s'empresse de
me montrer : un verger d'Orient avec ses eaux
d'irrigation, ses allées étroites, dallées, qui sur-
plombent les carrés de terre cultivée, sa végétation
abondante, ses murs d'argile, la verdure avoisi-
nante et le fond de montagnes brûlées, arides et
resplendissantes de soleil. Un chemin poudreux,
capricieux, semblable à une piste du désert, court le
long de la façade des pressoirs, descend entre les
murailles couleur d'ambre jusqu'à la plaine verte.

Un platane le couvre de son épais feuillage et, tout
à côté, une maison blanchie à la chaux fait une
tache de lumière aveuglante. De temps à autre,
arrive un âne chargé de paniers de raisin. Trois
hommes les reçoivent et les vident dans les cuves :
grands, robustes, élégants ; des gestes vifs et sûrs,
des visages énergiques, complétement rasés ; des
grands nez aquilins, des grands yeux brillants qui,
chez le plus âgé d'entre eux, tout grisonnant déjà,
conservent l'éclat de la jeunesse. Avec leur maître,
ils se montrent déférents sans bassesse, polis mais
fiers. Et Don Luiz reprend : « Oui, reboiser d'abord,
« car l'agriculture prime tout le reste ; on peut se
« passer des produits de l'industrie, mais non des
« produits de la terre... Puis, ce qu'il nous faut, ce
« sont de bonnes routes... et aussi des écoles. »
Soit ! mais pourvu qu'on en ait soigneusement dé-
fini la nature. L'école publique a été néfaste en
France. Et je lisais, il y a deux jours, sur un journal espagnol, que des maîtres d'école étaient envoyés
par le ministère libéral pour étudier l'enseignement
primaire en France, en Allemagne, en Suisse et en
Italie ! D'ailleurs, on part d'un faux principe, celui de
l'école d'Etat ; la fonction de l'Etat n'est pas d'enseigner. La séparation de l'Ecole et de l'Etat, voilà
l'article fondamental de la Charte des temps nouveaux.

Pepito, le contremaître de Don Luiz, m'expose à

son tour ses idées, reflet de celles de son patron, sur
les réformes nécessaires : « Tout le budget fait
« vivre les fonctionnaires et l'armée. Ce qu'il nous
« faudrait, ce sont des routes et des écoles. Si les
« Français gouvernaient l'Espagne, elle serait plus
« riche qu'elle n'est. Le reboisement rendrait de
« grands services, mais le peuple n'en comprend
« pas l'utilité et le Parlement ne fait pas aboutir les
« projets de loi dont il est depuis longtemps saisi. »
Le compliment adressé aux Français est peut-être
mérité, mais il va au gouvernement dont ils sont
affligés et qui ne le mérite pas. Ce gouvernement
s'est montré incapable d'effectuer les grands travaux publics nécessaires ou urgents qu'avaient
accomplis depuis longtemps les monarchies voisines : ni la réfection des ports de mer, ni la construction des grands canaux qui auraient triplé son
activité économique et accru puissamment sa sécurité. Mais il convient de retenir l'affirmation de
Pepito comme une preuve nouvelle de l'ignorance
où la population espagnole est tenue à l'endroit des
choses de France, des idées fausses et des illusions
dangereuses dont une propagande incessante a
réussi à imprégner les imaginations. Pepito ne se
rend pas compte davantage que le Parlement,
organe de division et de destruction, est naturellement incapable de résoudre le problème du reboisement. La construction des routes est très dési-

rable : la Navarre et le Pays basque en possèdent un
réseau admirable, création de ces provinces sur leur
budget propre au cours des dernières années où
elles jouirent de l'autonomie que leur assuraient les
vestiges des antiques *fueros*. Partout ailleurs, la
centralisation a fait son œuvre d'abstention stérile.
Au surplus, encore faudrait-il être assuré que cette
dépense reste en rapport avec les ressources bud-
gétaires et la capacité d'imposition de la population.
L'"établissement de routes est particulièrement coûteux en Espagne, pays essentiellement montagneux
et peu peuplé ; sa richesse en mulets lui a permis
jusqu'ici de suffire généralement aux transports,
indépendamment des chemins de fer. La solution
de ces divers problèmes sera inutilement cherchée
en dehors d'une décentralisation très large qui suppose la substitution d'assemblées provinciales au
Parlement de Madrid et la renaissance de ces *fueros*
ou libertés provinciales que les Jaimistes ne cessent
de réclamer, en plein accord avec la raison et les
enseignements de l'histoire.

Don Pedro, le frère de Don Luiz, m'apprend qu'il
n'existe dans le pays aucun des nombreux syndicats
catholiques qui, dans la Navarre et le Pays basque,
groupent un si grand nombre d'ouvriers de l'industrie et presque tous les ouvriers agricoles : « A Mo-
« rata, il y a cinquante ans, les propriétaires et leurs
« journaliers mangeaient ensemble, à l'époque de la

« moisson. Maintenant encore, la meilleure entente
« règne entre eux. » Je constate, en effet, beaucoup
de familiarité aimable, de simplicité respectueuse
et confiante, de franchise et de liberté, entre patrons
et salariés. Ces propriétaires résident dans le pays
une partie de l'année, gardent contact avec la population. Il conservent une influence très grande sur
les paysans. « Si une partie des habitants est acquise
« à l'idée républicaine, me disait le grand proprié-
« taire d'Ateca, cette opinion reste platonique. Ils
« votent tous pour le député monarchiste que nous
« leur indiquons. » La noblesse est, au contraire,
totalement déracinée. Les Comtes de Morata possèdent dans le bourg un beau palais du début du
xvii° siècle, complètement délabré et loué par
chambres ou appartements à diverses familles modestes ; ils sont devenus tout à fait étrangers au pays
dont ils avaient reçu la charge et la responsabilité.

Don Pedro me fait remarquer que le voie ferrée
est plus large qu'en France. « Oui, dis-je en riant,
« vous avez pris vos précautions contre l'invasion ! —
« C'est que, réplique-t-il de bonne humeur, nous
« en avons gardé un très mauvais souvenir. » Le
souvenir de l'invasion napoléonienne est resté très
vivant dans les esprits. Malheureusement, ils ne
semblent pas se douter que l'invasion intellectuelle
et morale a été encore plus durable et plus néfaste
que l'autre. En effet, Don Pedro ajoute : « J'admire

« cependant en Napoléon le grand homme de guerre
« qui a répandu la liberté à travers le monde. »
Plaignons les bénéficiaires de cette « liberté. »

J'acompagne aux vignes le charretier de Don Luiz.
« *Arre !* » crie-t-il à ses mulets, comme les Arabes
pour exciter leurs ânes crient : « *Errha!* » (Va donc !)
Cet homme sait que « le Maroc est un pays fort
« riche que l'Espagne a grand intérêt à acquérir.
« Les Catalans ont mal agi en se révoltant pour ne
« pas aller s'y battre. Mais c'est une mauvaise race !
« Au contraire, les Aragonais et les Navarrais sont
« une noble race ! » Il ne se rend aucun compte de
l'utilité du reboisement. Mais il se montre très fier
des vignobles de Morata. Complètement détruits par
le phylloxéra en 1905, entièrement reconstitués en
plants américains, ils couvrent presque toutes les
pentes et les mamelons environnant le sud du bourg.
La route s'engage au milieu des replis d'une région
très accidentée. Entre les jeunes vignes au très
pauvre feuillage, s'étendent de grands espaces gris,
pierreux, nus, dévastés. Çà et là, un ravin marque
le passage d'un torrent. « Quand y a-t-il de l'eau ?—
« Jamais ! excepté s'il a plu. » Nous atteignons, au
bout d'une heure de marche sur une route, « une
« bonne route », m'assure le charretier (et, de fait, on
répand quelquefois des cailloux dans sa poussière),
une étroite et longue vallée, verte d'oliviers et ornée
de vignes ; quelques peupliers et noyers se pressent

aux bords du lit desséché d'un rio. Des falaises de
rochers se dressent, supportant les pentes désolées
de la sierra. Cette grande solitude offre un étonnant
mélange de richesse et de misère. Dans le voisinage,
deux mines de fer ont dû être abandonnées, faute
de capitaux. Il en existe une autre, en exploitation, à
trois heures de marche au nord de Morata, près du
village de Mesones. « Là, me dit un des vignerons
« de Don Luiz, travaillent des Aragonais et des
« ouvriers venus d'autres provinces. Ils sont payés
« deux pesetas par jour. Nous autres, nous avons
« deux pesetas et la nourriture. En Castille, pour la
« moisson, on reçoit de deux pesetas cinquante à un
« douro et on est nourri : hommes et femmes y tra-
« vaillent. Ici, seuls, les hommes travaillent aux
« champs ; les femmes et leurs filles restent à la
« maison, occupées aux travaux domestiques. La
« vie n'est pas chère, chez nous : la viande coûte de
« une peseta à une peseta cinquante le kilo. » Il
me dit que les journaliers prennent assez générale-
lement, le matin, en partant pour leur travail, un
ou deux petits verres d'acool et qu'ils boivent au
cours de la journée un à deux litres de vin. La
vigne où il travaille est plantée depuis deux ans ;
elle donne déjà un kilogramme de raisin par cep.
Il n'y pas, comme dans le Midi de la France,
d'équipes de porteurs : chaque vendangeur coupe
le raisin et remplit un petit panier dont il est

muni ; il le vide ensuite dans de grands paniers. Enfin, les vendangeurs-coupeurs interrompent leur tâche pour transporter les grands paniers sur le bord du champ où, soit la voiture, *el carro*, soit les mulets, *el caballeria*, viennent les chercher.

Au retour, à mi-chemin de Morata, j'ai gravi l'un des sommets qui dominaient le chemin. De cette hauteur, s'apercevait un peuple immense de monts qui se pressaient jusqu'au cercle de l'horizon: pas un village, pas une maison, pas un arbre ; une immensité désertique que n'altéraient ni les vastes vignobles de mon voisinage immédiat ni la petite tache verte de la *vega* de Morata ou trois ou quatre autres oasis plus lointaines et plus infimes encore, perdues dans l'ample désolation des mille sommets, vallons, défilés et ravins qui se bousculaient de toutes parts — solitude âpre et grandiose où surgiraient en foule les villages si, vêtue à nouveau de forêts, elle voyait jaillir les sources et couler les ruisseaux fertilisateurs.

Plus loin, dans un repli du sol où le charretier me conduit, je trouve une source. Quelle source ! En une autre saison, l'eau coule à peine ; en cette fin de saison sèche, il faut creuser le sable pour atteindre un peu de liquide trouble. « Mais, lui « dis-je, pourquoi ne pas planter des arbres alen- « tour ? Ils retiendraient l'eau et la source serait « plus abondante. — Personne n'en peut planter

« là : c'est terrain communal. — Raison de plus.
« Qui empêche la municipalité de faire cette plan-
« tation ? L'argent lui manque t-il ? — Non, mais
« l'alcalde aime mieux le mettre dans sa poche. C'est
« un cultivateur aisé. Néanmoins, ayant fait répa-
« rer la couverture d'un bâtiment communal, il a
« payé vingt centimes les ouvriers, porté cinquante
« centimes en compte et mis la différence dans sa
« poche. Chacun sait cela. — Il n'existe donc pas de
« contrôle de sa gestion ? — Si, mais le contrôleur
« partage avec lui. — Changez-les. — Nous crai-
« gnons, en chassant les mauvais, de faire venir les
« pires... »

L'opinion publique est, en ce moment, très préoc-
cupée par la grève du chemin de fer de la C° Madrid-
Saragosse-Alicante-Catalogne. Le chef de gare
de Morata est payé 1.800 francs par an ; l'homme
d'équipe, 2 fr. 25 par jour. Mais il ne passe que
onze trains par vingt-quatre heures et l'on peut
vivre, à Morata, avec 2 fr. 25 de salaire. Les mécaniciens de la Compagnie touchent dix francs. Pendant les six premières années, cette Compagnie n'a
servi aucun dividende ; puis, pendant dix-neuf ans,
elle n'a distribué en moyenne que 1,80 o/o. Ces
deux dernières années, elle a réussi à l'élever à
4,40 o/o. Le personnel a pu croire que les circonstances étaient favorables à une grève. Or, ses de-

mandes imposeraient un supplément de dépense
annuelle de 27 millions à une Compagnie dont le
dernier exercice se solde par 10 millions de bénéfice. Les cheminots demandent une augmentation
de salaire de 30 o/o, la journée de six ou de huit
heures, la suppression des amendes, l'octroi de
congés payés, les voyages familiaux gratuits, des
retraites précoces, des secours de maladie et bles-
sures, la construction d'hôpitaux et d'écoles, etc.,
exigences auxquelles, même dans un pays plus riche, une Compagnie plus florissante ne pourrait
satisfaire. Au contraire, cette Compagnie doit se
préoccuper de refaire ses voies, de les doubler et de
renouveler le plus promptement possible tout son
matériel. Les cheminots espagnols, sans tenir·
compte des réalités, ont demandé d'emblée ce que
leurs collègues des autres pays ne songeraient à réclamer que dans un avenir éloigné. Quand l'Espagne
se met en mouvement, elle devance, de suite, tout
le monde. L'imagination des ouvriers leur fait trop
facilement croire à de fabuleuses richesses qui vont
se déverser sur eux en un fleuve inépuisable s'ils
parviennent à vaincre les mauvais génies dont la
volonté tient enchaîné dans sa source ce Pactole.
Un vigneron me dit, à propos de cette grève : « C'est
« beaucoup d'argent perdu pour les cheminots et
« pour la nation. » Cette grève n'est pas populaire ;
les demandes des cheminots paraissent à tout le

monde déraisonnables ; le conflit n'a pas de cause
appréciable et l'on n'y voit qu'une manœuvre politique et un essai de mobilisation révolutionnaire.
En effet, après quelques jours, la grève cesse sur la
promesse du dépôt devant les Cortes d'un projet de
loi sur les cheminots ! On jette aux grévistes, non
les millions de pesetas qu'ils réclament, mais de
l'eau bénite de Parlement, et ils se déclarent satisfaits ! Nul symptôme n'est plus alarmant que celui-
là pour l'avenir de la classe ouvrière et du pays. La
vénalité a joué en cette affaire son rôle habituel.
« Le mouvement gréviste, dis-je à un habitant, était
« voué à l'échec en raison des exigences excessives
« des grévistes. — Mais précisément, me répond-
« il, les chefs du mouvement n'avaient formulé ces
« exigences excessives que pour provoquer l'échec,
« et ils étaient payés pour cela : on dit que l'un
« d'eux a reçu 250.000 pesetas. »

L'opinion du pays, défavorable aux cheminots,
appuie au contraire les revendications des salariés
de la mine de fer de Mesones. L'exploitation n'en
est commencée que depuis un an. L'ingénieur-direc-
teur est un Français, 60 o/o des capitaux sont belges,
40 o/o franco-espagnols. On y compte quatre cents
ouvriers : leur salaire est de 2 p. 25 pour dix
heures de travail et ils sont obligés de coucher dans
un hameau situé à une demi-heure de marche de
l'exploitation. A la posada de Mesones, un homme

me dit : « Dix-sept habitants de Mesones seulement
« ont accepté d'y travailler. Pour 2 p. 25 ! Vous ver-
« rez qu'il y aura des grèves. » Et un autre : La
« Compagnie est riche ! Cinq millions de capital ! »
Ce chiffre le fascine, comme s'il exprimait une richesse et non un moyen de produire de la richesse.
Ce capital est aventuré dans une entreprise de création de richesse par l'extraction et la vente du minerai de fer ; destiné à être converti en machines, en
salaires et en minerai, il accroîtra la quantité des
produits nécessaires à la vie matérielle individuelle
et familiale et à la vie économique générale ; peut-
être les organisateurs de l'entreprise y trouveront-
ils un bénéfice personnel ; peut-être n'en retireront-
ils aucun ; peut-être même le capital qu'ils ont en-
gagé sera-t-il irrémédiablement perdu. L'homme de
Mesones, ignorant et fasciné par le chiffre de cinq
millions de pesetas, n'écoute que sa convoitise qui
lui inspire de « prendre au tas », et, s'il se sentait
assez fort, irait droit à ce but par le plus court che
min, celui de la violence. L'actionnaire, calculateur
avisé, n'entendant que la voix de son égoïsme qui
lui dicte de garder pour lui tous les avantages éven-
tuels de l'affaire, ne tient compte que des exigences
du capital, de l'outillage et de la direction technique, mais non pas des nécessités humaines de la
vie des salariés, ses collaborateurs méconnus : il
leur offre un prix de famine, à peine de quoi se nour-

rir, en échange d'un maximum de travail dépourvu
de toute garantie. Dans le régime libéral, les mus-
cles humains, toujours remplaçables, sont tenus
pour dénués de prix ; c'est de la viande acquise à
bon compte sur le marché des crève-la-faim. A
cette loi brutale, les ouvriers répondent par la
révolte brutale. Violence pour violence : dans une
société païenne, pas d'autre loi.

Tout le pays, de Morata aux mines, offre une
étonnante évocation des contrées arabes. La *vega*
de Morata traversée, on s'enfonce dans la sierra
nue. Au bout de cinq kilomètres, c'est Arandiga et
l'oasis verte de sa vallée fertile. Puis, six kilomètres
de sierras désertes, et Mesones apparait dans une
autre riche vallée, nouvelle oasis séduisante. Au
delà, recommence le désert. Ainsi, un immense pays
mort avec quelques coins où la vie surabonde : voilà
l'Aragon. Et voilà presque toute l'Espagne. Partout
où il est possible, pentes et replis sont plantés de
vignes ou semés de blé. Plus haut, s'étendent d'im-
menses espaces où ne poussent que des touffes de
thym et que parcourent les troupeaux de moutons ;
leur chair, nourrie de cette plante aromatique, en
reste parfumée. Tel massif montagneux vaut deux
mille pesetas, n'ayant d'autre valeur que celle de ses
pâturages. Le reboisement en serait souvent possible :
pins, chênes, yeuses sur les hauteurs ; sur le bas
des pentes, au voisinage des vignes, arbres fruitiers.

Çà et là, quelquefois après un kilomètre de marche,
on voit un olivier isolé ou un figuier, un noyer, un
amandier ; là où vit un seul de ces arbres, abandonné
à lui-même, le sol pourrait, avec des soins, en nourrir cent. Les vignes ou les champs de blé pourraient
recevoir une bordure de ces arbres utiles. Mais un
bourgeois de Morata me disait : « L'Espagnol est
« l'ennemi des arbres ; dès qu'il en possède un, le
« paysan ne songe qu'à le couper... Le reboisement
« est nécessaire. S'il ne se fait pas, la faute en est
« à l'Etat : le Parlement n'en prend aucun souci. »
C'est à peine si, en quelques points de la bonne
route construite, il y a cinq ans, entre Morata et
Mesones, l'administration a planté des acacias de
chaque côté de la chaussée. Si l'administration donnait l'exemple et encourageait les plantations, la
seule présence de nombreux arbres à la limite des
héritages sur les premières pentes des montagnes
pourrait améliorer déjà dans une certaine mesure
le régime des eaux. Il a suffi d'une brève pluie tor-
rentielle pour détruire la route en un certain endroit
de son parcours où elle s'allonge entre des champs
de blé dont la pente est cependant fort douce. Dans
la *vega* d'Arandaga et dans celle de Mesones, abon-
dent les arbres fruitiers ; à Mesones, s'érigent des
noyers centenaires, vraiment très beaux. Mais le
penchant des nomades pour la destruction des
arbres, leur goût des paysages désertiques se retrou-

vent tout entiers dans ces populations. Si un Arabe de Mascate était soudainement transporté devant Arandaga, il se croirait encore au voisinage de sa ville, à voir les ruines des tours crénelées juchées sur la cime des rochers noirs, le nid d'aigle du village et, dans la désolation des montagnes voisines, ce creux de verdure, cette étroite vallée féconde. Devant le castel (1) de pierres roses que les Templiers dressèrent sur la montagne de Mesones, devant cette plaine de jardins opulents et d'eaux ruisselantes qu'encerclent les sierras pierreuses, un Arabe de Syrie se croirait encore au voisinage de Damas, près de quelque forteresse à reconquérir sur les Croisés. Les Espagnols modernes ont à reconquérir sur la désolation tous ces espaces ; ils ont à reboiser leur pays — et aussi leurs âmes.

Dans le compartiment du wagon où j'ai pris place

1. Le contremaître de Don Luiz, en visitant avec moi ce château en ruines, n'a pas eu un seul instant l'idée de prendre les anciennes « commodités » pour des oubliettes : son bon sens n'a pas sombré dans la lecture de romans ou de feuilletons anticléricaux. Chacun sait qu'en France, les gardiens d'anciennes forteresses médiévales, fonctionnaires de l'Etat, racontent imperturbablement, en montrant aux visiteurs les orifices des cabinets, que ce sont des oubliettes dont les nobles et les rois se servaient pour se débarrasser de gens suspects ou d'ennemis emprisonnés. Ces racontars imbéciles font impression sur des esprits entraînés, par l'instruction reçue à tous les degrés de l'enseignement officiel ou par la littérature politique, à accepter les plus énormes sottises, erreurs, mensonges ou calomnies.

pour Saragosse, est monté un jeune cultivateur de
Morata. Il est âgé de vingt ans. Orphelin de père
et de mère, il compte six frères ou sœurs. Mais il
n'y a plus de place pour lui à Morata, plus de travail : il faut qu'il s'en aille en chercher ailleurs. Un
pantalon de rechange enveloppé dans un mouchoir,
voilà toute sa fortune. Il se rend dans un village,
quelques stations plus loin, travailler aux champs
pendant un mois. Ensuite, il se rendra à la ville,
d'abord à Saragosse, puis à Barcelone où il connaît
d'autres Aragonais originaires de Morata. Il sait
travailler la terre, fabriquer des espadrilles et aider
les maçons. « Pourquoi n'avez-vous pas été aux mi-
« nes de fer de Mesones ? — Pour gagner deux
« pesetas ? Jamais ! C'est juste de quoi se nourrir
« convenablement. Et puis, ce travail est périlleux
« et je ne veux pas risquer d'être tué ou estropié. »

§ 2. — SARAGOSSE

La large plaine de Saragosse, fertile, bien cultivée, s'étale entre deux lignes de collines de terre
grise, dénudées et incultes. Mais la plaine elle-
même souffre des inondations du fleuve ; on constate, en descendant le cours de l'Èbre, que, sur
certains points de son parcours, l'érosion des rives,

produite par la violence des crues, élargit à l'excès
le lit du fleuve, transformé pendant la majeure partie de l'année en une vaste étendue aride et semée
de cailloux, au milieu de laquelle continue de couler une rivière appauvrie; la terre arable, après
avoir été arrachée des pentes et étalée dans la
plaine, est reprise et transportée plus loin, et finalement jetée à la mer. Les cours d'eau qui, des vallées latérales, descendent vers l'Ebre, exercent les
mêmes ravages. La zone habitable, cultivable et productive, est ainsi considérablement réduite. La récupération, au moyen de digues et d' « épis », du terrain
perdu serait facile; mais, ni l'Etat pour les fleuves
ou rivières, ni les propriétaires riverains pour les
petits cours d'eau n'en prennent souci. Des moines
français ont cependant donné l'exemple de leurs
initiatives : à quelques kilomètres de Saragosse, à
Cogullada, les Bénédictins essaimés de l'abbaye de
Ligugé (1) ont entrepris des travaux d'amélioration de la rive d'un affluent torrentueux de l'Ebre.
Egalement préoccupés du bien-être matériel des cultivateurs, ils favorisent les syndicats agricoles et
donnent à leurs journaliers, pour six jours de travail, le salaire de sept jours. Un peu en amont, les
moines français de la Chartreuse de Peñaflor ont

1. Exilée à Chévetognes (Belgique) par les lois de la
République.

planté des arbres et créé un domaine agricole modèle
sur les premières pentes qui dominent la vallée, et
fondé une école dans le village. « Ce sont les
« moines qui ont ruiné l'Espagne », me disait un
jeune paysan de la plaine de Léon. « Les curés la
« ruinent en lui prenant tout son argent », me disait
un jeune *péon* espagnol, rentrant de France dans
son pays. Nous venons de voir ce qu'ont fait les
frailes aux environs de Saragosse. Si leur exemple
était suivi par les pouvoirs publics, les 46, 8 o/o du sol
de l'Espagne ne seraient pas incultes (1). Quant à
ses prêtres, ils reçoivent de l'Etat, dans les villages,
cinquante pesetas par mois ; plus pauvres que leurs
paroissiens, ils ne se nourrissent que de légumes et
de pommes de terre : si les politiciens espagnols
n'étaient pas plus malfaisants que les curés, l'Etat
serait riche et le peuple vivrait dans l'abondance. Les
formules anticléricales sont répandues dans la population par ceux-là mêmes qui ont intérêt à détour-
ner de leurs rapines l'attention du public et de leurs
têtes de trop justes colères.

L'état d'esprit que le parti libéral est ainsi parvenu à créer se manifeste dans l'attitude de la population de Saragosse au passage de la procession de
la Fête-Dieu : les fenêtres du siège des Syndicats
socialistes se vident, à l'approche du cortège, des

---

1. Chiffre donné par *El Correo espanol*, 11 octobre 1912.

têtes qui s'y penchaient et restent désertes et nues ;
dans le quartier populeux du marché, l'affluence est
considérable ; le défilé des membres du clergé provoque l'échange de réflexions ironiques ; mais les
curieux se découvrent tous et la plupart s'age-
nouillent devant l'ostensoir. Le sentiment religieux
subsiste donc, mais affaibli ; un peuple est séparé
de son clergé lorsqu'il a perdu pour lui la déférence
qui traduit la confiance ; séparé de son clergé,il l'est
déjà de sa croyance. Cette attitude et cet état d'esprit s'expliquent sans doute par l'inaction et l'indifférence trop générales du clergé citadin : on compte
cinq cents prêtres, à Saragosse (1), et l'on trouve
de jeunes ouvriers de vingt ans, n'appartenant pas
à des familles antichrétiennes. ne professant eux-
mêmes aucun sentiment d'hostilité à l'égard de la
religion, qui ne sont pas baptisés. Le clergé espagnol se compose d'un clergé paroissal rétribué par
l'Etat, très peu payé et très restreint, et d'un clergé
de bénéficiers, extrêmement nombreux, tout à fait
indépendant et absolument oisif. Des familles
pieuses ont autrefois fondé un bénéfice au profit de
prêtres chargés de célébrer chaque jour la messe
pour les défunts. Le bénéficier,nommé au concours,
est tenu, comme tel, de célébrer la messe,et, comme
prêtre, de lire son bréviaire : il entend n'accepter

1. 100.000 habitants.

aucune autre tâche et il ne trouve pas un évêque décidé à mieux l'utiliser. La raison profonde de cet état de choses regrettable se trouve dans l'insuffisance de la formation sacerdotale ; jusqu'à ces dernières années, le séminariste n'était qu'un étudiant libre ; récemment, l'internat dans un séminaire est devenu obligatoire pour les trois dernières années d'études. Des prêtres mieux préparés à leur mission ne se refuseront pas à apporter à l'Eglise un concours plus actif et plus dévoué.

Au contraire, la propagande anticléricale, exploitant toutes les difficultés intérieures, soit purement politiques, soit suscitées par la transformation industrielle du pays, s'exerce avec une activité, une ténacité, une force remarquables.

Les journaux offerts au public avec une insistance pressante sont des feuilles anticléricales, bourgeoises ou socialistes : *El Liberal* et *El Imparcial*, journaux libéraux ; *El Radical, El Intransigente*, journaux républicains de Barcelone ; *La Correspondencia de Aragon*, républicain radical ; *El País*, républicain ; *L'Espagne libre* et *España nueva*, socialistes ; *El obrero balear* (*L'ouvrier baléare*) « organe de la fédération socialiste baléare », hebdomadaire (1) ; *Tierra y Libertad* et *El Porvenir*

1. Dans son numéro du 26 avril 1913, on y expose de la façon suivante le système électoral belge du suffrage universel plural : « En Belgique, les riches et les fonctionnaires dis-

del obrero, hebdomadaires anarchistes, le dernier
publié à Mahon ; *El Motin*, hebdomadaire anticlérical illustré ; *El Ideal*, hebdomadaire local, anticlérical et républicain révolutionnaire, où je lis (1) :
« La science moderne a présenté à la discussion,
« pour apaiser la soif ardente de notre esprit, une
« nouvelle table des valeurs ; l'histoire naturelle a
« découvert, au prix d'efforts ardus et de très grand
« mérite, l'origine des espèces ; la biologie et la
« paléontologie ont réduit en poudre les fables
« grossières de la Bible ; la physique et la chimie
« ont eu raison du miracle et de la magie et

« posent de trois bulletins de vote pour élire les députés ;
« les ouvriers ne disposent que d'un seul bulletin. Pour
« détruire l'influence électorale de mille conservateurs, il
« faut au moins les votes de trois mille un ouvriers. » Le
journaliste trompe ses lecteurs ; dans le système plural, un
bulletin supplémentaire était attribué aux chefs de nombreuses familles, ce qui rétablissait l'avantage numérique
au profit du prolétariat. Dans ce même numéro, je lis un
long article sur « l'état actuel des Philippines », que le
rédacteur juge détestable : « En beaucoup de provinces où,
« lors de la domination espagnole, on obtenait deux récoltes,
« c'est à peine aujourd'hui si l'on peut en obtenir une seule.
« Les objets même de première nécessité atteignent des
« prix fabuleux ; des pauvres sont morts de faim, ce que
« l'on n'avait encore jamais vu ». Avec quelle rage les partis socialiste et libéral n'avaient-ils pas mené campagne
contre la domination espagnole qui était, disaient-ils, la
domination des moines ! L'enseignement des faits demeure
cependant impuissant contre le parti pris ; dans l'article sur
la Belgique, *El Obrero balear* jette un cri de fureur : « Là
« aussi, amis, il y a des couvents ! »
     1. 26 avril 1913.

« mis en déroute à la fois Dieu et le diable ; la
« philosophie a chassé la morale évangélique, la
« morale du Christ, comme lâche, contre nature et
« funeste... » Dans l'une des rues principales, la
Calle del Coso, le marchand de journaux étale, à
côté de brochures anarchistes, la traduction espagnole du « *Testament du curé Meslier* » et sa « *Religion naturelle* », plusieurs brochures de la série
« *Bibliothèque de l'Inquisition* », une brochure
« *La Morale et l'Eglise* », de la « *Bibliothèque de
l'apostolat de la vérité* », et une brochure malthusienne « *Génération consciente, préservation
scientifique et rationnelle contre la génération non
désirée* », publiée par la « *Bibliothèque Santé et
Force* ». Ainsi, suivant une méthode constante, tous
les moyens d'action sur le public sont détenus par les
divers éléments d'un même parti dont les nuances
apparaissent comme les uniformes variés de la
même armée anti-catholique et anti-sociale. A son
offensive abondante, variée, méthodique et ardente,
ne répond même pas une défensive appréciable.
Deux journaux très répandus et qui se disent « indépendants », *El Noticiero* et *Heraldo de Aragon*,
sont, l'un, vaguement clérical, et l'autre, libéral.
Heraldo de Aragon (1) se plaint de voir le budget
atteindre 1.500 millions ; mais n'est-ce pas la faute

1. 2 mai 1913.

de ses amis libéraux qui, détenant le pouvoir depuis
trois ans, ont, dans cette courte période et sans
aucun profit pour l'intérêt public, doublé les dépenses de l'Etat? Le 1ᵉʳ mai 1913, jour de l'Ascension, *Heraldo de Aragon* publie un article élogieux
sur la Fête du Travail, fait l'apologie de la politique
libérale et déchristianisante de Romanones et, en
même temps, imprime un véritable sermon sur la
fête de l'Ascension et se répand en un grand luxe
de détails sur les cérémonies religieuses. Presque
chaque jour, d'ailleurs, on peut noter dans ce journal le même scandaleux contraste qui témoigne du
désarroi des idées dans les cervelles libérales et
dans la malheureuse Espagne contemporaine. En
son palais, Romanones a chapelle privée et sans
doute chapelain. mais il persévère dans une poli·
tique de Julien l'Apostat, qui est toute la politique
de son parti (1).

1. Le 4 mai, à propos de la « fête très brillante » de première communion chez les P. P. Escolapios, *Heraldo de Aragon* publie un article-sermon des plus onctueux sur ce plus
« beau jour de la vie » où se réalise pour la première fois
« l'intime union de l'âme avec Dieu. » Toujours le double
jeu de l'hypocrisie libérale. Le 20 mai, *Heraldo de Aragon*
décrit l'arrivée à Saragosse du pèlerinage madrilène à
Nᵉ Sᵃ del Pilar : « d'enchanteresses » jeunes filles ont
demandé au rédacteur l'heure d'arrivée du train; l'entrée
du train en gare « fut un moment d'intense émotion, grandiose, inénarrable. » Inutile de multiplier les exemples. Le
système ne varie pas ; les colonnes d'*Heraldo* debordent

Seuls, parmi les catholiques, les Jaimistes se réorganisent et tentent d'agir sur l'opinion. Saragosse était encore, au début de ce siècle, une forteresse du libéralisme et d'un libéralisme fanatique qui n'aurait pas permis (au nom de la liberté) la moindre publicité en faveur des journaux carlistes ou des portraits des personnalités carlistes. Depuis une quinzaine d'années, cet état d'esprit s'est modifié. Le Jaimisme est en progrès : il agit ouvertement ; ses journaux, *El Correo español*, *La Lucha*, *Trinchera*, *Monarquia federal*, s'étalent aux kiosques ; il possède deux cercles, la *Lealtad jaimista* et le *Cercle traditionaliste* qui s'annonce par un énorme écriteau dans l'une des principales rues de la ville. Enfin, avant tout hommes d'action, les Jaimistes ont organisé des *requetes*, c'est-à-dire de véritables corps de troupes, une armée prête à assurer aux manifestations du culte catholique la liberté et le respect que les libres-penseurs, revolver et bombes en main, lui refusent. Sans ces *requetes*, toute manifestation extérieure du culte serait devenue depuis longtemps impossible en Espagne. Lorsque les libres-penseurs embrigadés dans des troupes d'offensive eurent constaté qu'il y avait pour eux péril, à

d'informations pieuses, d'onctueuses homélies et de formules dévotes ; mais le journal défend en même temps l'anti-catholicism actif et perfide des divers ministres libéraux,

recourir à la violence, ils s'abstinrent de toute violence.

Le parti républicain ne dispose pas encore d'une
grande influence, mais il travaille énergiquement à
l'accroître et, dans un coup de main, il bénéficierait,
non seulement de la collaboration des socialistes,
mais encore de l'approbation tacite ou de la complicité passive de la masse de la population. Il possède
une *Casa del pueblo* assez modeste et, dans le faubourg Arrabal, un petit Cercle. C'est à Madrid et à
Barcelone que le parti républicain est fortement
organisé, très actif, riche d'adhérents et pourvu de
toutes les ressources financières dont il peut avoir
besoin ; solidement installé dans ces deux grands
centres, il lui serait possible, par un succès local, de
conquérir du même coup la domination sur le pays
tout entier, en raison de la centralisation politique
et administrative et de l'indifférence de la plupart
des provinces ou de leur impuissance à réagir.

Les affiches qui demeurent collées sur les murs
expriment les passions artificiellement surexcitées
dans la population et qui contrastent étrangement
avec l'aspect matériel de Saragosse, ville d'argile
pâle comme les villages qui surgissent, le long de
l'Ebre, dans la lumière brûlante du ciel : dans ses
rues étroites monte, avec l'odeur de l'huile et de la
terre calcinée, le parfum des épices ; d'une demeure
où chante une femme, s'échappent des accents pas-

sionnés et désenchantés; dans l'ardente lumière monte comme une clameur d'amour et de mélancolie. Ce qui paraît encore dominer dans l'aspect de la ville, c'est le type agricole et mercantile de l'époque qui a précédé l'invasion de la grande industrie : état social équilibré qui ne connaissait ni l'excès du luxe ni l'excès de la misère, où les classes se distinguaient sans s'opposer, où le pouvoir conservait, avec la responsabilité, un caractère paternel, où chacun avait son travail et où nul ne subissait un travail excessif, où ne se rencontrait ni chômage, ni exploitation de l'homme, ni état permanent de révolte. Mais cette phase de civilisation équilibrée et harmonieuse est, en réalité, déjà dépassée : l'industrie, que toute nation doit accepter sous peine d'être éliminée par les nations concurrentes, a déjà envahi Saragosse; de grandes usines occupent ses faubourgs et de nombreux ateliers fonctionnent en ville. Les hommes vêtus de toile bleue forment un groupe assez important, acquis aux idées socialistes, anticléricales, républicaines, bientôt propagées des salariés des usines aux divers corps de métier. On s'étonne que ces hommes, cependant intelligents, se laissent persuader par leurs journaux que, sous un autre régime politique, ils pourront *gouverner*, gouverner *réellement*, et non pas simplement servir de prête-noms à de petits comités d'ambitieux cachés dans la coulisse ! Comment peuvent-ils supposer que, par la puissance magique d'un gouvernement républicain ou socialiste, ils cesseront d'être vêtus de toile bleue et de travailler à l'usine moyennant salaire ? Je constate déjà l'exploitation politique de l'ouvrier par les capitalistes : une ancienne affiche, restée collée sur un mur au voisinage du marché, annonce la « candidature républicaine radicale » aux « élections municipales » de « X..., *industriel* ». Nous avons beaucoup vu cela — et nous le voyons encore — en France : le patron anticlérical qui communique son anticléricalisme à ses ouvriers sous couleur de les émanciper et, les rivant ainsi à son service, s'assure contre les risques de grève tout en satisfaisant son ambition politique. C'est l'histoire du libéralisme belge et de tout l'anticléricalisme français, opportuniste, radical et radical socialiste.

D'autres affiches du syndicat des charpentiers et ébénistes et du syndicat des maçons et manœuvres (gens venus de la campagne et en ayant pour la plupart gardé l'aspect) convoquent les ouvriers des autres métiers à une réunion en vue d'aviser aux moyens d'aider les mineurs grévistes des Asturies. Sous couleur de solidarité ouvrière, il s'agit toujours d'ébaucher une tentative de grève générale dans l'espoir que sa réussite entraînerait une telle perturbation que la Révolution éclaterait, réalisant aussitôt l'Eden (1) Les gens qui réfléchissent voient

1. La Russie vient d'en faire la cruelle expérience qui n'a

très bien ce qu'une telle Révolution pourrait détruire
et se rendent parfaitement compte qu'elle n'édifie-
rait rien, si ce n'est peut-être le collectivisme juif.
Cet effondrement social est préparé avec une folle
énergie : les journaux ne parlent de tous côtés, dans
toutes les villes d'Espagne, que de grèves et qui
éclatent dans toutes les professions, dans les petits
métiers, dans la petite comme dans la grande industrie. Il y a un mois, la grève générale de tous les
métiers a duré quelques jours à Saragosse. Voilà de
très fâcheux symptômes moins de l'état économique
que de l'état politique du pays ; le malaise tient
moins à des causes professionnelles qu'à des intérêts politiques ; il est plus artificiel que réel et accuse
surtout un trouble profond dans les esprits ; il traduit les soubresauts d'une société incoordonnée,
incapable de se discipliner et de se conduire, où
tout le monde réclame quelque chose sans savoir au
juste ce qu'il veut. Cette situation inquiétante n'a
rien de spontané : elle est la conséquence de manœuvres secrètes ou publiques, les unes et les autres
concertées, qui se succèdent avec méthode.

Une grande affiche rouge porte cette proclamation : « Aux ouvriers charpentiers. — Mercredi...,
« aura lieu, à notre siège social..., une réunion extra-

nullement refroidi l'imagination ignorante des foules socialistes des autres pays,

« ordinaire pour rechercher le meilleur moyen
« d'arriver à la solution du conflit où sont actuelle-
« ment engagés nos compagnons ébénistes. Compa-
» gnons ! nous croyons que, pour sortir des difficul-
« tés présentes et faire aboutir nos justes. revendi-
« tions, il convient de garder en notre mémoire les
« paroles de ce penseur : — Les peuples sont
« grands quand ils pensent (Victor Hugo). — La
« récompense de nos efforts sera d'en graver l'exemple
« dans l'histoire de notre émancipation prolétarienne
« et de les faire aimer de tout homme civilisé. N'ou-
« blions jamais que l'énergie et l'union sont les
« bases de notre société. — Le Comité directeur
« vous salue. » Cette façon de traiter des intérêts
matériels et précis est lamentable et grotesque.
Voilà beaucoup de phraséologie grandiloquente à
propos de sous. Même le psittacisme de Hugo
s'ajoute à ces redondances ! On devine quels ravages
les mots peuvent exercer chez un peuple qu'ils fas-
cinent à ce point ; mais nous n'avons pas le droit de
le railler sans nous railler nous-mêmes qui avons
fait pis que cela au temps des « grands ancêtres » et
sous le règne de leurs héritiers.

Une autre affiche convoque la jeunesse ouvrière à
la maison syndicale de la *Calle Espoz y Mina* pour
y fonder une Société d'éducation scientifique : « Aux
« jeunes ouvriers de Saragosse. — Désireux de
« combattre la pernicieuse influence qu'exercent sur

« nos cerveaux des philosophies ridicules corrom-
« pant encore à notre époque notre conscience avec
« les vices protégés par un faux libre-arbitre, nous
« avons constitué une commission de jeunes ouvriers
« chargés d'exposer avec sincérité les préjudices
« qu'occasionne à la cause des exploités l'ignorance
« qui règne chez les précurseurs de la génération
« future. Connaissant les avantages que vaudra à
« la classe ouvrière en général une congrégation
« du prolétariat juvénile, chargée d'un travail essen-
« tiellement ÉDUCATIF et d'enseignement scienti-
« fique rejetant de nos cerveaux encore endormis le
« poids qui empêche son libre et naturel développe-
« ment, nous vous convoquons à une réunion qui
« aura lieu le... à... Compagnons ! la science est
« l'antidote de l'ignorance et celle-ci est cause du
« servilisme qui dégrade l'ouvrier. Conquérons par
« nos efforts l'ÉDUCATION que l'on nous refuse et sur
« laquelle se fonde rotre RÉDEMPTION. — La Com-
« mission vous salue. » On remarquera le style
emphatique, la verbosité qui tout à la fois cache le
vide de la pensée et trahit la libre-pensée. « La
science antidote de l'ignorance » ; formule à faire
crever de jalousie M. de la Palisse. Les mots « éducation », travail « éducatif » appartiennent au vocabulaire maçonnique et protestant : Macé et ses Ligues,
les Loges et leurs filiales ne distribuaient et ne dis-
tribuent toujours que de l'éducation ; les sociétés

calvinistes n'affectionnent pas moins les méthodes
éducatives. Le style de la proclamation est particulièrement vague : son irréligiosité y est très enveloppée ; on ne dit pas que l'on veut lutter contre le
catholicisme, « libérer » et « affranchir » de l'Eglise
les intelligences ; on ne veut effaroucher personne ;
on parle seulement de combattre « l'ignorance qui
dégrade l'ouvrier » et de lui donner « l'éducation
scientifique » qui assurera sa « rédemption » (1). Toute
la quintessence du scientisme, du millénarisme et de
la fourberie judéo-maçonniques est là, à couvert. Il
est facile d'imaginer quelles billevesées peuvent être
servies, sous couleur de science, par la « congrégation du prolétariat juvénile », aux « jeunes ouvriers
de Saragosse » que cette proclamation lui aura amenés. La Maison ouvrière de la *Calle Espoz y Mina*
apparaît dès maintenant comme un foyer de corruption et d'abêtissement du peuple espagnol, construit
sur le modèle de ceux qui fonctionnent en France et
certainement vu d'un bon œil par le parti libéral.

Pour la fête du Premier Mai, le public est avisé
par voie d'affiches qu' « aura lieu un grand meeting
« organisé par les Sociétés ouvrières à la Plaza de
« toros. — Vive le Premier Mai ! Vive la journée

---

1. Il n'en fut pas autrement aux débuts enthousiastes de
la Révolution russe où l'on vit ces cours ridicules d'enseignement primaire distribuer, au milieu d'un grand concours
de réclame, la « Science » au peuple « émancipé ».

« légale de huit heures ! Vive l'union plus étroite de
« tous les opprimés ! Travaillons sans cesse à ce que
« soit extirpée une fois pour toutes l'exploitation de
« l'homme par l'homme ! Vivent la paix, l'amour et
« la liberté entre tous les humains ! — Saragosse,
« 24 avril 1913. La Commission. »

Tous ces appels, toutes ces excitations, tout ce vin
capiteux de la rhétorique et des passions, cette évocation des perspectives dorées d'un avenir d'idéal
bonheur, retentissent dans l'âme aragonaise, enté-
tée, violente, passionnée, brutale et querelleuse, très
matérielle de désirs et d'instincts. A tout moment,
la violence, éclate dans le regard, le geste, la parole
de l'Aragonais. Les théories politiques et sociales
propagées dans cette province constituent un redou-
table bouillon de culture pour les défauts des Aragonais au détriment de leurs belles qualités d'intelligence, de travail, d'énergie, de franchise et de loyauté.

L'action épisodique du journal et de l'affiche est
soutenue et perpétuée par l'influence des groupements permanents. Les syndicats ouvriers, pénétrés
d'influences anticléricales, socialistes, républicaines
et révolutionnaires, sont installés dans un vieux palais de la *Calle Espoz y Mina*, à deux pas du local
de *l'Action sociale catholique*. Les deux principaux
syndicats socialistes, ceux autour desquels gravitent
tous les autres, sont le syndicat des métallurgistes
et celui du bâtiment. Les sociétés ouvrières de la

Calle Espoz y Mina sont appelées couramment
« les sociétés de résistance » : cette formule définit
leur esprit, leur programme, leur action ; leur but
étant purement négatif, elles ne peuvent qu'ajouter
au gâchis et non aider à en sortir. Chaque fois que
l'une de ces sociétés tient une réunion, elle convoque
ses membres par de grandes et belles affiches placardées dans toute la ville. Cet affichage répété est
très coûteux. D'où vient l'argent ? La question se
pose avec d'autant plus de force que ces sociétés ne
sont pas riches par elles mêmes et qu'elles ont eu
plus d'une fois à déplorer la disparition de la caisse
et du caissier.

Près de la place de la Constitution, un « Casino
républicain radical » est fréquenté surtout par les
relieurs et les typographes. Il occupe, au premier
étage, une grande salle où je compte, un dimanche
soir, une vingtaine de consommateurs.

La *Casa del pueblo* possède plusieurs salles de
consommation. Une cour vitrée a été convertie en
salle de spectacle et de conférences. Un dimanche
après-midi, je vais prendre à la *Casa del pueblo* un
café au lait pour vingt centimes ; le garçon remet un
ticket de valeur correspondante que le consommateur déchire ; ainsi s'effectue le contrôle des dépenses
du cercle. Il y a beaucoup de monde, car une assemblée générale des associés doit avoir lieu une heure
plus tard : je compte cependant moins de cent ou-

vriers de tout âge qui prennent leur café en causant
ou en jouant aux dominos ou aux cartes. Un mercredi, à dix heures du soir, j'assiste à un « meeting
républicain radical. » L'assistance, qui pouvait comprendre sept cents personnes dont un dixième de
femmes et d'enfants, garde une attitude assez froide.
La vive éloquence des premiers orateurs n'arrache
que quelques maigres applaudissements ou quelques
« très bien ! » tout juste murmurés. Le plus réputé
des orateurs, député de Saragosse aux Cortès, n'arrive à secouer un peu l'auditoire qu'après une demi-
heure d'efforts. Les femmes soupirent admirative-
ment : « Quel homme ! » Il obtient enfin d'émouvoir
l'assistance, de la faire frémir, de lui arracher de
violents applaudissements lorsqu'il achève d'ardentes périodes par une série de mots inarticulés
qui s'étranglent dans sa gorge et auxquels suppléent
des gestes de noyé. Voici un de ses raisonnements :
« Le problème économique ne peut être résolu indé-
« pendamment des connaissances techniques, les-
« quelles supposent l'intelligence cultivée, la science.
« Or, il n'y a ni science, ni culture, ni technique,
« dans un pays qui ne possède ni le mariage civil, ni
« les cimetières sécularisés, ni l'école laïque. La ri-
« chesse libère la pensée : or, il n'y a pas de richesse
« possible et, au contraire, la misère est inévitable
« dans une société où l'Église catholique est religion
« d'Etat. » Et plus loin : « Nous sommes les ennemis

« irréductibles de la vie monastique parce que le
« vœu de chasteté, monstruosité morale, signifie la
« destruction complète de la société, parce que le
« vœu de pauvreté nie le commerce et l'industrie,
« parce que le vœu d'obéissance est une abdication...
« Si le problème du cléricalisme se pose en Espagne,
« c'est parce qu'il y a une religion d'Etat. Là où il
« n'y a pas de religion d'Etat, où l'Eglise est séparée
« de l'Etat, comme aux Etats-Unis, en Angleterre,
« en Allemagne, il n'y a pas de question cléricale. »
Il y eut une question cléricale en Allemagne le jour
où Bismarck la suscita. Il y a, en Angleterre, une
religion d'Etat. En France, c'est depuis que le catholicisme a cessé d'être religion d'Etat que le cléricalisme est apparu, et, avant la Séparation, n'était-ce
pas à propos des ordres monastiques, précisément
séparés de l'Etat, que le cléricalisme était dénoncé ?
Les vœux monastiques, concernant la société mona-
cale et non la société civile, n'impliquent pour celle-
ci ni « abdication », ni « négation du commerce et de
l'industrie », ni « destruction ». On voit de quelles
absurdités et de quels mensonges les républicains
espagnols abreuvent la crédulité populaire. La substance de tous les discours prononcés consistait exclusivement en anticléricalisme, disons, sans équivoque, en anticatholicisme, exprimé d'ailleurs d'une
façon très brillante, enveloppé d'une éloquence fort
riche quoique purement verbale. Ce verbalisme était

senti par quelques-uns. car j'y fis la rencontre d'un des jeunes ouvriers de la tannerie à laquelle je travaillais alors et il me dit : « Quel orateur ! Est-ce « beau ?... Mais, ajouta-t-il aussitôt, quand on est « sorti, il n'en reste rien. » Pardon ! il reste quelque chose et précisément l'essentiel, cette conviction que l'orateur voulait susciter ; elle ne repose sur rien de plus que le souvenir de l'émotion ressentie ; mais cela suffit pour l'asseoir solidement dans des âmes frustes qui ordinairement sentent plus qu'elles ne pensent. Le secret de l'influence de l'orateur est là, et aussi le danger de l'éloquence.

La prose des écrivains du parti n'est pas moins funeste que la parole de ses orateurs. Je lis, le même jour, dans *El Pais* (1), un article dithyrambique sur « Les prisons en Portugal. » Pour faire l'apologie de la République portugaise, les républicains espagnols en sont réduits à vanter les mérites de ses prisons. On sait que cette République, ayant entrepris de faire régner la liberté, mit en prison tous ses adversaires. « Les monarchistes, écrit *El Pais*, d'après le « journal portugais *O Seculo*, ne pouvant détruire « la glorieuse République portugaise, recourent à la « calomnie. Ils prétendent que les prisonniers poli- « tiques royalistes souffrent, dans les prisons de « l'État, de cruels traitements. » Il n'en est rien :

1. 29 avril 1913.

« Les prisonniers politiques sont satisfaits de la ma-
« nière dont on les traite et font l'éloge du directeur
« et du personnel. La République a été généreuse et
« humaine avec ses ennemis... Les prisonniers se
« plaignent seulement du manque de liberté et quel-
« ques-uns d'être séparés de leurs enfants... On a
« établi un grand atelier de couture où beaucoup de
« prisonniers travaillent. Les intellectuels prêtent
« leurs services aux bureaux. Juan de Almeida se
« livre à ses travaux littéraires... Un prisonnier,
« Melo Costa, dit que le pire châtiment que peut re-
« cevoir un détenu est d'être privé de travail un jour
« ou deux. Le Père Barrosa se livre à l'étude ; il est
« très content parce qu'il a la lumière électrique.
« Personne ne le moleste pour ses idées qui sont
« réactionnaires et cléricales... » C'est à donner envie
d'aller vivre et mourir dans les prisons de la « glo-
« rieuse République portugaise ! »

J'assiste un soir, au siège des sociétés de résistance, à une assemblée générale des ouvriers
métallurgistes. J'y compte deux cent-cinquante à
trois cents ouvriers dont plus de la moitié sont des
jeunes gens de quatorze à vingt ans. Tous, pendant
la séance, se tiennent fort sagement et même mon
voisin de gauche, un homme d'une cinquantaine
d'années, dort avec conviction. Le secrétaire donne
lecture de nombreuses lettres de syndicats des
autres provinces exhortant à la grève générale. Sont

ensuite nommés par acclamation les membres d'une commission. A ce propos, se déroule toute la longue et fastidieuse procédure des parlottes. Deux ou trois assistants présentent de brèves observations : ce sont toujours les mêmes qui parlent et qui parleront devant l'assemblée passive, Il est dix heures quand on aborde l'objet de la réunion, c'est-à-dire la lecture et la discussion de la réponse des patrons à la demande, formulée par leurs ouvriers, de la journée de neuf heures. Le président de l'assemble propose de décider s'il convient de discuter séparément chaque élément de la réponse ou de les discuter tous à la fois. La clarté et le bon ordre, la logique et le bon sens exigeraient la première solution; mais la nécessité impose la seconde, car, fait-on observer, dans le premier cas, l'assemblée n'en finirait pas, même en y passant la nuit. La discussion portera donc sur l'ensemble de la réponse aux patrons et, même dans ces conditions, en se séparant à minuit, les métallurgistes n'auront rien terminé ; la fin de la discussion sera remise au lendemain. Je n'ai écouté que le premier orateur, Marcen; il parle de sa place, debout dans la foule, au fond de la salle; il s'exprime avec netteté ; il est très clair, très précis, sobre et disert. Le fond de son discours mérite moins d'éloges : des chiffres cités par les patrons il se borne à dire que leur valeur varie suivant le verre avec lequel on les regarde; il assure

que, si les heures de travail à l'étranger sont bien
celles qu'affirment les patrons, du moins les salaires
y sont plus élevés qu'en Espagne alors qu'en Belgique et en Suisse la vie est moins chère ; il prétend
— à tort (1) — que la semaine anglaise s'introduit
en France ; il préconiserait assez volontiers cette
solution, bien qu'il attache plus d'importance à
l'augmentation du salaire qu'à la diminution du
temps consacré au travail. Pas plus que les orateurs
qui lui succèdent, il ne fait état des raisons con-
crètes fournies par les patrons pour repousser toute
mesure susceptible d'aggraver les conditions d'infériorité de la métallurgie de Saragosse par rapport
à ses concurrents étrangers. Il insiste sur la nécessité de n'admettre aucun autre chômage que ceux
du Premier Mai et du dimanche, afin de sauvegarder la liberté de conscience ! Sa conscience est
froissée lorsqu'il chôme « le jour de la fête de la
Purissima. » Mais il est de toute évidence que sa
conscience serait satisfaite si les catholiques étaient
forcés de travailler ce jour-là. Aussi se déclare-t-il
« obligé de répéter la formule, le cléricalisme voilà
« l'ennemi. » On ne comprend pas bien pourquoi sa
conscience n'est pas froissée lorsqu'il chôme le
dimanche. N'ose-t-il encore décemment proposer le
« décadi »? ou, à tout le moins, un jour de repos
hebdomadaire autre que le dimanche? Ou consent-il

1. En 1913, la semaine anglaise était seulement demandée.

une concession passagère à l'opportunisme d'un
anticléricalisme insidieux ? Avant d'accorder le repos
hebdomadaire, les gens de son parti vantaient
volontiers le travail perpétuel, toutes les fêtes de
l'Eglise étant ennemies du bien-être ouvrier ;
« l'infâme » une fois « écrasé », on eût rétabli des
fêtes, mais elles eussent été civiques. Le Premier
Mai, fête du travail, n'est-ce pas déjà une fête
civique ? C'est surtout une fête absurde : le travail
est une nécessité et souvent pénible, même douloureuse ; on ne fête pas cette rigueur ; on s'y soumet,
ne pouvant s'y soustraire, et l'on cherche à améliorer les conditions de ce travail nécessaire ; mais il
n'y a pas lieu de le fêter, car il n'offre pas matière à
se réjouir.

Le surlendemain, les métallurgistes, en arrivant
à leur siège social, apprennent avec quelque surprise
que la grève est décidée pour le jour suivant : aucun
vote n'avait eu lieu ! Marcen, qui avait proposé la
solution de la semaine anglaise, se plaint vivement
d'un tel procédé, déclarant que la décision a été prise
à son insu et à l'insu de beaucoup d'autres militants,
qu'une telle méthode est propre à provoquer la
ruine de la société des ouvriers métallurgistes et que,
d'ailleurs, cette grève, à laquelle ne s'associent ni le
syndicat catholique ni les ouvriers non syndiqués,
est condamnée à un échec certain. En fin de compte,
la grève — décidée par ordre de supérieurs incon-

nus — est mise aux voix et votée régulièrement par
les deux tiers des deux cent-vingt votants présents
qui, sans se rendre compte du mépris avec lequel on
les a traités, se bornent à acquiescer humblement et
docilement à la violence qui leur a été faite. Cet
incident montre à quel point les syndicats de lutte
sociale sont dirigés autoritairement par un petit
groupe de meneurs, eux-mêmes manœuvrés du
dehors par une autorité despotique.

La propagande syndicaliste révolutionnaire ou
socialiste est presque exclusivement anticléricale.
El socialista, journal quasi-officiel des sociétés de
résistance qui comptent toutes parmi ses abonnés,
se consacre à peu près uniquement à la propagande
anticatholique. Le même esprit inspire les discours
qui se prononcent dans ces sociétés et les mêmes
préoccupations se trahissent dans les conversations
entre sociétaires au siège social. Aussi constate-t-on
que les ouvriers catholiques entrés de bonne foi
dans ces associations dans l'espoir de servir leurs
intérêts professionnels sont devenus des renégats.
Par les troubles qu'elles fomentent, les sociétés de
résistance pèsent sur le pouvoir central en vue de
l'amener à prendre toutes les mesures anticléricales
auxquelles les libéraux se complaisent. Or, elles ne
groupent que « trois pour cent des ouvriers espagnols (1). » Leur influence tient uniquement à ce

1. *El Noticiero*, de Saragosse, 15 mai 1913.

qu'elles sont une organisation de combat. Elles
tirent grand bénéfice de l'énorme publicité qu'elles
font autour d'elles : j'ai constaté qu'à l'occasion d'une
conférence donnée à leur siège social, elles faisaient
distribuer dans les modestes *Casas de comida* des
propectus invitant les travailleurs à venir l'entendre.
En dehors de leur action antireligieuse, elles ne
s'occupent que de préparer des grèves en vue d'obtenir plus de salaire pour moins de travail. Mais le
maximum de salaire possible avec le minimum de
travail possible est susceptible d'être assez vite
atteint. Au contraire, l'effort organisateur et créateur en vue de la constitution d'une propriété commune et de son emploi au mieux des besoins matériels des associés n'a guère de limites et ses effets
utiles peuvent devenir toujours plus considérables.
Le problème le plus essentiel n'est pas tant de gagner
davantage que de tirer du salaire des profits plus
sérieux : il est bon de l'accroître, il est meilleur de
bien l'utiliser. Enfin, l'étude des intérêts professionnels, la recherche des moyens propres à les
sauvegarder au milieu de la concurrence internationale fournissent à tous les membres de la profession un inépuisable sujet de collaboration active.
Mais, à dire vrai, l'organisation ouvrière des sociétés de résistance n'a d'autre but réel que de susciter
des difficultés croissantes, propres à préparer et
provoquer ce grand bouleversement général, ce

chaos social que la naïveté et la sottise tiennent
pour la panacée universelle. Sociétés de combat,
elles utilisent toutes les difficultés de la vie ouvrière
pour entretenir et aggraver une agitation politique
servant à des fins politiques. Séparées officiellement
et en apparence des organisations purement politiques et des politiciens, elles leur sont intimement
mais secrètement unies. Naturellement, les ouvriers
ne se doutent pas qu'on les manœuvre comme les
pions d'un jeu d'échecs. La grève des métallurgistes
de Saragosse a éclaté dans ces conditions, en con-
nexion avec des mouvements semblables dans
diverses autres villes et suscitée directement par les
comités de Barcelone et de Madrid. Aucune tenta-
t've n'est faite, par la suite, par les ouvriers pour
apporter à cette grève une solution et, quoique
engagée par un coup d'autorité du comité, elle reste
en l'état jusqu'à ce que l'on apprenne qu'à Barcelone
et en d'autres grandes villes, las de lutter depuis
des mois sans résultat, les métallurgistes s'avouent
vaincus ; à ce moment-là, les grévistes de Saragosse
reprendront, eux aussi, et aux conditions anciennes,
le chemin de l'atelier : ou, du moins, les quatre cin-
quièmes d'entre eux, les autres ayant été obligés
pour vivre d'aller chercher du travail dans les provinces et même, quelques-uns, jusque dans l'Amérique du Sud.

Une grève est une occasion de choix offerte aux

meneurs pour pétrir la pensée des jeunes ouvriers
et les conquérir à leurs idées : l'inexpérience et
l'ignorance des jeunes gens, les sentiments généreux
et la facilité d'illusion de leur âge rendent particulièrement aisée cette conquête. La longue oisiveté à
laquelle sont condamnés les grévistes n'est coupée
que par les réunions quotidiennes ou bi-quoti-
diennes au siège syndical : chaque matin, ils vont
s'y faire contrôler et ils y passent quelque temps à
bavarder ; souvent, l'après-midi ou l'après-dîner, se
tient une réunion avec discussion, discours. Les
discours et les conversations sont tournés à la propagande anticléricale et républicaine ; ainsi se forme
une opinion commune qui voit dans l'écrasement de
l'Église et l'établissement de la République le moyen
certain d'assurer à tous les ouvriers la vie libre et
heureuse dans l'oisiveté et la richesse. C'est à cette
sottise que le prolétariat français, initiateur des
ouvriers espagnols, n'a cessé de consacrer son sang
et ses forces pour le plus grand profit de la haute
finance.

Mais l'activité des Sociétés de résistance, déployée
notamment dans la propagande occasionnelle des
grèves, suppose la présence dans leur sein d'ouvriers
préalablement préparés à leur rôle de meneurs.
L'association de la « *Jeunesse ouvrière* » constitue
un organe de recrutement de ces éléments actifs et
directeurs et une école de préparation et d'entraîne-

ment à cette fonction. Un journal ayant annoncé une séance de la *Jeunesse ouvrière*, à laquelle pourraient assister tous ceux qui s'intéresseraient à ce groupement, je n'ai pas manqué de m'y rendre. L'association occupe le premier étage d'un petit palais gothique délabré, situé dans le quartier *San Pablo*, près du grand marché. Dans une vaste salle, qui peut compter dix mètres de profondeur sur sept de largeur et autant de hauteur, plafonnée de poutres aux gorges profondes et de caissons de bois, éclairée par trois grandes fenêtres, meublée d'une petite armoire, d'un bureau présidentiel et de tables et bancs scolaires, je trouve dix-huit jeunes gens de quinze à vingt ans, trois hommes de trente à trente-cinq ans et un autre d'une cinquantaine d'années ; tous ouvriers, les uns vêtus de toile bleue comme les métallurgistes, les autres apparaissant appartenir aux métiers du bâtiment. La séance n'ouvre qu'à neuf heures trente, qui est l'heure à laquelle, pour des ouvriers qui travaillent, elle devrait plutôt se terminer. La discussion porte sur le règlement de l'association et traîne en longueur : ils décident de n'admettre que des ouvriers ; les membres actifs devront avoir moins de trente ans. La discussion continue sur la question de savoir si les associés sont tenus de faire partie d'une société de résistance.

Il me paraît qu'il va de soi qu'une « jeunesse » ne

doive compter que des associés de moins de trente ans. Mais comment des jeunes gens dépourvus de toute culture pourront-ils s'instruire sans faire appel à leurs aînés ? Comment, étant ouvriers manuels, pourront-ils s'instruire sans le secours des ouvriers de l'intelligence ? Des ignorants s'assemblent : ils ne peuvent qu'associer leurs ignorances. Pour s'instruire, ils ont besoin du guide qui les initiera aux méthodes nécessaires et leur distribuera ce qu'il sait. Cette « Jeunesse ouvrière » ressemble à une Jeunesse d'écoliers qui décident d'aller en classe pourvu qu'il ne s'y trouve aucun professeur. Discutant entre eux les rudiments d'idées saisis au hasard d'une lecture, d'une conversation ou d'un discours, les jeunes ouvriers seront fatalement amenés à *s'imaginer* qu'ils réfléchissent et qu'ils s'instruisent.

Les membres de la Société ont posé une question intéressante : le sociétaire devra-t-il appartenir à une société de résistance ? Dans l'affirmative, la « Jeunesse ouvrière » devient exclusivement une dépendance des sociétés de résistance et le lieu de préparation de leur élite. Dans la négative, la « Jeunesse ouvrière » pourra exercer sa propagande dans tous les milieux et faire partout des recrues pour les sociétés de résistance ; elle travaille toujours pour celles-ci, mais avec plus d'efficacité. Cette dernière idée a été émise au cours de la discussion ; un des sociétaires, un jeune métallurgiste, a fait valoir

qu'il n'y avait aucun inconvénient à admettre les
ouvriers qui n'appartiennent pas aux sociétés de
résistance, « par exemple celui qui va à la messe
« parce que son père y va. » Ainsi s'avéraient le
caractère foncièrement anticatholique de l'association et son effort déchristianisateur.

Tout ce débat s'est poursuivi longuement dans les
formes habituelles aux réunions publiques. La
Société est, en effet, une parlotte ouvrière ayant
pour objet d'habituer les jeunes ouvriers aux discussions des assemblées et au mécanisme parlementaire. Secrétaire, procès-verbal des séances, président dirigeant la discussion, orateurs demandant la
parole et s'entraînant à exprimer leur pensée et à
discuter celle des autres : tout le personnel et toute
la procédure coutumière se retrouvent dans cette
école pratique. Ainsi se préparent les futurs orateurs de syndicats et de meetings et les futurs candidats électoraux.

Ce sont toujours les trois mêmes jeunes gens qui
ont demandé la parole. Les autres écoutaient docilement — si j'en excepte trois qui dormaient.

Autant l'activité des ouvriers révolutionnaires est
tapageuse et malfaisante, autant l'activité des
ouvriers catholiques est, tout au contraire, silencieuse, presque cachée ; si elle accomplit une excellente besogne constructive, elle n'a recours à aucun
de ces procédés éclatants qui ont du moins l'avan-

tage de fouetter l'opinion, de la surexciter, de lui donner l'élan, l'ardeur, l'enthousiasme. De la sorte, l'opinion de la masse indifférente, sans cesse sollicitée par l'œuvre révolutionnaire, penche vers elle, y glisse peu à peu et finit par entrer toujours davantage dans sa sphère de rayonnement.

L'organisation ouvrière catholique, à Saragosse, date des environs de 1909. Elle est l'œuvre d'un prêtre, professeur au séminaire, et d'un professeur à la Faculté de Droit. *L'Action sociale catholique* abrite, dans un vieux palais, un syndicat agricole prospère, une bibliothèque roulante qui obtient un grand succès, une école d'enfants, un cercle de jeunes gens avec café, bibliothèque, salle de conférences et salle de théâtre. Dans un autre ancien palais, sont installées une coopérative ouvrière de consommation et la Bourse du travail. Celle-ci comprend : les syndicats ouvriers (1), une école d'enfants, un patronage, une bibliothèque, un cercle (2), un théâtre, une école du soir, une école de musique, une école de dessin, une pharmacie. A huit heures du soir, un lundi, à l'heure où tout Saragosse ouvrier

1. Le syndicat catholique des ouvriers métallurgistes compte quatre-vingts associés ; le syndicat socialiste en compte deux cent cinquante.

2. Un dimanche, à quatre heures de l'après-midi, dans les trois salles du cercle, je compte cent cinquante associés qui prennent leur café en jouant aux dominos ou au billard.

ou bourgeois se livre aux douceurs de la promenade, du *paseo*, je vois une vingtaine de jeunes gens de quinze à dix-huit ans travailler dans la salle de l'école du soir et j'en compte huit dans la salle de l'école de dessin. L'Espagnol n'a pas le goût de la lecture; les efforts faits pour le susciter dans la classe populaire échouent généralement. Les œuvres sociales catholiques y ont néanmoins réussi avec leur bibliothèque roulante et, pour davantage promouvoir ce goût de la lecture, ont installé *Calle Don Jaime* une « Librairie coopérative » qui compte une intéressante série d'ouvrages à un franc relatifs aux problèmes sociaux, la plupart traduits de l'italien, de l'allemand ou du français, notamment *Ketteler*, par Goyau ; *les Esclaves chrétiens*, par Allard ; *Les grandes lignes de l'économie contemporaine*, par Victor Brants ; *L'éducation économique du peuple allemand*, par Georges Blondel ; *Frédéric Le Play*, par Auburtin ; *Les associations agricoles en Belgique*, par Max Turmann ; *La participation aux bénéfices*, par Paul Bureau, etc.

Les syndicats anticléricaux de Saragosse ont déployé les plus grands efforts pour empêcher les syndicats catholiques de naître et de se développer. Lorsqu'il se trouvait, par exemple, trois ou quatre syndiqués catholiques dans un atelier qui comptait des syndiqués anticléricaux, ceux-ci mettaient le patron en demeure de renvoyer leurs camarades, sous peine de grève immédiate. Les patrons, même des patrons catholiques, cédaient à la menace. Partout ailleurs, en Espagne (1), on constate la même politique oppressive : la « tolérance » libre-penseuse, l' « humanitarisme » jacobin, la « justice » laïque, la « solidarité » civique suscitent le recours à de semblables moyens de coercition : menaces, vexations, violences. Lorsque le premier groupe syndical de cheminots catholiques s'est constitué, à Valladolid, le syndicat socialiste a menacé de le dissoudre par la force, a tenté de représenter ses membres comme des « traîtres » à la classe ouvrière et a prétendu contraindre, au besoin par la violence, les cheminots catholiques à entrer dans le syndicat socialiste (2). Néanmoins, le mouvement d'organisation des cheminots catholiques a reussi à s'étendre à Madrid et à d'autres villes. Les mêmes vexations et persécutions ont été subies par les mineurs catholiques syndiqués de la province des Asturies, de la part des syndiqués socialistes anticléricaux qui prétendaient également les contraindre à faire partie de leur association (3). On ne sera pas surpris d'apprendre que l'*Ayuntamiento* libéral de Saragosse subventionne les sociétés de résistance et ne subventionne pas les syndicats catholiques d'ouvriers.

1. Il en est de même en Belgique.
2. V. *El eco del pueblo, semenario obrero,* de Madrid 14 janvier 1913.
3. V. *El eco del pueblo,* de Madrid, 14 janvier 1913.

L'organisation catholique ouvrière s'est dévelop-
pée au milieu de cette hostilité agressive. Il lui
manque une direction plus active, plus vivante, une
coordination plus étroite entre ses divers groupements. Il lui manque surtout de n'avoir pas réussi
encore à vaincre l'indifférence des catholiques et
même du clergé.

A mon arrivée à Saragosse, je prends un frugal
repas dans une modeste *Casa de comida* voisine de
la gare de Madrid. Il s'y trouve deux ouvriers, un
sous-officier d'artillerie et un paysan. L'un des
ouvriers joue sur la guitare *la Marseillaise* : il y met
toute son âme. L'autre ouvrier et le sous-officier
marquent du pied fébrilement la mesure ; leurs yeux
brillent d'enthousiasme. Le paysan, qui est resté
silencieux, immobile, prend la guitare à son tour et
commence à chanter un chant d'amour ; ses yeux
noirs, sous l'arc des sourcils, sont noyés d'extase ; il
a le nez busqué de ceux qui envahirent l'Aragon et
qui s'y établirent pour près de quatre siècles ; il a les
joues et les lèvres rasées de ces héros que Bonaparte
n'a pu dompter ; il chante d'une voix de tête à la mode
africaine, un chant passionné dont la phrase s'arrête
court comme si l'amoureux avait été surpris par la
mort. Et voici qu'à l'unisson de sa voix se met la voix
perçante de l'enfant du cabaretier ; son cou se gonfle,

les vaisseaux se tendent comme des cordes ; ses yeux
flambent, noirs de cils au point qu'on les croirait
soulignés par un trait de kohl. C'est le cri séculaire,
l'âme exaltée de passion et de douleur des Hispano-
Moresques. Les murs sont blanchis à la chaux ; un
tapis de pailles multicolores est tendu en arrière du
banc pour que l'on s'y adosse. Ce décor, ce chant évoquent, avec les grands déserts lumineux et les rives
si douces de la Méditerranée, des siècles d'héroïsme
et de gloire où l'Espagne apparaît magnifique et qui
rendent plus douloureuse la pensée des crises où
se débat si tristement notre civilisation finissante.

Je descends dans une *posada* voisine du marché,
très modeste, fréquentée par les gens de la campagne,
et l'on me prend quatre pesetas par jour, prix de
pension. Les murs sont blanchis à la chaux, le sol
est carrelé, tout est propre et pauvre. Le mobilier
d'une chambre ? Un lit de fer, une petite toilette de
fer, une table et quelques chaises. La salle à manger ?
deux tables de bois blanc sur tréteaux et une paire
de bancs pour chacune d'elles. Le menu est invariablement le même : à midi, soupe grasse au vermi-
cello, pois chiches et pommes de terre, bœuf bouilli,
avec lard et saucisses, maigres côtelettes de mouton cuites en ragoût avec tomates, salade ; à sept heures, le soir, seulement des pois chiches, un ragoût de
maigre volaille et une salade. Ni couteau ni serviette.

Je me mets ensuite en quête d'un logement. Je

parcours les étroites rues des quartiers populaires,
le nez en l'air, en quête du balcon porteur du fragment de papier blanc qui indique, suivant l'usage,
la présence d'une chambre à louer. Par un heureux
hasard, je découvre rapidement ce qui me convient,
dans un quartier pauvre, voisin de l'Université :
c'est, au troisième étage d'une maison occupée par
des ménages d'ouvriers, non pas une chambre, mais
ce qu'on appelle un appartement pour famille ouvrière. On entre dans une cuisine de deux mètres
sur trois et, de là, dans une chambre de quatre
mètres sur quatre, accrue d'une alcôve de deux
mètres sur deux. Une grande fenêtre avec balcon
s'ouvre sur la rue, donnant beaucoup d'air et de
lumière. Le sol est carrelé ; les murs et le plafond,
blanchis à la chaux. Le logement et l'escalier commun sont d'une grande propreté. Le loyer est de
9 fr. 50 par mois, sans meubles. La propriétaire
s'offre à me fournir un lit garni, une toilette, deux
chaises et une table. Mon loyer sera alors de 11 fr.,
y compris le service. L'éclairage et le blanchissage,
est-il spécifié, restent à ma charge. Le marché est
aussitôt conclu. Quelques heures plus tard, le logis a
reçu son mobilier ; en outre, la propriétaire a orné
le mur d'une petite glace et d'un grand tableau de
Notre-Dame du Carmel. Comme de coutume, une des
vitres de la fenêtre, brisée, n'a pas été remplacée (1).

1. Je lis, un jour, dans les petites annonces de *La Cronica*,

Les *casas de comida* sont rares, petites, mal installées et peu fréquentées, surtout le soir. Il y a, en
effet, à Saragosse, très peu de population ouvrière
flottante et, la ville n'étant pas très étendue, l'ouvrier peut habituellement rentrer chez lui prendre
ses repas, ce qui est toujours plus économique. Quelques-uns de ces petits restaurants populaires se rencontrent dans les quartiers excentriques : encore y
ai-je vu souvent des ouvriers consommer le repas
apporté de chez eux et se borner à acheter un peu
de vin. D'autres mangent, dans la rue même, la
nourriture qu'ils ont apportée le matin ou que leur
femme apporte à midi. Près de la *Puerta del Car-
men*, à midi, dans une de ces petites *casas*, fréquente un certain nombre d'ouvriers ; j'en compte
une dizaine ; quatre jeunes gens occupent une table ;
dans la partie opposée de la salle se tiennent deux
jeunes ouvrières ; des grossièretés et de grands éclats
de rire s'échangent entre les deux groupes ; il y a
deux autres ouvriers isolés et un ménage qui a
apporté son repas. Mon déjeuner se compose de
pain, haricots blancs, mouton aux tomates, salade ;
le tout pour o fr. 55. Une autre fois, j'y dîne de
choux, poisson, orange, pain, pour o fr. 65. Dans

quotidien « Indépendant » paraissant à Saragosse : « Hôtes.
« — On recevrait trois hôtes ouvriers, sept réaux (1 fr. 75)
« de pension par jour, blanchissage compris. » Pour le
logement, la nourriture et le blanchissage, ce n'est pas cher.

une autre *casa* voisine, un repas composé de haricots blancs, agneau bouilli. orange e. pain, me coûte
0 fr. 90.

Plaza Duque de la Victoria, dans une *casa de
comida,* je trouve une tablée d'habitués et de pensionnaires : quatre ouvriers de dix-huit à vingt-cinq
ans et trois hommes de la campagne, âgés de quarante à cinquante ans. Deux des ouvriers, originaires d'un *pueblo* d'Aragon, paient cinq réaux (1 fr. 25)
par jour pour la nourriture et le logement (c'est-à-
dire un lit dans une alcôve voisine). Le déjeuner
comprend : soupe grasse au vermicelle, pois chiches
mêlés de choux et pommes de terre, puis de la
viande, c'est-à-dire un peu de lard avec une rondelle
de saucisson et un minuscule morceau de bœuf
boulli composé de peau et de gras ; enfin, de la salade
apportée dans un plat auquel chacun pique avec sa
fourchette ou puise avec ses doigts. Avec le pain,
j'en ai pour quarante-cinq centimes. Les convives
échangent d'abondants propos dépourvus d'intérêt,
émaillés de blasphèmes et coupés de plaisanteries
d'une obscène crudité que le plus vieux des paysans
adresse à la patronne ; celle-ci lui donne vigoureusement la réplique. Accroché au mur, un tableau de
la Vierge du Pilar préside à ces joyeux propos. J'entends l'un des ouvriers affirmer son indifférence à
l'égard des associations ouvrières et se féliciter qu'il
n'en existe point dans son métier ; un autre répond

qu'il n'y a pas davantage de syndicats dans le sien ;
mais il le regrette car il les trouve très utiles ; il
reproche aux gens de Saragosse de ne s'intéresser
qu'aux courses de taureaux. Comme je paie mon repas, l'enfant qui reçoit mon argent au comptoir l'en-
caisse en dégorgeant l'immonde blasphème qui s'entend dans cette ville avec une incroyable fréquence.

Dans le centre de Saragosse, je dîne dans une
petite *Casa de comida* où de nombreux ouvriers
viennent boire un verre de vin : pour un morceau de
pain, un œuf à la coque, une côtelette et une salade,
on me fait payer soixante centimes. Près de la Place
de la Constitution, je paie quatre-vingt-dix centimes
pour le menu suivant : haricots blancs, poulet en
ragoût et pain ; et un franc vingt pour un autre
repas comprenant deux œufs à la coque, poulet en
ragoût et pain.

Dans les quartiers ouvriers de l'ouest de la ville,
au delà du marché et non loin de la *Casa del pueblo*,
les Sœurs de Saint-Vincent de Paul administrent
une *Tienda economica* (fourneau économique) très
fréquentée par les travailleurs et les pauvres gens,
mais qui, faute des ressources que trouve à Barcelone l'institution similaire, lui reste très inférieure.
J'y déjeune, pour vingt centimes, d'un morceau de
pain et d'une portion de bœuf aux pois chiches. On
ne fournit pas de couvert, mais seulement une cuiller en bois.

Dans une *Casa de comida* du petit marché Saint-Pierre-de-Nolasque, je paie un franc pour haricots blancs, côtelette aux pommes, deux œufs à la coque et pain ; la côtelette, grande comme une pièce de cinq francs, est comptée cinquante centimes. Une autre fois, le même menu sans côtelette me coûte soixante-quinze centimes ; or, les œufs sont partout affichés un franc la douzaine ; c'est donc assez cher. Le menu comporte invariablement le *cocido*, c'est-à-dire des pois chiches avec un peu de viande bouillie. Un ouvrier, à côté de moi, a déjeuné pour cinquante centimes avec un sou de pain, un sou de vin, deux sous de soupe (quelques cuillerées de bouillon où nageait un peu de vermicelle) et le *cocido*. Un ouvrier ne peut dépenser davantage (les manœuvres gagnent 2 fr. 5o) et il n'y a qu'un Espagnol qui puisse s'accomoder de cette alimentation.

J'ai fini par devenir un habitué d'une petite *Casa de comida* voisine de la place du grand marché, très pauvre, malpropre, mais très fréquentée et où la nourriture est plus abondante et mieux préparée : un repas avec une bonne côtelette, une portion assez copieuse de haricots blancs et un morceau de pain, me coûte cinquante-cinq centimes. Un jour, une femme d'une cinquantaine d'années y a dîné avec cinq centimes de vin, dix centimes de haricots blancs et dix centimes de poisson. Un paysan, ayant achevé de manger, dort le nez sur la table, la tête reposant sur ses bras croisés. Un autre paysan, son voisin, gêné par ses coudes et un peu serré sur le banc, le réveille et lui crie d'aller dormir dehors. Les deux hommes, qui ont chacun une cinquantaine d'années au moins, se mettent aussitôt à s'injurier et à se menacer. La patronne et les autres clients interviennent pour les séparer et empêcher qu'ils se battent, ce qu'ils obtiennent à grand'peine, les deux vieux continuant à se crier des insultes et à s'efforcer d'écarter les sept ou huit pacificateurs pour échanger des coups. Ce petit incident met en évidence le caractère violent, querelleur et batailleur des Aragonais, et l'on m'assure que, d'ordinaire, les vieux sont encore moins raisonnables à cet égard que les jeunes gens. Une autre fois, à ma table prennent place trois ouvriers, une femme et un enfant, et l'un des ouvriers lit et commente aux autres le venimeux *El Motin*. Assez habituellement, j'y retrouve un jeune ouvrier métallurgiste, d'une quinzaine d'années, à qui sa sœur, âgée d'environ douze ans, apporte chaque jour dans un panier son repas et aussi, par voie de conséquence, le sien. Elle est souriante, prévenante, gracieuse comme serait une jeune femme. Lui, vêtu de cotte bleue, c'est déjà l'homme, le maître, l'égoïste qui se laisse soigner, se fait servir, silencieux, presque grognon. Elle commence la dernière à manger ; la première, elle a fini ; en mangeant, elle l'a servi, a rempli son as-

siette et son verre, coupé le pain. Lui, il mâche.
Enfin, il a terminé, il se renverse en arrière,
s'adosse au mur, le regard dans le vide. Elle s'empresse encore, elle prépare le panier, elle s'apprête à retourner à la maison. Mais elle n'a pas eu
le temps d'achever ses petits préparatifs qu'il a déjà
gagné l'autre bout de la table, près d'un camarade,
et il mord dans un dernier morceau de pain ; le nez
dans *Heraldo de Aragon*, contre son camarade, il
broute.

La clientèle ordinaire de cette *casa* se compose
surtout de manœuvres et de paysans venus travailler à la ville, jeunes ou vieux à visage rasé, aux
traits vigoureusement sculptés, aux fortes mains ;
ils portent souvent la petite blouse coürte, damassée
et galonnée. En mangeant leurs haricots, les jeunes
font « Psst ! » à toute femme qui passe dans la rue
et pincent la bonne chaque fois qu'ils le peuvent. Il
y a là aussi, d'habitude, un métallurgiste en grève,
deux ouvriers qui raillent la patronne parce qu'à
l'occasion de la fête constantinienne elle a épinglé
une petite croix rouge à son corsage ; deux petits
ouvriers, de quinze à dix sept ans, maigres et misérablement vêtus ; un autre, d'une vingtaine d'années, dont les traits, l'expression du visage, la
coupe de cheveux font penser à un apache parisien.
Tous, ces éléments, dans un autre milieu — le nôtre
— pourraient devenir un danger social, une menace

incessante ; mais ils ne trouvent pas encore ici un gouvernement qui les groupe, les organise en sous-main, et, de temps à autre, les démusèle et les lance côntre ses ennemis. L'Espagne a déjà le gouvernement des mauvais, mais pas encore celui des pires. Plusieurs fois, j'y vois des péons, aide-maçons, jeunes gens d'une vingtaine d'années venus de la campagne, faire leur repas avec deux portions de haricots qui leur coûtent vingt centimes, un morceau de pain de dix centimes et du vin pour dix centimes : à plusieurs reprises, au cours d'une conversation quelconque, des plaisanteries s'échangent sur les *cura* et les *frailes*. Deux fois, les curés sont vivement attaqués par un ouvrier, homme de trente-cinq à quarante ans, encore habillé comme les gens de la campagne. L'effort actuel de la propagande anticléricale, qui alimente les têtes échauffées, porte contre le budget des cultes ; les feuilles libérales et républicaines ou socialistes insistent sur les charges qui en résultent pour le contribuable, sur le traitement des évêques et des prêtres dépeints comme des affameurs, cause de ruine pour le pays. Un jour, un cultivateur à la figure large et grasse, rouge, joviale, encadrée de cheveux blancs, entre bruyamment, tempête, blasphème et, devant son assiette de haricots de dix centimes qui compose avec un morceau de pain tout son repas, il crie à tout le monde : « Quatre évêques viennent d'arriver pour

« les fêtes du *Pilar*. Ah ! ils mangent bien, ceux-là !
« c'est pas comme nous autres !... Et ils touchent de
« l'argent ! plus que nous qui avons à travailler
« toute la journée !... Et on les salue jusqu'à
« terre !... » Ses paroles ne trouvent aucun écho ;
mais la semence est jetée. Au surplus, l'opinion
opposée se fait parfois entendre. Trois paysans de
cinquante à soixante ans, étant venus prendre leur
repas, puisaient tous à la même assiette d'œufs frits,
quand l'un d'eux dit à son voisin : « ... Mais non !
« mais non ! ce n'est pas chez nous qu'est la *dis-*
« *gracia !...* La *disgracia* est en France !... En
« France, il n'y a que troubles, incendies, pillages,
« mais pas en Espagne... si ce n'est quelquefois à
« Barcelone !... » Une autre fois, tout à l'inverse, un
des clients, un ouvrier, s'adresse tout à coup aux
consommateurs : « Ce qui manque à l'Espagne, c'est
« *muchissima cultura* (extrêmement d'instruction),
« des écoles, de vastes écoles et encore de vastes
« écoles ! » C'est moins la quantité que la qualité des
écoles qui importe : l'école est un mal si elle est
mauvaise. L'homme ajoute : « Pourquoi l'homme
« est-il sur la terre ? Pour manger, pour dormir et
« pour... » (Le geste achève la pensée). Voilà la
cultura purement « laïque » : le parfait « laïque »
est un parfait animal. Il n'y a pas besoin de beaucoup d'écoles pour enseigner cette sorte de destinée
humaine : l'homme y peut descendre tout seul et

sans effort. A moins que l'on ne veuille ces « vastes écoles » pour hâter cette déchéance! A un autre repas, un ouvrier d'environ trente-cinq ans, veuf, qui fréquente la *casa* avec son fils, garçonnet d'une dizaine d'années, lui dit, en puisant dans la même assiettée de pois chiches : « L'ouvrier doit toujours « soutenir ses camarades dans la lutte contre le « capital. » Il lui donne ensuite des leçons de morale par l'exemple en lutinant la fille de la maison et la bonne qui a tête et regard de Joconde.

Un ouvrier peut ne dépenser que un franc vingt-cinq centimes par jour, à Saragosse, pour sa nourriture et son logement. Le béret bleu de Biscaye et de Navarre, dont il se coiffe, coûte soixante centimes et peut durer plus d'une année. Un complet en velours marron, sur mesure, coûte trente pesetas. Même si l'ouvrier n'est payé que 2 fr. 5o, il lui reste encore de la menue monnaie pour ses plaisirs : café, ciné, théâtre. La promenade, le *paseo*, ne lui coûte rien et c'est la grande distraction des Espagnols; toutes les classes y prennent part, longuement et passionnément. La *Calle Alfonso*, la *Calle Coso* et les arcades du *Paseo de la Independencia* sont le théâtre de cette grande agitation sur place qui dure, dans cette saison du printemps, depuis cinq heures de l'après-midi jusqu'à neuf heures du soir. Sous les galeries de la *Independencia* surtout, des bandes de jeunes ouvriers se mêlent à toutes les classes de la société dans le plus démocratique coude à coude et, au passage des groupes de jeunes filles, ils les courtisent brutalement par leurs paroles ou leurs bousculades.

Deux cafés où les consommations ne coûtent pas moins de vingt-cinq centimes, *Ambos Mundos*, tout au haut du *Paseo de la Independencia*, et *Cafe de Paris*, *Calle de Coso*, sont très fréquentés par la classe ouvrière. Dans les autres quartiers, on ne trouve que la populaire *tienda de vinos*. Le café au lait à cinq et dix centimes, avec cinq centimes de crêpes ou de pain, se prend le matin, en plein air, à deux petits éventaires du grand marché, ou au petit marché voisin de la poste, ou encore au Boulevard de la Circonvallation. Le *Cafe de Paris* est particulièrement envahi, le jeudi, après dîner : on a pu lire l'avis, écrit sur les glaces, que « jeudi soir, les « dames recevront un cadeau. » A neuf heures, la vaste salle regorge de familles d'ouvriers : l'homme est venu avec sa femme, ses enfants, le marmot dernier-né ; ils prennent leur café au lait de vingt-cinq centimes ; dans le brouhaha des conversations se perdent les notes du piano à queue sur lequel tape un artiste. Le *regalo* est d'une aimable simplicité : près de moi, une vieille femme a reçu un alcarazas de dix centimètres de hauteur et qui peut valoir un ou deux centimes.

Il y a cinq théâtres, avec des places de *paraiso*
à 15, 25, 35, 50 et 70 centimes, suivant le théâtre, la
durée et la nature du spectacle, et trois grands
cinés où un spectacle de cinq quarts d'heure coûte
quinze centimes.

Un jeudi soir, à 6 h. 30, le petit théâtre des *Nove-
dades* est plein de monde, surtout de soldats et
d'ouvriers. L'entrée coûte quinze centimes. On y
donne une *zarzuela*, qui dure une heure : petite
pièce absurde, pleine d'allusions et de gestes malpropres, émaillée de quelques propos anticléricaux
motivés par ce fait que l'un des principaux personnages est lecteur d'*El Motin* ; l'action se passe dans
le petit peuple de Madrid. L'assistance s'amuse
énormément des moindres propos grossiers, des
moindres bêtises.

Le *Salon Farrusini* donne des spectacles coupés — ciné et danses — pendant une heure pour
quinze centimes. Un dimanche soir, à cinq heures,
salle comble. Les danseuses déploient une grâce
inégalable dans le si joli style chorégraphique espagnol. Les jeunes gens dominent dans la salle, mais
il y a aussi des enfants et quelques familles, tous
gens du peuple. La dernière danse du programme
« est interdite par ordre supérieur » : l'annonce en
est faite par un grand tableau apporté au dernier
moment sur la scène. Aussi la chute du rideau pro-
oque-t-elle une tempête de sifflets et le public at-

tend quelques minutes avant de se résoudre à sortir.

Les représentations cinématographiques ont le plus grand succès et sont très courues, même en semaine. Un mardi soir, à huit heures, le ciné de la *Calle Coso* est plein de gens du peuple, aux places à quinze centimes, et ce public se renouvelle par séries. Les spectateurs semblent un peu inertes. La lecture, par l'assistance, de la légende explicative produit un léger brouhaha. Un employé du ciné, pendant que le film se déroule, explique le sujet : les Aragonais auraient-ils l'esprit un peu paresseux ? ou faut-il venir en aide à un trop grand nombre d'entre eux qui ne sauraient pas lire ? Certaines situations un peu dramatiques déterminent dans la salle quelques mouvements et exclamations. Je fais, le surlendemain, les mêmes remarques. Mais cette tranquillité des spectateurs n'est pas constante, car, un autre jeudi soir, dans le même ciné, je trouve un public très vibrant, violent même dans ses manifestations qui deviennent à certains moments tumultueuses. Rapprochant ces alternatives de frigidité et d'exaltation de celles que j'ai semblablement constatées au cours des réunions publiques, je crois pouvoir conclure que l'Aragonais reste très réservé, très fermé, très maître de soi jusqu'au moment où il se livre en livrant cours aux passions qu'il avait contenues : alors il passe brusquement à la manifestation violente et à l'action brutale. Au ciné du *Paseo* de l'Indépendance, un jeudi à six heures, les petites places à quinze centimes sont pleines d'enfants, de femmes en cheveux, venues sans avoir pris la peine de quitter leur tablier, de soldats, de gens de la campagne, d'ouvriers désœuvrés : des exclamations soulignent diverses scènes assez émouvantes ; un cheval, en tirant sur une corde, hisse au sommet d'une falaise son maître qu'il sauve ainsi d'une mort certaine ; on encourage le cheval par de vigoureux « *arriba !* » C'est surtout le public du dimanche qui se montre vibrant, nerveux, commentant les phases du spectacle, interpellant les ombres. Le film d'une *corrida* provoque des cris d'émotion, des apostrophes et l'enthousiasme général. Dans ces différents films, je trouve bien moins souvent qu'à Barcelone des attitudes amoureuses trop osées. Mais le thème de beaucoup des pièces cinématographiées est immoral : il n'est presque toujours question que d'adultère. Le ciné vulgarise le théâtre et sous sa forme physiquement la plus impressionnante. Les arrestations de malfaiteurs par des agents de police provoquent les coups de sifflet d'une partie du public et les applaudissements des autres spectateurs. Le film d'un voyage du roi fait apparaître sur l'écran Alphonse XIII ; aussitôt, éclatent simultanément un petit nombre d'applaudissements et un petit nombre de coups de sifflet, par parts égales ;

la grande majorité du public ne manifeste pas. Je
vois un film sur « la guerre franco-allemande » de
1870, fabriqué en Allemagne *ad majorem Germa-
niæ gloriam* : il est salué par les vifs applaudissements d'une partie de la salle. Mais la démarche
ridicule des soldats allemands, leur allure de pan-
tins disloqués, si prodigieusement grotesques, excite
chaque fois une hilarité générale.

A) TANNEURS

Les ouvriers tanneurs gagnent de 3 fr. 50 à 4 fr. 25.
Mais, un chômage partiel sévissant sur la tannerie,
j'éprouve quelques difficultés à me faire embaucher.
Je renouvelle une première tentative infructueuse
en me proposant d'insister pour obtenir au moins
quelques journées de travail qui m'aideraient à
vivre. Mais je ne rencontre ni patron ni contremaître : c'est un ouvrier qui vient à moi, l'œil dur, et
m'accuse d'avoir volé, la veille, dans la tannerie,
une montre et une *navaja*. Cette manifestation inat-
tendue m'ahurit au point que, tout d'abord, je m'imagine qu'il me demande si je n'ai pas perdu ces
objets et je l'assure qu'il n'en est rien. « Je vous dis
« que si ! » réplique-t-il avec colère.« Mais, m'écrié-je,
« puisque la voilà, ma montre ! » Le quiproquo
s'éclaire aussitôt : c'est moi qui lui aurais volé sa

montre. « Mais où donc ? quand donc ? — Dans ce
« bâtiment, hier matin, à sept heures. » Et il me désigne une annexe de la tannerie, séparée de celle-ci
par la rue. « Ce bâtiment ?... Mais j'ignorais qu'il
« appartînt à la tannerie et je n'y ai pas mis les
« pieds. En outre, je suis venu à sept heures et de-
« mie. — C'est tout de même vous qui avez pris le
« *reloj* et la *navaja* ! On ne vous a pas vu entrer
« dans ce bâtiment, voilà tout ! Mais vous y avez
« tout de même été ! — Mais non. — Je vous dis que
« si ! » Et ses yeux fouillent mes yeux pendant que
deux apprentis l'approuvent du geste. L'accusation
tombe inévitablement sur l'ouvrier de passage,
l'étranger, le nomade, l'inconnu : on sait combien
ont fréquents les larcins d'atelier ; je fournissais
au coupable un *alibi* commode. L'homme s'éloigne
enfin, farouche, et le plus âgé des apprentis me
dit : « On ne prétend pas que ce soit vous. Mais on
« l'a supposé parce que vous êtes venu à peu près à
« l'heure où la montre et le couteau ont disparu. »
Il m'invite à attendre l'arrivée du patron, puis à
repasser un peu plus tard. Lorsque je reviens, le
patron allègue encore le chômage qui ne lui permet
pas de me donner du travail. Quelles sont longues,
ces journées d'oisiveté ! Quelles sont dures pour
l'homme qui attend du travail de chaque jour le
pain de chaque jour ! Du moins, dans ce beau pays
où l'hiver est bref, le printemps peu pluvieux, l'été

précoce, le climat ne rend-il pas pénibles les longues
promenades forcées. Je descends, l'après-midi, sur
les bords de l'Ebre, à sa sortie de Saragosse: le
fleuve glisse avec un léger bruit de râpe sur son lit
de cailloux ; il quitte la ville entre deux berges
nues pour se border presque aussitôt d'une double
frange de bouleaux ; il fuit dans cette masse de
verdure qui cache les riches cultures de la plaine
et l'on dirait qu'il entre dans une région où la nature, abandonnée à elle-même, reprend loin des
hommes sa maîtrise souveraine. Le ciel immense
flamboie Il enveloppe et écrase toutes les campagnes. Au loin, vers l'est, c'est un tumulte de
petites montagnes grises, complètement nues, et
lumineuses, légères comme une illusion des yeux.
Tout près, sur l'autre rive, une rangée d'ifs hérisse
la bordure d'un champ de blé vert. Une brise très
douce remonte le fleuve. A quelques mètres de là,
dans les champs, c'est la chaleur écrasante, la terre
calcinée, l'odeur de l'herbe, le bourdonnement des
mouches, le ramage d'oiseaux invisibles: on se croirait dans nos campagnes par un lourd après-midi de
juillet. Et cependant, non! Ce paysage riche et rude,
tout en contraste de montagnes désolées et d'une
plaine étonnamment fertile, cette terre aride et
féconde, cette lumière ardente, cette atmosphère
d'une surprenante pureté, ce n'est pas « chez nous »,
mais l'Afrique prochaine et même l'Orient.

Le lendemain matin, je retourne mendier du travail. Le patron finit par céder à l'importunité de mes instances et m'accueille pour quelques jours. Il avertit le contremaître que je suis étranger au métier et lui dit de me mettre à travailler sous la direction d'un autre ouvrier. Je commencerai ma journée l'après-midi même, à une heure trente (1).

J'arrive quelques minutes avant l'heure. Plusieurs de mes nouveaux compagnons et les jeunes apprentis sont déjà là : tous m'accueillent d'une façon plutôt aimable. Je ne suis pas placé dans l'équipe des ouvriers en sabots, chargés de racler les peaux brutes, et à laquelle appartient l'homme qui m'accusa d'avoir volé sa montre et son couteau, mais dans l'équipe des ouvriers qui, au premier étage de la tannerie, assouplissent les peaux après qu'elles ont subi déjà diverses préparations. Les ouvriers plaisantent entre eux. Les apprentis blasphèment. Les uns et les autres disent, avec indifférence : « Alors, on ne travaille pas demain, Premier Mai ? « — Non, c'est fête ; on ne viendra pas à l'atelier. » Nous quittons nos vestes. On me désigne mon compagnon. Nous descendons chercher des peaux, nous les étalons sur une table de marbre. Mon compagnon, Jose, me passe un racloir, me montre la

1. La machine à vapeur de la tannerie a été remplacée par une prise de force électrique. Le métier de conducteur de machine disparaît, ici comme à Barcelone.

façon de le tenir et de le manœuvrer, et me voilà
tout l'après-midi raclant du cuir à son exemple.

Jose a vingt-cinq ans. C'est un bavard. Tout en
raclant, nous bavardons. Il se répand en généralités
sur l'Espagne et fait étalage de ses connaissances en
géographie espagnole ; il tient à me nommer les diverses provinces et leurs principales villes ; il me
dit que les Valenciens, les Catalans et les Basques
parlent une langue spéciale ; il relève les différences
d'accent ou de prononciation des autres provinces
qui parlent castillan. Il ajoute que l'anglais est aisé
à apprendre, que le français au contraire est difficile et ne se prononce pas comme il s'écrit ; il dési-
rerait beaucoup l'apprendre : « On l'enseigne dans
« nos écoles et beaucoup d'Espagnols le parlent...
« J'ai des amis aragonais à Marseille... Il y a aussi
« beaucoup d'Aragonais à Madrid et il y fonctionne
« un Centre aragonais ; mes compatriotes sont éga-
« lement nombreux à Barcelone où un Centre arago-
« nais a été ouvert ; mais les Catalans ne nous aiment
« pas ; ils n'aiment pas davantage les Espagnols des
« autres provinces, ni les étrangers ; ils sont très
« jaloux. Nous autres, nous sommes plus *brutos*
« (trustes et brusques) que les Catalans, mais plus
« hospitaliers... » C'est très vrai. A Barcelone, il a
été impressionné par l'ampleur du corsage des Catalanes. « ... Pendant la guerre de l'Indépendance
« (contre Napoléon) les Français se sont répandus

« dans toutes les provinces, mais ils n'ont pas pu
« s'installer ici ; ils ont réussi à pénétrer dans Sara-
« gosse, mais ils ont dû en repartir aussitôt... A Ge-
« rone aussi... C'est le Deux Mai qu'ils ont été
« obligés de quitter Madrid... » Il s'interrompt :
« Tenez le racloir plus droit ; autrement, l'ongle du
« pouce, qui est placé en arrière, pourrait écorcher le
« cuir. » Il n'a vu Paris qu'au cinématographe. Il
sait que le Président de la République s'appelle
Poincaré et que nous appelons boulevard une rue
plantée d'arbres. Il s'intéresse beaucoup aux nouvelles de l'étranger et lit *La Correspondencia de
España*, grand quotidien conservateur qui publie de
nombreux articles sur la France et sur d'autres pays
d'où lui parviennent des informations particulières.
« Nous pensons ici, ajoute-t-il, qu'avec la Répu-
« blique nous serions plus heureux... Mais je ne
« crois pas qu'elle s'établisse en Espagne ; je crois
« qu'il y aura toujours un roi. » Son esprit flotte au
gré des courants d'opinion : « Le gouvernement
« cesse d'enseigner la doctrine chrétienne (1) ; il
« veut aussi cesser de payer les curés. C'est à cause
« de cela que Canalejas a été assassiné... » Telle est
la légende anticléricale qui a été mise en circulation

1. Telle est son interprétation de la portée du décret Romanones portant suppression de l'obligation, pour tous les
élèves des écoles publiques, de recevoir l'enseignement du
catéchisme.

à ce sujet. Voici celle, inévitable, de la richesse des
congrégations : « La France a chassé les curés et les
« *frailes* : ils sont venus en Espagne, surtout en Ara-
« gon. Ce sont les plus riches de toute l'Espagne ; ce
« sont eux qui ont le plus d'argent... » Il dit cela
sans aucune acrimonie : « ... Et aussi les meilleurs
« collèges ; ils donnent le meilleur enseignement... »
Puis, brusquement, il me pose la question qu'ils ont
certainement à cœur, lui et ses camarades : « Comp-
« tez-vous continuer à travailler dans la maison ? —
« Oh ! non, lui dis-je. D'abord, ce n'est pas mon
« métier. Ensuite, il y a du chômage et le patron ne
« veut pas me garder ! J'espère trouver du travail
« la semaine prochaine. Votre patron ne m'a ac-
« cepté que pour quelques jours, pour m'assister ;
« mais il se refuse à garder un passant lorsque la
« moitié de ses ouvriers habituels souffre du chô-
« mage. -- Ah ! bien ! » Il paraît satisfait. Je lui
demande comment s'explique ce chômage : « C'est
« toujours ainsi au printemps. » Voilà contre quoi
l'organisation professionnelle devrait et pourrait
lutter. C'est contre le chômage, accidentel ou normal, qu'il y a lieu de constituer une société de résistance. Les ouvriers au milieu desquels je me trouve
n'appartiennent à aucune société ouvrière. Jose sait
que la durée du travail est la même en Espagne et
en France et qu'en France les salaires sont plus élevés, mais la vie relativement plus chère.

Le surlendemain, Jose continue à me tenir ses propos abondants et variés qui montrent sa curiosité, son désir d'apprendre, son intelligence vive, souple, toujours en éveil, mais aussi, hélas ! la pauvreté de ses informations, le pêle-mêle superficiel de ses idées, son ignorance réelle et cette absence de principes directeurs qui le met à la merci de tous les souffles de l'opinion. « J'ai lu beaucoup de romans « français, me dit-il. Je connais *La Tour de Nesles :* « elle est bâtie sur les bords du *rio* de Paris, n'est-ce « pas ? — Elle est démolie. — Démolie ?... Ah !... Il « y a longtemps ?... » Voilà l'effet de ces romans sur ces esprits incapables de contrôler leurs lectures : ils confondent le roman historique et l'histoire et prennent pour des réalités actuelles les choses d'autrefois. Le roman exerce une action déformante manifeste. « .. J'ai lu aussi *Catherine de Médicis :* « c'était une mauvaise reine... Et *le Secret de l'en-* « *fant de l'Avenue du Bois :* c'est à Paris, n'est-ce « pas, l'Avenue du Bois ? Il y a un Arc de Triomphe, « à Paris. Il y a aussi une cathédrale dont j'ai oublié « le nom, mais que j'ai vue au ciné... C'est au palais « de l'Elysée qu'habite le Président Poincaré... C'est « le général Bazaine, n'est-ce pas ? qui a vendu au- « trefois des canons français ?... »

Nous travaillons de 6 heures du matin à 6 heures du soir, avec repos de 8 heures à 8 h. 3o et de midi à 1 h. 3o. L'heure de l'*almuerso*, huit heures, appro-

chant, « manger est meilleur que travailler », remarque Jose en riant ; et il poursuit sur le même
ton : « Et hier, jour de fête, valait mieux qu'au-
« jourd'hui. » Tout en poussant son racloir : « Le
« Président de la République française est socialiste ?
« — Non, républicain modéré. — Et le ministère ?—
« Radical. — En Espagne aussi, s'il y avait une
« République, ce seraient les radicaux... Nous
« autres, nous payons plus de soixante-dix mil-
« lions (1) aux curés ; nous payons le roi, les princes.
« Mais vous, vous ne payez pas les curés, ni le Pré-
« sident, ni les ministres, ni les députés !...» Telles
sont les couleurs sous lesquelles les républicains
espagnols dépeignent aux ouvriers, aux paysans,
aux employés et petits commerçants, l'état de la
France ; telle est la « culture » intellectuelle dont le
peuple espagnol est redevable à ses politiciens réfor-
mateurs ; sous l'influence de ces mensonges, les
Espagnols croient à la légende de la République idéale,
de la France pays de Cocagne et modèle à suivre.
«... Le Havre est une ville de France, n'est-ce pas ?
« — Et un port de mer. — Et Orléans ? C'est en
« France. C'est une des capitales ? — Capitale de
« province.—Plusieurs ouvriers d'ici ont travaillé en

1. Le budget des cultes espagnol est de quarante millions.
On sait que la suppression, en France, du budget des cultes
a été suivie d'une augmentation de un milliard du budget
total.

« France ; d'autres y ont des parents qui y tra
« vaillent... »

Pendant l'*almuerzo*, les ouvriers ne sortent pas :
ils mangent dans l'atelier même. Deux d'entre eux
se plaignent d'avoir le bras fatigué parce qu'ils ont
joué à la pelote, la veille. Jose a été au cinéma. La
conversation roule sur des sujets indifférents. Aucune
allusion n'est faite au Premier Mai, ni au meeting
de la *Plaza de toros*, ni à celui de la *Casa del pueblo*, ni à la grève des métallurgistes. Chacun a apporté son petit pot ou sa gamelle avec un peu de
viande et des haricots ou une omelette ; deux d'entre
eux seulement se sont munis d'une petite bouteille
de vin : les autres boivent de l'eau à la cruche de
l'atelier.

Après quoi, nous reprenons notre tâche. Je
racle, nous raclons : d'abord avec un racloir de
pierre, puis avec un racloir plus fin, en fer, pour
chasser la graisse dont le cuir a été imprégné et
l'eau qui l'a pénétré. Ce n'est pas fatigant. Et tandis
que nous poussons, courbés sur la table, nos instruments, mon compagnon me demande si j'ai
trouvé du travail à la Fonderie. Je réponds que je
recevrai la réponse dimanche, mais que je crains
que la grève ne fasse difficulté. « Oh ! s'écrie-t-il,
« elle sera finie ! Les métallurgistes se sont mis en
« grève en petit nombre et sans savoir pourquoi.
« Pour réussir, il leur faudrait une grève générale

« de la métallurgie dans toute l'Espagne... » (C'est
justement dans cet espoir que les comités de Barcelone et de Madrid ont enjoint aux métallurgistes de
Saragosse de faire grève : ils ont pensé avec raison
que le fait de déclarer la grève la susciterait et ils
ont imaginé que, peut-être, une grève partielle se
généraliserait.) «... Ils veulent les neuf heures, con-
« tinue t-il. Ici, les maçons, les charpentiers et les
« autres ouvriers du bâtiment ne travaillent que
« neuf heures. Huit heures, ça suffirait ! Les métal-
« lurgistes ne gagnent pas autant ici qu'à Barcelone...
« Il y avait un meeting, hier, à la *Plaza de toros*. —
« Oui, j'y suis allé et je n'y ai trouvé que bien peu
« de monde. -- Ça n'a plus de succès depuis que des
« grèves ont échoué. » L'ouvrier ne conçoit guère
l'action que sous la forme de la lutte violente ; il a
surtout l'idée de l'effort destructeur et non celle de
l'effort constructeur, état d'esprit dont la responsabilité remonte à la situation économique issue de la
Révolution française qui a refusé à l'ouvrier toute
organisation professionnelle, aux idées qu'elle a
répandues sur la vertu rénovatrice des révolutions,
à la situation politique qu'elle a créée et qui livre
l'ouvrier à l'exploitation des politiciens.

A midi, je vais prendre mon repas dans une *Casa
de comida* voisine, sur une table recouverte d'une
feuille de zinc ; pour tout couvert, une cuiller de
bois. Pour soixante-dix centimes, je mange des

haricots blancs, un peu de ragoût d'agneau aux pommes de terre et un œuf à la coque. Trois ouvriers d'une autre tannerie déjeunent à une table voisine ; ils semblent âgés d'une quarantaine d'années ; ils échangent quelques plaisanteries sur les *cura* et les *frailes* et assaisonnent leurs conversations de multiples « *Me cag...e...D...!* » blasphématoires. C'est pitié de voir ces pauvres gens, infériorisés et péjorisés, se gausser de ce que la société renferme de meilleur. Tout ce qui fait la supériorité de l'homme a disparu de ces malheureux anticléricalisés : plus d'idées morales et même plus d'idées du tout : rien que des instincts ; ils sont animalisés par les doctrines que de misérables imbéciles ont appelées morale humaine et religion de la vie.

L'après-midi, Jose et moi nous sommes chargés de monter à l'étage supérieur des peaux, de les étendre sur une table pour les enfiler dans un bâton, puis de les suspendre au plafond. Des fenêtres élevées du bâtiment, il me montre l'Èbre, des restes de vieux remparts et il me dit : « On s'est beaucoup « battu par ici contre les Français. Et puis aussi à « la porte du Carmel. Ils sont entrés dans Saragosse « par le *Torero...* » Et il ajoute bien d'autres détails ! Quelle erreur fut cette guerre ! Quels souvenirs elle a laissés contre nous ! Comme elle fut injuste, impie, inhumaine, anti-française, cette guerre ! Napoléon, jacobin et héritier des Jacobins, l'a entreprise

dans leur esprit autant que par ambition personnelle. Il fallait détrôner des Bourbons, faire la
guerre à une nation catholique, autant que conquérir un trône à un Bonaparte. Cette guerre a
causé la ruine matérielle et morale de l'Espagne :
perte des colonies, destruction des manufactures, ino-
culation des idées libérales, le pays indéfiniment
divisé contre lui-même et tombé vis à vis de la France
et de l'Angleterre dans un demi-vasselage politique
et moral. L'Espagne n'a pas achevé sa guerre de l'Indépendance : chasser les troupes de l'envahisseur,
ce n'est rien ; le tout est d'éliminer les poisons intellectuels et moraux dont la péninsule a été imprégnée.

Nous retournons racler. Et il me demande : « Est-
« ce que la religion, en France, est la même qu'ici ?
« Il y a des pays où elle est différente, par exemple,
« en Afrique, les *Moros*, et, en Angleterre, les pro-
« testants... Les Français se marient peu, tard et
« ont peu d'enfants ; nous autres, nous nous marions
« entre dix-huit et vingt-cinq ans, les femmes dès
« quinze ans ; et les enfants ne manquent pas... Les
« p... non plus ; toutes les femmes sont des p..., et
« pas seulement les Espagnoles... Combien payez-
« vous de loyer ?... Une chambre seule ne vous au-
« rait coûté que six à huit pesetas. La vie n'est pas
« chère en Espagne : pour la nourriture et le loge-
« ment, je ne dépense que 1 fr. 75 par jour. Dans
« les *pueblos*, l'habitation ne coûte presque rien ;

« mes parents paient dans leur *pueblo* trente pesetas
« par an pour une grande maison qui contient une
« chambre assez vaste pour loger huit lits et une
« cuisine de même dimension, sans compter les
« dépendances. Tenez !... » (il me montre les élégantes bottines dont il est chaussé)... « faites sur
« mesure et en excellent cuir qui dure longtemps,
« elles me coûtent quinze pesetas » (elles vaudraient
trente francs en France (1) « et des souliers sur
« mesure ne coûtent qu'une dizaine de pesetas.
« Tout est moins cher qu'en France, ici... » Puis il
soupire : « La journée est longue... »

J'entends la même réflexion, le samedi matin,
avant même que nous ayions commencé notre
travail. Nous sommes cinq ouvriers, assis dans
l'atelier, attendant l'heure. Un des jeunes gens
soupire : « Dimanche, demain ! On devrait ne tra-
« vailler que trois jours par semaine ! » A ce moment
survient un autre ouvrier : « A bas le clergé ! » lui
dit-on par allusion à ses opinions bien connues.
« Oui ! répondit-il, à bas *el clero y los frailes*, clercs
« et moines !... Et les ministres, et le roi, et tous ! »
Alors s'engage une brève conversation politique :
« Le roi va aller à Paris. — Oui, mais avec Roma-
« nones. — Les catholiques s'inquiètent de ce voyage,
« je l'ai lu dans *El Noticiero*. — On va jeter une
« bombe à Alphonse ! » répond le nouvel arrivé. A

1. En 1913.

ce moment, retentit le signal du travail. Nous quittons rapidement nos vestes et nous gagnons nos places.

Après avoir raclé quelques peaux à dégraisser, nous montons à l'étage supérieur graisser des peaux. Laissant donc les autres ouvriers gratter, racler, brosser les peaux ou les teindre, nous commençons par monter du cuir, puis, l'étendant sur une table, nous l'enduisons d'huile et nous l'enfilons dans des bâtons pour l'accrocher au plafond. Nous sommes bientôt rejoints par l'ennemi du *clero* et des *frailes* qui, tout de suite, me dit : « En France, au moins, « tout va bien ! Ça n'est pas comme ici ! On gagne « mieux sa vie chez vous ! — Du tout, car on dépense « proportionnellement davantage. — Mais la durée « du travail ? — Comme ici, journée légale de dix « heures, sauf dans les mines où elle est de huit « heures et dans quelques villes où les ouvriers du « bâtiment ont obtenu par l'effort syndical la jour- « née de huit heures. — Oh ! alors !... » me fait-il désabusé, « car, pour le reste, pour la liberté, je « crois qu'il n'y a pas de République au monde où « l'on en ait autant qu'en Espagne !... » (J'ai déjà entendu et noté la même réflexion dans la bouche d'un ouvrier, à Barcelone Alors, que leur faut-il ?) «... On n'est pas encombré de règlements et on ne « s'en embarrasse pas, d'ailleurs ! Les agents de « police, ils n'osent rien dire, car on les envoie pro-

« mener ! En France, ceux qui tuent sont guillotinés :
« ici, ils s'en vont passer sept ou huit ans dans les
« *presidios* et puis ils reviennent... » Pour lui, la
liberté, c'est la liberté de faire tout ce qui plaît,
même le mal : interprétation très populaire et très
humaine. Dès lors que vous ne pouvez plus faire *tout*
ce que vous voulez, bien ou mal, vous n'êtes plus
libres. Lorsque la « liberté » fut proclamée par les
Jeunes-Turcs, les indigènes allaient demander à nos
consuls si cela signifiait qu'il pourraient tuer leurs
ennemis et ne pas payer leurs dettes ni les impôts,
et quand les consuls les détrompaient, ils disaient
qu'alors rien n'était changé et qu'ils n'étaient pas plus
libres qu'auparavant. Notre nouveau compagnon,
esprit libéré du cléricalisme et conquis aux idées
libertaires, ne sait pas lire. Il a travaillé pendant trois
mois à Barcelone : « Mais je ne connais pas bien
« la ville. Le temps que je ne travaillais pas, je le
« passais au café et à courir les p... — Oui, me dit
« Jose, l'interrompant, c'en est un qui aime dépen-
« ser beaucoup. — Mais continue l'autre, je n'ai-
« mais pas le dialecte catalan... » (il se met le con-
trefaire) «.... et les Catalans, je ne les aimais pas
« davantage : il ne connaissent qu'eux-mêmes, ne
« pensent qu'à eux seuls ; ce sont des orgueilleux et
« des égoïstes. »

A *l'almuerzo*, les ouvriers me disent : « Vous ga-
« gneriez davantage dans votre métier de la teinture.

« Il existe ici quelques petits ateliers où vous feriez
« bien d'aller voir s'il y a du travail. » Alors, l'un
d'eux me donne rendez-vous pour le lendemain
dimanche, place de la Constitution, à neuf heures ;
il me conduira dans plusieurs ateliers de teinture ; l'anarchiste ajoute qu'il en connaît un près
de sa pension et qu'il me l'indiquera aujourd'hui
même à midi. Il m'y conduit, en effet, mais le patron
déclare que son personnel est au complet. A la pension de mon camarade, je fais mon repas pour vingt
centimes avec une abondante portion de riz et de
haricots semés de quelques petites bouchées de
viande ; j'utilise ce qui me restait du pain de seize
centimes acheté le matin même, à cinq heures trente,
et que j'avais entamé pour prendre, dans la rue,
un café au lait de dix centimes, puis pour manger
une tablette de chocolat à *l'almuerzo* de huit heures.
La patronne de ce petit restaurant me dit que l'on
pouvait se loger à Saragosse pour trois pesetas par
mois, en sous-louant une petite chambre à une
famille.

Un peu avant une heure trente, les ouvriers sont
réunis dans la salle du premier étage, attendant le
signal du travail. Ils échangent tous des propos anticléricaux. Ils reprochent à Romanones son décret
contre le catéchisme, qu'il taxent de manœuvre
pour ne pas établir l'école laïque : « D'ailleurs, disent-
« ils, Romanones se confesse et communie. » Cette

hostilité des ouvriers est le résultat inévitable des concessions « libérales » au fanatisme libre-penseur, surtout dans un pays aussi amoureux que l'est celui-ci de la logique rigoureuse et de la claire raison : l'Espagnol ne conçoit pas que l'on se mette en contradiction avec soi-même en ne se soumettant pas à toutes les conséquences des convictions que l'on professe. Les tanneurs ne sont ici que l'écho des colères dont les journaux libres-penseurs retentissent depuis huit jours que ce décret antireligieux est signé : ils déclarent la situation pire qu'avant le décret. Ils rêvaient, en effet, d'obtenir, à la faveur de la campagne menée contre l'enseignement officiel du catéchisme, cet enseignement officiellement « laïque » qui leur eût permis d'imposer aux catholiques l'enseignement athée. A l'inverse, les catholiques ne sont pas moins mécontents, et avec raison, d'une mesure qui y achemine l'enseignement d'Etat ; de sorte que, par le fait des libéraux et d'une innovation conforme à leur programme mais à laquelle le public ne songeait pas, le pays se trouve jeté dans la plus dangereuse des agitations... Quand le signal du travail est donné, l'un des tanneurs, en se levant, donne la conclusion de nos propos par le cri de « A bas le clergé ! » auquel l'anarchiste fait écho en ajoutant : « Qu'on le fiche à la cave ! »

L'après-midi se passe en partie à dégraisser des peaux et en partie à graisser du cuir, avec mes deux

compagnons du matin. Ils me disent, simultanément :
« L'Espagne a été le pays le plus puissant du monde.
« Le soleil ne se couchait pas sur ses terres. Nous
« possédions l'Allemagne, une partie de l'Italie, l'A-
« mérique. Et aujourd'hui... » Les Espagnols se plaisent à évoquer leur grandeur passée. Puis, les deux
tanneurs me parlent à nouveau du siège de Saragosse, de la guerre de l'Indépendance, d'Oran conquis par l'Espagne, jadis. Et Jose ajoute : « Fonta-
« rabie, il y a quatre siècles, a été prise par un roi
« de France qui s'appelait François Ier. Je l'ai lu
« dans un roman. Mais, plus tard, la ville a fait
« retour à l'Espagne... Nous avons lutté contre les
« *Moros* pendant sept siècles et contre les Goths
« encore davantage ; avant d'avoir été conquise par
« les Goths, l'Espagne l'avait été par les Carthagi-
« nois » (il oublie les Romains), « mais les Espagnols
« ont toujours, en fin de compte, victorieusement
« résisté à leurs ennemis. La race n'est pas près de
« s'éteindre : les familles considérées comme ayant
« peu d'enfants en comptent cinq à sept ; les autres,
« dix à quinze ; il y a des familles de vingt enfants
« de la même mère. Chez moi, nous sommes douze ;
« une de mes sœurs, mariée à quinze ans et âgée au-
« jourd'hui de dix-neuf ans, a déjà trois enfants. Il
« y a des jeunes filles qui se marient à quatorze ans !
« A Saragosse, près du marché, une jeune fille de
« douze ans attend un enfant : mais elle n'est pas

« mariée ; le père a treize ans ; ils jouent dans la
« rue ; c'est quand on l'a vue grosse qu'on a su... »
Et aussitôt, entre les deux tanneurs, c'est une ému-
lation dans l'obscénité verbale ; ils accumulent les
pires plaisanteries et finissent par conclure : « A
« cause de notre goût pour......, l'Espagne ne peut
« pas dégénérer et disparaître. » Au contraire ! et la
propagande malthusienne, déjà active à Barcelone,
commence à se montrer à Saragosse. L'homme qui
s'animalise devient un animal humain, c'est-à-dire
pervers. La chasteté appelle la fécondité ; le culte
des sens, la stérilité. Aussi bien un autre tanneur,
âgé de trente ans et plus « évolué » me donnera-t-il
la vraie formule de la morale nouvelle : « Vive le
« célibat ! C'est le meilleur. On peut s'amuser sans
« charges ni préoccupations. » Ce qu'un peu plus tard
un jeune maçon de vingt-cinq ans résumera en une
plus brève formule : « Célibataire et la noce ! » La
licence des propos de mes deux compagnons les amène
même à d'indécentes plaisanteries sur la Vierge du
Pilar : « Elle possède de grandes richesses en bijoux
« et en dons d'argent. Ce serait un bon parti... »

Un des jeunes ouvriers — dix-huit à vingt ans —
nous a rejoints et nous aide. Il ne cesse de proférer
le blasphème usuel, que l'on entend partout, dans les
rues, les cafés, sur le seuil des demeures, et qui souille
la bouche d'enfants et de jeunes filles. La manie du
blasphème exerce sur cet adolescent un empire sans

partage : elle le domine au point qu'il finit presque
par perdre la faculté d'émettre d'autres sons articu-
lés : suivant le ton qu'il emploie, cette scatorrhée signifie qu'il est content ou qu'il est ennuyé, ou qu'il
lui faut fournir un trop grand effort, ou qu'il éprouve
une surprise, ou qu'il est encore près de nous et qu'il
tient à nous rappeler sa présence. Le tic du blasphème
se transforme chez lui en un substitut du langage et
même de la pensée qui, l'un et l'autre, deviennent
aussi rudimentaires que le système de sons par lesquels les animaux expriment leurs sentiments. L'action régressive de l'habitude blasphématoire est d'une
puissance extraordinaire. Cette habitude consiste,
du reste, en une véritable écholalie ; son caractère
quasi-pathologique est frappant. Rien aussi de plus
contagieux : après saturation auditive de ces répu-
gnantes formules, j'en entends en moi l'écho avec
insistance : cela devient un murmure intimement
tyrannique, sinon une véritable parole intérieure,
obsédante et impulsivante ; on sent que, si on ne
lutte pas pour l'inhiber, elle va passer à l'acte, s'ex-
térioriser, se proférer, surtout à l'occasion d'un effort
musculaire ou dans un instant de vivacité, alors
qu'on se soulage à jeter une exclamation sans avoir le
'emps de la choisir ; l'automatisme s'est emparé de
la conscience. Ce jeune tanneur ne sait pas lire. Les
écoles gratuites ni les cours du soir ne font défaut :
mais il aime mieux ne pas apprendre ; ça l'ennuie.

Aussi Jose tient-il à me prouver une fois de plus que, lui du moins, il ne végète pas dans une pareille ignorance et qu'il sait même écrire ; de son doigt chargé de graisse, il trace sur le cuir des mots espagnols qu'il me fait lire et des chiffres romains dont il me donne complaisamment l'interprétation. Enfin il interroge : « La capitale de la Suède ? du Dane-
« mark ? » et donne tout de suite, lui-même, la ré-
« ponse : Stockholm ! Copenhague ! »

Au moment de quitter la fabrique, notre journée finie, le tanneur qui m'avait offert de me conduire dans plusieurs ateliers de teinture me rappelle le lieu et l'heure du rendez-vous. Un autre me dit qu'il y viendra également. Un troisième aussi tient à se joindre à nous : « J'ai travaillé en France pendant
« un an, me dit-il, et j'en ai gardé bon souvenir.
« J'étais arrivé là-bas avec vingt sous en poche :
« j'ai été content de trouver à travailler. Je le serais
« tout autant si, vous aussi, vous trouviez du tra-
« vail. »

Le soir, je me rends au siège des sociétés de résis-
tance : il s'y tenait une réunion des ouvriers tanneurs d'une autre maison ; mais deux des trois [apprentis et trois des quatre jeunes ouvriers de la tannerie où je travaille y étaient également venus. M'apercevant dans le vestibule, ils m'invitent aussitôt à entrer, me font asseoir auprès d'eux et m'offrent des amandes grillées. L'élément jeune du personnel de notre

tannerie est donc attiré au moins par la curiosité
dans la sphère d'influence des sociétés de résistance.
La réunion est motivée par le renvoi d'un ouvrier
qui, ayant quitté sa tannerie pendant plusieurs
jours, s'était excusé en prétextant une indisposition.
La question posée était de savoir s'il convenait que
le syndicat intervînt auprès du patron en lui délé-
guant une commission de trois membres chargés de
demander la réintégration de l'ouvrier congédié. La
discussion ouverte, l'intéressé et une demi-douzaine
de ses camarades demandent la parole pour exposer leur opinion, puis la redemandent et répètent
ce qu'ils avaient déjà dit. Au bout d'une heure, tout
le monde en était au même point, chacun s'obstinant
à d'incessantes répétitions. Je demande à l'un de
mes camarades d'atelier : « En sortiront-ils ? » Il rit
et hausse les épaules : « Peut-être que oui, tout de
« même ! — Mais ils se répètent sans cesse et n'avan-
« cent pas ! Ils tournent dans le même cercle ! —
« C'est toujours comme ça », fait-il.

Le dimanche matin, je trouve au rendez-vous sept
camarades d'atelier. Ils ont, en effet, coutume de se
promener pendant une partie de la matinée, chaque
dimanche, sur le *Paseo de la Independencia*. Cette
fois-ci, ils abandonnent le *Paseo* pour me conduire
dans plusieurs teintureries établies sur les frontières
de la ville et de la campagne. Mais partout, invariablement, on nous répond que le personnel est au

complet. « A Saragosse, me dit l'un des tanneurs,
« les ouvriers du bâtiment et les serruriers travail-
« lent neuf heures. La journée de neuf heures est
« bien désirable et celle de huit l'est encore davan-
« tage. Mais l'augmentation du salaire est plus
« importante que la diminution de la journée de tra-
« vail. » Comme nous passons près de deux grands
bâtiments neufs : « Un pensionnat de religieuses,
« celui-ci. Et celui-là, un collège de *frailes*. » Ils ajoutent, en clignant de l'œil : « Il y a, sous la rue, un
« passage qui leur permet de communiquer pour... »
Le geste souligne le reste de la phrase. Un autre me
dit alors : « Tous les *frailes* se sont abattus sur
« l'Espagne. De France on les a chassés à coups de
« pied au derrière ; ils sont venus ici. Et également
« du Portugal. » Et l'un après l'autre ils répètent :
« Quel mauvais gouvernement que le nôtre !...
« Il ne fait rien pour l'agriculture, rien pour l'indus-
« trie... La Maison royale nous coûte cher : rien que
« pour chaque petit prince, 5o.ooo douros par an !
« Et il y a trois petits princes ! et la reine en attend
« un quatrième !... Le peuple est ignorant : il n'y a
« pas d'écoles... » Un des jeunes ouvriers ajoute :
« J'avais dix ans quand ma famille m'a retiré de
« l'école pour m'envoyer gagner mon pain. » L'école
ne donne ni la science ni le pain ! Un autre tanneur
reprend : « Si les Français étaient maîtres de l'Espa-
« gne, elle serait mieux gouvernée et ils sauraient

« tirer meilleur parti de ses richesses. » A Barcelone, à Morata, ailleurs encore, des ouvriers m'avaient
exprimé la même pensée. Les ouvriers pensent en
commun ou reproduisent les idées générales qui leur
sont soufflées. Nous nous trouvons ici en présence
d'une formule toute faite mise en circulation dans
tous les ateliers par la propagande orale qu'inspirent les lieux communs des journaux et des orateurs
de réunions publiques. Comme elle nous paraît
absurde, à nous Français qui ne savons que trop
comment nous sommes gouvernés! D'ailleurs, je fais
tomber en quelques mots leurs illusions : « La vie
« très chère ; la farce parlementaire et la duperie
« des lois sociales, par exemple la loi des retraites ;
« nos impôts si lourds ; un budget de plus de cinq
« milliards avec un déficit tel que, pour les seules
« dépenses courantes, le gouvernement doit songer
« à augmenter nos impôts de 500 millions et à con-
« tracter un nouvel emprunt. » (1) Leur enthousiasme
disparaît aussitôt : ils s'aperçoivent qu'on les a trom-
pés sur notre situation qu'ils jugent maintenant très
mauvaise. Il suffit de quelques faits précis pour
faire ou défaire leur conviction.

Nous nous promenons pendant deux heures. Au
retour, nous entrons chez un marchand de vin boire
chacun deux verres. Ils n'acceptent pas que je paie

1. 1913.

ma quote-part : « Non, car vous n'avez pas trouvé
« de travail. A une autre fois, quand vous aurez une
« place ! » Regagnant le *Paseo de la Independencia*,
ils aperçoivent à un balcon deux jeunes bonnes
auxquelles ils lancent aussitôt des « P'sstt ! Psstt ! »
énergiques, suivis d'une invite dont la crudité est
soulignée par le geste adéquat Puis ils me quittent
en me disant : « A un autre dimanche ! »

B) Maçons.

Le *maestro de obras* (1) m'embauche comme *peon*
aide maçon. La journée est de neuf heures : de
6 h. 3o à 8 heures, de 8 h. 3o à midi, de 2 heures
à 6 heures. Le salaire du péon est de 2 fr. 5o; les
maçons sont payés de 3 francs à 4 fr. 5o.

Le soleil commence à sévir dès neuf heures et,
bien que nous ne soyions qu'au début de mai, est
aussi accablant qu'en France en juillet. Je suis
chargé d'achever de combler une vieille fosse dans
le jardin d'une maison dont la construction est presque terminée. Ma matinée se passe à remplir de
terre, à la pelle, une corbeille que je vais ensuite
vider dans l'excavation. Je n'interromps cette besogne qu'à deux reprises, sur l'ordre de *l'encargado*

1. Entrepreneur.

qui m'envoie d'abord aider à préparer du ciment
(que cette masse mouillée est lourde à remuer !) et
ensuite tamiser une certaine quantité de sable fin
(la manœuvre du tamis à bras, quelle fatigue pour les
bras et pour le corps courbé en deux !)

Mes compagnons n'échangent pas la moindre
parole avec moi. A *l'almuerzo*, ils gardent la même
réserve et ne tiennent entre eux que de rares et insignifiants propos. Ils savent que je suis Français,
l'encargado m'ayant demandé si j'étais Français
ou Catalan. Nous avons pris notre collation dans
une pièce du rez-de-chaussée, assis sur des briques
ou sur des caisses. Mes camarades, soit en mangeant, soit au cours de leur travail, ne boivent que
de l'eau.

A midi, ils retournent déjeuner chez eux. Je me
rends dans une *Casa de comida* voisine. Je suis
si fatigué, si affamé, si altéré, que je suis obligé
d'ajouter aux dix centimes de vin, quinze centimes
de pois chiches, quinze centimes de morue et dix centimes de salade de mon menu de salarió, deux œufs
à la coque pour vingt centimes, trois oranges pour
dix centimes et un café au lait, suppléments dont
un ouvrier, surtout un péon, ne se permettrait pas
la dépense. Trois ouvriers mécaniciens et trois ouvriers du bâtiment déjeunaient à une table voisine :
deux d'entre eux mangeaient avec leurs femmes les
aliments que celles-ci avaient apportés de la mai-

son ; une fillette accompagnait sa mère qui lui disait affectueusement : « Mange donc davantage, c... a ! » Un des ouvriers tient ouvert près de lui *Heraldo de Aragon* et lit à haute voix à tous ses voisins les nouvelles qui les intéressent : d'abord, un meurtre ; puis, une dépêche du Mexique, « l'insécurité aug- « mente partout, la situation générale s'aggrave du « fait de la multiplicité des candidats à la présidence « de la République » ; aucun des auditeurs ne tire de cette leçon la conclusion qu'elle comporte, à savoir que les mêmes faits se produiraient dans une République d'Espagne ; enfin, le lecteur signale des grèves d'ouvriers réclamant la journée de neuf heures et d'autres ouvriers réclamant une augmentation de salaire ; toutes les oreilles se dressent et plusieurs s'écrient : « C'est la journée de huit heures « qu'il faudrait ! »

Je sors. Au coin de la rue, j'entends un gamin de huit à dix ans demander à un camarade du même âge : « C'est l'Allemagne, n'est-ce pas, la première « nation du monde ? — Oui, répond l'autre. Et « l'Espagne, la seconde. Mais elle a été la première. » Et ils profèrent quelques « *Me ca.. c... D...!* » qui ne s'entendaient pas en Espagne lorsqu'elle était la première nation du monde... Les sculpteurs sur pierre d'une maison en construction ont déjà repris leur travail en sifflant *la Marseillaise*... A mon chantier, un des maçons m'adresse la parole : il a tra-

vaillé à Barcelone comme tant d'autres Aragonais ;
il me dit qu'à Saragosse on compte environ 5.000 maçons et aide-maçons ; beaucoup viennent de leur
pueblo travailler pendant quelques mois et y retournent avec l'argent gagné. Ainsi cheminent les idées
venues de France : de Barcelone à Saragosse, de
Saragosse dans les villages des vallées et des montagnes aragonaises.

Après avoir achevé de combler l'excavation, je
suis occupé à transporter dans la rue des terres de
déblai qu'enlèvera le charretier. Ces décombres
noyés dans l'argile desséchée sont si durs que je
dois les attaquer à la pioche avant de manier la
pelle pour en charger ma brouette.

Les bonnes d'une maison bourgeoise voisine font
de fréquentes apparitions sur les balcons des cuisi-
nes, y stationnent en causant très fort et en chan-
tant pour attirer l'attention des ouvriers. Ceux-ci travaillent avec application et sans bruit ; une seule
fois, l'un d'eux a entonné le dernier refrain de café-
concert. On vient me chercher à plusieurs reprises
pour transporter des pièces d'échafaudage et, une
autre fois, pour aider le jeune apprenti à dénouer
les cordes qui lient les pièces d'une plate-forme
aérienne : de là-haut, ma vue plonge dans le jardin
voisin, plein d'arbres, de buis et d'ombre, et j'éprouve
une envie folle d'y chercher refuge, de m'y étendre
et de dormir...

Le second jour se passe tout entier à manier pioche, pelle et brouette sans répit. Lorsque, à neuf heures, le soleil passe par dessus l'écran de la maison voisine, il nous aveugle et nous brûle ; le ciel est embrasé ; j'accomplis à grand' peine ma tâche jusqu'à midi. Plus tard, la maison à laquelle nous travaillons nous fait de l'ombre. Mais quel dur métier ! et comme je regarde souvent l'heure à ma montre ! Mes compagnons commencent à s'apprivoiser : l'un ou l'autre me dit parfois un mot au passage.

Le troisième jour, j'interromps un peu dans la matinée mon travail de transport de décombres pour aider à rentrer au magasin les pièces de l'échafaudage ; nous les chargeons sur une voiture à bras que nous tirons et poussons ensuite à travers la ville, sur une chaussée défoncée ou sur des pavés pointus, partout où nous ne pouvons utiliser les rails du tramway. Mon compagnon me dit : « Il fait très « chaud, n'est-ce pas ?... Plus qu'en France ?... Mais « c'est bien pis, ici, l'été ! Nous le supportons « néanmoins : nous y sommes habitués. »

Sur le chantier, les ouvriers vont de temps à autre se désaltérer à la cruche ou au robinet du jardin. « J'en ai bu une *tripée* ! (*tripada*) », s'écrie l'un d'eux avec satisfaction.

Un des maçons lit habituellement *El Radical* et se sert de ce journal pour envelopper son déjeuner. A *l'almuerzo* de huit heures, il mangent tantôt de la viande et tantôt une omelette. Le nom du général Infant de Bourbon ayant été prononcé par hasard au cours de la conversation, un maçon, âgé de trente-cinq à quarante ans et membre des sociétés de résistance, s'écrie : « On devrait couper le « cou à tous les Bourbons ! » Aucune réflexion ne lui fait écho : ou les autres ouvriers pensent de même, ou leur pensée est différente mais n'a pas assez de force pour réagir. Après quelques instants de silence, un jeune aide-maçon, âgé de vingt-cinq ans, déclare : « Moi, je ne demande rien que des « p. . et des *toros*. Ça me suffit. » Les deux apprentis présents — quatorze et dix-huit ans — font ainsi peu à peu leur éducation politique et morale.

Nous quittons tous ensemble le chantier. Les balcons des maisons sont ornés de draperies et de croix de feuillages et de fleurs. Un des aide-maçons remarque : « Ce sont les catholiques qui mani- « festent pour la fête des Croix. » Et il me demande : « Il y a aussi des catholiques, en France ? » Alors, l'ennemi des Bourbons, se tournant vers moi : « Ces « croix, c'est une insulte à nous autres ! » fait-il avec irritation. Un camarade lui fait observer, sur le ton le plus indifférent, que « les républicains peuvent « arborer, s'il leur plaît, le drapeau républicain », et que, d'ailleurs, « en Espagne, il y a la liberté des « cultes. En France aussi, n'est-ce pas ?... On voit « beaucoup de manifestations politiques et de toute

« nuance, en Espagne ; mais quand elles se font,
« c'est parce que le gouvernement y trouve son
« avantage. — En France, dis-je, il en est souvent de
« même. Le gouvernement ne tolère que celles qu'il
« ne peut empêcher ou celles qui lui conviennent, ou
« bien il les suscite quand il en a besoin. Il a déchaîné,
« tout en ayant l'air de les réprimer, les manifesta-
« tions anti-espagnoles en l'honneur de Ferrer et,
« en ce moment, il empêche les mêmes groupements
« de mobiliser leurs manifestants contre le roi
« d'Espagne (1). — Nous avons, nous aussi, beau-
« coup de partis politiques et notre gouvernement
« a intérêt à ce qu'ils soient les plus nombreux pos-
« sible. — Divisant, il règne. C'est ainsi dans tous
« pays où l'Etat est formé de factions. »

Nous constatons la progression de leur camarade-
rie : le premier jour, ils se tiennent sur une réserve
absolue ; le second jour, ils prononcent quelques
mots indifférents ; le troisième, ils expriment leurs
idées politiques. Ces maçons se livrent moins facilement que les ouvriers de fabriques : ils ont gardé les
habitudes plus prudentes des gens de la campagne ;
comme eux aussi, ils sont plus frustes. Ils ne manifestent, ainsi que je l'ai constaté partout, aucune
curiosité incorrecte à mon égard : ils savent que je
suis Français, ils ne me demandent rien de plus ;

1. Alors en voyage à Paris.

mon camarade de voiture à bras m'a seulement demandé si je me trouvais depuis longtemps à Saragosse.

Ils arrivent au chantier une bonne demi-heure avant la reprise du travail, l'après midi, et, étendus par terre, font leur sieste. En s'éveillant, il leur arrive parfois d'interpeller avec la crudité coutumière de paroles et de gestes les bonnes de la maison d'en face. Parfois, en travaillant, les deux peintres entonnent *la Marseillaise* ou bien une chanson légère : comme ils chantent peu par rapport aux peintres français ! Un après-midi, j'aperçois le plus jeune des apprentis qui s'arrête un moment de remplir un seau de mortier pour regarder jouer, dans la rue déserte, un enfant qui a presque son âge et qui, vêtu avec recherche, est sorti du frais jardin d'une maison voisine. Le petit apprenti me demande quelquefois l'heure : on dirait qu'il ose à peine me la demander. Toujours triste, l'air las, il ne se plaint jamais. Quand je lui donne l'heure, il pousse un petit soupir. Puis, il se remet assidument à sa tâche. Tous sont assidus à leur travail. Ce sont de bons ouvriers, consciencieux. Pas de temps perdu en flâneries, ou en conversations. Ils échangent rarement quelques mots. Ils s'arrêtent parfois, un moment, pour rouler une cigarette et l'allumer ; puis ils reprennent leur besogne, endurants et appliqués. Mais leur application ne serait certainement ni si grande ni aussi soutenue sans la présence de *l'encargado* et les visites fréquentes de l'entrepreneur: quand ils disparaissent, l'activité se ralentit C'est une loi générale.

J'ai été accidentellement occupé à gâcher du ciment et du sable dans l'auge à mortier; mais mon travail habituel consiste toujours à manier la pelle et la pioche, à transporter de la terre dans la rue, à niveler le terrain, à déterrer et démolir un ancien caniveau. Un camarade de travail me demande, une fois: « Le travail va mal, en France? » ce qui lui paraît expliquer ma présence dans son pays. Un jour seulement, ma tâche a été moins fatigante; après deux voyages à travers la ville pour transporter des poutres sur la voiture à bras, j'ai balayé et recueilli la poussière de ciment éparse sur le dallage d'une chambre, j'ai piqué dans un mur de briques de vieux joints qui doivent être refaits, puis j'ai transporté du sable dans des corbeilles. L'aide-maçon qui n'a « besoin que de p... et de *toros* » parle volontiers des premières et résume ainsi sa conception de l'existence: « Célibataire et la noce! » puis il s'écrie, à la vue des draperies ornées de croix qui s'étalent sur les façades voisines: « Voilà qui ne me « plaît pas! » Et il reprend: « Je n'aime pas les cha-« peaux pour les femmes. Rien ne vaut la mantille « et le *manton* (châle de Manille)! » Preuve de bon goût. Il ne parle pas de femmes sans souligner de

gestes expressifs ses remarques. Il estime qu'il n'y
a pas de femmes au monde supérieures aux Espagnoles. Il dit qu'il « ne pourrait vivre huit jours
« hors de son pays, ni même hors de sa province
« d'Aragon ; vingt-quatre heures dans un *pueblo* de
« la province, c'est déjà trop ; il me faut Saragosse. »
Il est le seul ouvrier du chantier dont la tenue
dénote une certaine recherche ; il ne travaille pas
sans garder une cravate-chasseur autour du cou.
Ses camarades ne peuvent voir passer une femme
sans en analyser longuement les charmes ; ce qui les
émeut le plus et leur arrache des « *Que cuerpo!* »
admiratifs, c'est le spectacle, peu rare, d'une *senora*
aux formes abondantes, à la silhouette épaisse, à la
démarche alourdie.

Un dimanche, à une heure trente de l'après-midi,
je rencontre l'aîné des apprentis (dix-huit ans). Il
n'a pas déjeuné et porte encore ses vêtements de
travail. Il me dit qu'il a bu un peu, qu'il se sent la
tête lourde et qu'il se rend chez lui pour manger et
prendre ses vêtements neufs. Ce dimanche- d'un
jeune ouvrier ne fait à l'idée religieuse aucune part :
dans presque toute la classe ouvrière, il en est ainsi.
La paroisse de mon faubourg ouvrier, à toutes les
messes du dimanche, se remplit aux deux tiers ; mais,
sauf quelques hommes et quelques enfants, on ne
compte que des femmes dans l'assistance. Un samedi
matin, j'assiste à un mariage d'ouvriers : les fiancés

et une vingtaine d'invités gardent pendant toute la cérémonie une attitude volontairement inconvenante. Au contraire, les églises des quartiers du centre de la ville regorgent de monde : elles sont, en effet, fréquentées par les classes moyenne et supérieure qui, instruites et éduquées, ajoutent ainsi à leur situation matérielle privilégiée, le privilège de l'instruction et de l'éducation dont sont privées les classes populaires. C'est un fait constant dans toutes les sociétés modernes : l'inégalité matérielle y est plus considérable qu'avant la Révolution et s'aggrave d'une inégalité intellectuelle et morale autrefois inconnue. L'égoïsme des classes supérieures et l'inertie du clergé devraient être tenus pour responsables si l'égoïsme de celles-là ne résultait des conceptions sociales jacobines et du libéralisme économique et si l'inertie de celui-ci n'était pas déterminée par l'anticléricalisme de l'Etat issu de la Révolution. L'Etat jacobin, voilà le grand et le premier coupable : il est constitué de façon à exaspérer jusqu'à la violence l'égoïsme des classes supérieures, et l'esprit anticatholique qui l'anime l'amène à rendre difficile ou impossible la tâche civilisatrice du clergé.

C) UNE FABRIQUE DE PAPIER
LES PAYSANS A L'USINE

La papeterie où je dois travailler est située à quelques kilomètres de Saragosse, dans un petit *pueblo* qui compte environ sept cents âmes et emploie quatre-vingts ouvriers et quinze ouvrières, tous des ruraux habitant la localité. Le gérant me prévient que l' « on « travaille de 6 heures à 6 heures, avec une demi-« heure à huit heures pour la collation et une heure « à midi pour le déjeuner. » Cela fait dix heures trente de travail pour deux pesetas.

Je me mets en quête d'une pension. On compte trois ou quatre petites *tiendas* dans le village. Dans l'une, la femme me répond sèchement qu'elle ne peut ni me loger ni me nourrir ; dans l'autre, la patronne regrette aimablement de n'avoir pas de lit disponible et de ne pouvoir se charger de ma nourriture, mais elle me fait conduire chez diverses personnes susceptibles d'accepter un pensionnaire. Dès la deuxième maison, je trouve ce que je cherche : dans une pièce qui sert de débarras et dont la fenêtre, absolument dépourvue de vitres, ne peut être close que si l'on garde les volets rabattus, la femme me dresse un lit de fortune — trois planches sur deux tréteaux, une paillasse, un oreiller, des draps et une couverture. En outre, elle me préparera ma nourriture.

Retournant à la *tienda* prendre le paquet d'effets que j'y avais déposé, j'y trouve trois ouvriers de la papeterie et, pendant que nous buvons un verre de vin que le patron nous offre, ils me disent : « C'est « du bien mauvais travail, ici ; et beaucoup de tra- « vail et du travail rapide pour bien peu d'argent. » Je leur explique que la grève des métallurgistes m'empêche de me placer facilement et plus avantageusement et que j'ai accepté l'embauchage à la papeterie parce que cela me permettait de gagner au moins ma dépense quotidienne. Ils répondent que les grèves coûtent généralement plus qu'elles ne rapportent. Ils estiment que cette grève des métallurgistes, éclatant sans raison, échouera. Ils font remarquer qu'il est plus important d'augmenter le salaire que de diminuer la journée de travail. Ils s'informent du coût de la vie en France où quatre hommes du pays sont partis travailler.

Mon logeur et sa femme fabriquent des espadrilles. Ils vivent avec la grand'mère ; de leurs trois enfants, l'aînée, jeune fille de quinze ans, et un garçon de quatorze ans travaillent à la papeterie ; le plus jeune, un garçon de treize ans, va encore à l'école. Comme tous les logis espagnols, leur maison est très propre et très pauvre, carrelée, blanchie à la chaux, pourvue d'un mobilier rudimentaire et des ustensiles de

cuisine et de table les plus essentiels. Il est huit
heures. La femme a préparé le dîner de la famille ;
une soupe et une omelette. Le feu est allumé sur
une sorte de plate-forme de près de deux mètres de
côté, surélevée de vingt centimètres au-dessus du
sol, abritée sous un manteau aussi vaste et pourvue
d'un banc de chaque côté. Le pauvre mobilier ne
compte pas de grande table, mais trois petites,
minuscules, où nous nous plaçons chacun pour le
repas, tandis que les enfants s'assoient sur les bancs
du foyer et mangent sur leurs genoux. Une mèche
trempant dans l'huile répand dans la pièce une faible lueur. Le jeune apprenti commence son repas
par un « *Me cag... c... D... !* » en guise de *Benedi-
cite*, la sœur dit « *C... !* » à son frère, l'aïeule profère
des « *Me cag... c... D...!* », « *C...!* » et « *puñe...!* »
à bouche que veux-tu. Ils n'attachent à ces façons
du langage aucune importance ; ce n'est qu'une
manière de parler, d'ailleurs déplorable. Tous s'étant
ainsi soulagés, l'homme me dit, sans plus attendre :
« Vous êtes bien gouvernés en France. C'est une
« République, n'est-ce pas ?...» Puis il me parle de la
papeterie : « Vous avez beaucoup de travail, de mau-
« vais travail, et très peu d'argent. » Et tous approuvent de la tête. Je me suis fait préparer deux œufs à
la coque et une côtelette qui me sont comptés, avec
le pain, soixante-cinq centimes, c'est-à-dire quinze
centimes de plus qu'à la *casa de comida* du grand

marché de Saragosse. Je paie pour le lit vingt-cinq
centimes par nuit.

Aux approches de six heures, le matin, les ouvriers arrivent peu à peu à la papeterie et attendent
devant la porte. Ce sont tous gens des champs, vêtus du pantalon de velours ou de coutil, de la petite
blouse courte, de la *boina* (béret) bleue, très petite,
étroite comme une calotte, à la mode basque. Dans
les groupes, on bavarde. On m'observe à la dérobée. Au coup de sifflet, nous franchissons le porche.
Je suis affecté à l'équipe des tireurs de paille. Au
fond d'une cour où se dressent d'énormes meules, à
la lisière des champs de blé, armé d'une fourche de
fer à quatre dents, j'aide à charger un wagonnet,
sorte de plate-forme à quatre petites roues, mobile
sur rails et qu'un mulet traînera jusqu'aux *balsas*,
fosses où s'opère le mélange de paille et d'eau. Mes
compagnons, tout en maniant la paille, ne s'arrêtent
guère de parler : ce sont de ces vains bavardages
auxquels se complaisent nos paysans — parler
pour parler, pour proférer des sons, pour faire
du bruit. Leurs inutiles propos s'assaisonnent
de blasphèmes comme, chez nous, de jurements, et,
ainsi qu'il est inévitable, l'enchère et la surenchère
s'ajoutent et se surajoutent : la Vierge, la Vierge
du Pilar, le *Santissimo* (St-Sacrement) en font les

frais. Le visage de ces ouvriers ruraux — jeunes gens de vingt ans, hommes de quarante, vieux de soixante — présente en général une expression plus franche que celle des paysans de nos provinces du Centre, de Beauce, de Brie, de Picardie. Cependant, un des jeunes et un des vieux ouvriers reproduisent tout à fait le type sournois si fréquent dans les campagnes de ces provinces françaises. Chez le vieux, le nez cache la bouche, les paupières cachent les yeux; l'œil gauche disparaît complètement; de l'œil droit n'est perceptible qu'un éclair aigu, dans l'angle externe; mais cet éclair se promène et fouille partout, avec une étonnante activité, et rien ne lui échappe. Le jeune homme prend déjà des allures de vieux: il marche comme avec peine, il tient une épaule plus haute que l'autre, il penche la tête de côté, il ne regarde jamais que de biais, à la dérobée. L'un et l'autre gardent toujours le silence.

Pendant les deux premières heures de travail, aucun de mes nouveaux compagnons ne m'adresse la parole. Mais, aux approches de huit heures, un des jeunes ouvriers qui s'était montré particulièrement exubérant me demande : « Vous êtes Catalan ? » La glace est rompue et, au cours de la journée, tantôt l'un, tantôt l'autre me dira quelques mots. A l'*almuerzo*, tous les ouvriers, à de rares exceptions près, retournent manger chez eux. Dans la *tienda* voisine, où je vais boire pour cinq cen-

times de vin afin d'arroser l'omelette de deux œufs
et le pain apportés de la maison, je trouve quatre ouvriers qui sont également venus avec leur collation
— omelette ou viande et du pain — et qui consom-
ment chacun pour dix centimes de vin.

Dès la reprise du travail, mes compagnons me
posent des questions indirectes tendant à m'amener
à leur conter à la suite de quelles circonstances je
suis venu travailler ici « où l'on a beaucoup de tra-
« vail et si peu d'argent », C'est décidément la formule. Elle est énoncée sans acrimonie apparente :
ils n'accusent personne; mais le travail ne rapporte
guère; c'est un fait; de même qu'il y a de mauvaises
terres ou de médiocres, il y a de médiocres ou de mauvaises industries; chacun a son lot et en tire tout le
parti qu'il peut. Toutefois, aucun ne m'apprend qu'en
outre du salaire fixe de huit réaux et demi (2 fr. 12),
ils touchent une prime sur la production qui fait
monter leur salaire à 2 fr. 25 et 2 fr. 50; les principaux ouvriers et *encargados* reçoivent 4 fr. 25. Un
des jeunes gens s'écrie en riant : « Il faudrait n'avoir
« pas besoin de travail et avoir toujours un douro à sa
« disposition ». Sa boutade lui suscite l'image du continent conquis jadis par sa race; il y associe le souvenir des affiches illustrées que les agences d'émigration font apposer jusque dans les moindres villages et il s'exclame : « Partons pour Buenos-
Ayres ! » Un autre me dit que son cousin travaille à

Bordeaux et s'y est marié. Un autre a travaillé à
Bayonne et son fils est à Paris. Un autre a travaillé
pendant plusieurs années à la construction des chemins de fer espagnols. Tous sont robustes, fortement musclés, durs à la fatigue. Quelques nez et
bouches accusent des influences ancestrales sémites ;
quelques teints basanés, presque noirs, des cheveux
crêpelés évoquent les races africaines ; des faces
grossièrement équarries, une chevelure blonde, un
corps massif rappellent le type germanique ; d'autres
passeraient chez nous pour des compatriotes ; presque tous ont le bassin étroit et les jambes grêles des
races orientales. Comme dans toute usine, ils jouent
à cache-cache avec l'*encargado* : dès que celui-ci
disparaît, les fourches ralentissent ou arrêtent leur
mouvement et les langues redoublent d'activité.
J'apprécie fort ces instants de répit, car le soleil est
implacable et la fatigue l'emporte vite sur ma
volonté.

A midi, nous sortons en grande hâte ; nous demeu-
rons tous fort près de la fabrique, mais une heure
est vite passée. Sur la route, plusieurs disent gaie-
ment : « Demain, c'est le *Corpus* (1). Nous faisons
« tous fête ! » Et l'un d'eux lance un puissant et
joyeux *Me cag... c.,. D..* ! Sur le pas d'une porte, une
femme trouve ce cri de joie d'un comique si irrésis-

1. Fête-Dieu.

tible qu'elle éclate de rire. Mon déjeuner, comme celui de mon hôte et de sa femme, se compose des éléments du menu national : soupe grasse aux pâtes d'Italie et *cocido*, c'est-à-dire mélange de bœuf bouilli, de fragments de saucisson et de pois chiches. Leur fils, le jeune apprenti, se contente du morceau de pain sec qui fait habituellement son repas de midi.

Après quoi, il me faut retourner reprendre la fourche : arracher des hautes meules les bottes d'*esparto* — sorte de jonc recueilli dans les montagnes et qui, séché, présente l'aspect du foin — charger le wagonnet, le décharger et remplir la fosse, la *balsa*. Vraiment, « c'est un travail rustique », comme m'avait dit mon hôte, et qui me rappelle un peu le temps de la fenaison. Le bois de la fourche lustre et durcit les mains ; de la paille remuée, monte, avec son odeur tiède et fade, la subtile poussière qui envahit le nez, la gorge, saupoudre le visage et donne soif autant que la morsure du soleil : un soleil de plomb, une chaleur accablante, pas un souffle d'air. Juché sur le sommet du tas de paille, tirant à grand-peine les bottes solidement mêlées et tassées, les arrachant à la main quand le lien offre assez de résistance, à la fourche et par fragments lorsque le lien, pourri, se brise, j'aperçois à mes pieds un canal d'irrigation où l'eau coule entre d'épais roseaux : comme j'ai soif ! comme je me plongerais tout entier dans cette eau courante ! Entre les roseaux, l'eau court fertiliser les terres d'alluvions fécondes. Quelle plaine riche, immense, s'étend sous mes yeux, verte des blés verts et des arbres à fruits, cernée par les montagnes que la sécheresse frappe de stérilité ! On croirait que, là-bas, le désert commence : un désert bleu d'azur. On dirait que les montagnes fondent sous cette chaleur, qu'elles se vaporisent, deviennent une buée qui continue le ciel et flotte sur les vergers et sur les prairies de blés, s'y perd, absorbée par leur verdure sombre. Au loin, dans le vert et le bleu, surgissent les clochers de Saragosse, hauts et minces comme des minarets, et les coupoles nombreuses de sa basilique.

L'après-midi s'avance. Quelques-uns, à diverses reprises, me demandent l'heure. Plusieurs aussi s'écrient joyeusement : « Demain sera fête pour tout « le monde ! » La fête-Dieu, fête du *Corpus Christi*, est fête d'obligation en Espagne. Le sens chrétien de la fête est peut-être presque aboli dans leurs âmes. Mais l'habitude traditionnelle de respecter et de fêter ce jour-là demeure. Le sens anti-chrétien n'agit pas en formulant le précepte de ne pas fêter le jour du *Corpus*. Un des jeunes gens dit : « Demain, j'irai « à Saragosse et j'y retournerai dimanche pour les « *toros* ». Saragosse, si proche, devient tout naturellement le but de ceux qui veulent se distraire, un jour de repos.

Le dîner est à huit heures, heure habituelle en cette province comme en Catalogne. Mon repas se compose des mêmes aliments que la veille. Mes hôtes mangent la soupe grasse, des haricots et un peu de viande. La grand'mère lance une polissonnerie. Le jeune apprenti en dit une autre, et des plus vertes, qui met en joie toute la famille, père, mère, frère et sœur, et surtout l'aïeule qui rit à s'en décrocher la mâchoire. La mère me fait cette indulgente remarque : « Il apprend ça à la fabrique ». Un voisin, âgé de vingt-cinq à trente ans, qui est venu boire un verre de vin, dit : « En France on a de « l'éducation ; mais nous en manquons en Espagne ». Et tous, y compris l'aïeule, approuvent avec force. Ils me demandent mon avis. J'essaie d'esquisser une dénégation ou une atténuation polie. Mais ils réclament avec vivacité : « Si ! si ! nous le savons ! Des « amis qui ont travaillé en France nous l'ont « assuré », Et c'est très exact. Ces écarts de langage, que je note dans l'observation de cette vie familiale d'honnêtes gens, se constatent de la façon la plus générale et devaient être fréquents chez nous à une époque plus ancienne ; ils ne tiennent qu'au défaut de cette éducation de surface, purement formelle, qui est devenue générale de notre temps en France. Le voisin déclare ensuite qu'il sait que « la vie est « plus chère en France, qu'il vaut mieux deux pese- « tas en Espagne que quatre francs en France ; des

« camarades qui y ont travaillé me l'ont dit. Les
« vêtements sont également meilleurs et meilleur
« marché en Espagne : un pantalon de velours, sur
« mesure, me coûte six à sept pesetas et, porté tous
« les jours, me dure cinq à six ans ». Mon hôte avoue
que, « si peu que l'on gagne à la papeterie, du moins
« y trouve-t-on l'avantage d'être assuré d'avoir du
« travail toute l'année » (c'est pour cela que le personnel nécessaire est facilement recruté) « mais les
« cultivateurs qui réussissent à obtenir du travail
« pendant l'hiver sont payés de 2 francs à 2 fr. 50 ;
« pour les travaux du printemps, ils gagnent 4 francs
« par journée de huit heures et 6 francs s'ils veulent
« travailler douze heures. »

Ma dépense quotidienne s'élève à 1 fr. 75, logement et nourriture. La femme soigne la literie
comme je l'ai vu faire dans tous les logements que
j'ai occupés en Espagne : dès le matin, le lit est complètement défait, les draps enlevés, étalés, la paillasse remuée et exposée à l'air, et le lit n'est préparé
que le soir.

Le jeudi de Fête-Dieu, une messe basse est célé-
brée de très bonne heure dans la petite église du
pueblo : je ne sais combien il pouvait y avoir d'assistants ; je ne me suis rendu qu'à la grand'messe
où j'ai compté une soixantaine d'hommes, autant
de femmes, autant de jeunes gens et d'enfants, tous
gardant une excellente attitude, grave et recueillie.

A la tribune, un groupe d'hommes et de jeunes gens
exécutait à la perfection, en polyphonie, les chants
liturgiques: leur voix sont superbes, ardentes, tra-
versées d'accents âpres et passionnés. Avant que la
messe commençât, une douzaine d'hommes, dont
plusieurs assez âgés, attendaient sur la place, causant de politique religieuse, et les anciens évoquaient
le siècle passé dont ils demeuraient les témoins, les
guerres civiles contre un Etat jacobinisé qui volait
les moines, les Constitutions se succédant sans se
fixer dans une nation qui avait perdu la Constitution séculaire, œuvre de ses besoins, de ses instincts, de ses intérêts, de sa raison, de sa volonté,
de son histoire. La nombreuse assistance religieuse
d'aujourd'hui est exceptionnelle: elle a été soulevée
et groupée par l'idée supérieure qui anime la très
grande fête de ce jour ; et elle se trouvait encore
insuffisante pour le chiffre de la population. Mais
c'est bien pire, un simple dimanche. D'ailleurs,
presque tous sont alors occupés à leurs champs.
Bien juste ai-je aperçu aujourd'hui deux attelages
de labour, un tombereau de terre végétale que l'on
déchargeait, une charrette de roseaux que l'on con-
duisait, deux jeunes gens revenant des champs pour
assister à la messe, une douzaine d'hommes bêchant
la terre. Mais, aux abords immédiats de Saragosse,
bien plus nombreux sont ceux qui ne veulent plus
savoir que le repos est la condition de l'activité et

l'effort spirituel la loi de l'effort physique. Je n'ai reconnu à l'église aucun des ouvriers de la papeterie. Quand ils achètent un journal, c'est *Heraldo de Aragon*. La déchristianisation de ce village comme de toute la nation est l'œuvre de l'Etat libéral qui toujours a travaillé, dans la mesure où ses forces et les circonstances le lui permettaient, à détruire l'influence chrétienne.

... Il est près de neuf heures du soir lorsque, dans l'obscurité du chemin du *pueblo*, j'entends des pas qui se rapprochent, puis un déluge d'éructations de « *Me cag... c... D...!* » et deux jeunes gens paraissent, se hâtant chez eux, très excités, l'un disant : « Et demain matin, il faut retourner à la fabrique « où ils nous *exploitent* pour quarante sous par « jour ! » Avaient-ils passé l'après-midi au siège des sociétés de résistance ? Il est certain que tous les ouvriers de la papeterie se plaignent de ne pas gagner davantage et leur mécontentement croissant les achemine à la grève qui éclatera quelques jours après mon départ.

Je demande, le lendemain, à un de mes camarades d'équipe, un jeune homme de vingt-deux ans : « Vous avez été hier à Saragosse ? — Oh ? non, je « n'avais pas d'argent. — Mais pour vous y prome- « ner ? — Oh! se promener sans argent!... » Le plaisir de la promenade pour elle-même suppose déjà une certaine éducation du goût, une certaine culture rudimentaire; un paysan ne comprend la promenade que comme une tournée de tavernes et de lieux de plaisir pour lesquels il faut de l'argent. «... Je suis resté là, poursuit-il, dans les champs, « étendu sous les arbres, à l'ombre. » Que pouvait être sa vie intérieure? Dans le désœuvrement d'un jour exceptionnel, que pouvait entendre son âme devenue étrangère aux enseignements surnaturels? Rien que les suggestions des sens, les conseils de la terre, de l'herbe odorante et de l'eau, du soleil et de l'ombre, de la rêverie et du sommeil: échappé à la discipline chrétienne, il redescendait aux servitudes païennes ; le souffle des divinités antiques était déjà sur lui; il ne manquait que la leçon des philosophes, le chant des poëtes et la volonté de César pour peupler ses songes de danses de satyres et de rondes de faunes et le jeter à deux genoux devant les statues relevées des déesses... Il me dit, bienveillamment : « Tenez ! mettez-vous donc à cette place: « vous aurez moins de peine... » Il est trop visible que cette besogne me fatigue à l'excès. A un certain moment, un des hommes de l'équipe me regarde et dit: « Avez-vous souvent tenu une fourche ? »

Quand je ne suis pas occupé au chargement *d'esparto*, j'aide à jeter d'une *balsa* dans une autre la paille séchée qui y séjournait depuis un certain temps dans une certaine quantité d'eau. Trois hommes travaillent ensemble à vider une fosse. Une

série de fosses, profondes de deux mètres, se succèdent. Comme elles sont exposées au sud-ouest, la
température qui y règne est particulièrement redou-
table. Chaussés de sabots, pataugeant dans cette
menue paille mouillée, nous la faisons sauter, à la
fourche, dans la fosse voisine, par-dessus le mur de
séparation.

Ainsi se passent mes jours, à remuer paille et
foin, en compagnie de « *Mecagologues* », par une
chaleur printannière déjà épuisante, sous un ciel
sans nuage, d'un bleu ardent, inaltéré pendant la
moitié de l'année. C'est le soleil et la lumière splen-
dides des pays méditerranéens, une lumière crue
qui accuse brutalement les moindres reliefs. Sur le
bord du feuillage vert et léger des peupliers ou du
feuillage noir et massif des cyprès, le ciel devient
d'un bleu profond et semble un ciel d'émail. Mais
dans l'esprit de mes compagnons d'usine, se prépare
l'orage ; le murmure grandit ; presque tout le jour,
ils échangent la même formule de plainte : « Nous
« travaillons pour bien peu d'argent ! » A plusieurs
reprises, ils évoquent la grève des métallurgistes ;
ils en critiquent la cause : « Les métallurgistes
« demandent à travailler une heure de moins ! Est-
« ce qu'on fait grève pour cela ? Ce qui importe, ce
« n'est pas de travailler moins, c'est de gagner
« davantage. » Ces paysans-ouvriers préparent leur
grève, mais de ce point de vue du profit ; ils sui-

vent la pente de leur esprit positif et de leurs habi-
udes de cultivateurs qui ne regardent pas à leur
peine quand elle doit leur rapporter de l'argent. Et
comme cette préoccupation de l'utilisation profitable
de leurs forces les remplit tout entiers, ils me demandent, tantôt l'un, tantôt l'autre, à divers moments
de la journée: « En France, ou gagne davantage,
« n'est-ce pas ?— Oui, mais on dépense davantage.—
« Beaucoup d'Espagnols vont travailler en France.
« Quel travail y aurait-il pour nous, là-bas ? Il y a
« beaucoup de travail, en France ? — En Espagne
« aussi. Mais, en Espagne, il y a beaucoup de bras,
« tandis qu'en France ils font défaut : la popu-
« lation française diminue; une famille de trois ou
« quatre enfants est une famille nombreuse. — Oh !
« s'écrient-ils, surpris. Mais, ici, nous avons pres-
« que tous de huit à dix enfants; quelques-uns,
« davantage ; il y a une femme de quarante ans qui
« en a dix-sept! » Et alors, l'un d'eux, sur un ton
rieur et un peu fanfaron : « Nous autres, nous som-
« mes pères de famille avant d'aller à l'église ! C'est
« la coutume du pays ! » Il exagère ; mais il faut
croire que certains faits justifient cette assertion et
retenir qu'ils en plaisantent comme s'ils cessaient
d'attacher de l'importance à cet accident. Alors un
autre, âgé d'une quarantaine d'années, me dit :
« Vous, Français, vous êtes bien gouvernés, au
« moins ? » (toujours la légende) « tandis que nous

« autres, nous avons un mauvais gouvernement, un
« gouvernement de voleurs et d'incapables... » (il
n'en va pas différemment chez nous ; pourquoi ne
regrettent-ils pas d'avoir fait plusieurs guerres
civiles pour établir le gouvernement parlementaire
d'incapables et de voleurs ?) « ... qui se livrent à des
« dépenses de luxe au lieu de donner de l'eau à des
« terres fertiles, mais rendues inutilisables par la
« sécheresse. S'ils creusaient de nouveaux canaux
« pour amener l'eau sur ces montagnes que vous
« voyez là-bas et où la terre est excellente, nous y
« émigrerions, nous émigrerions chez nous, en Es-
« pagne, au lieu d'aller chez les autres... » Cela, c'est
l'évidence même et cependant le Parlement ne fait
rien. Les Espagnols parlent toujours de la « politique
hydraulique », mais il ne l'appliquent jamais. Cepen-
ndant toute la nation la réclame. Le gouvernement
parlementaire, émané du suffrage universel, n'est
donc pas le gouvernement de tout le monde, comme
on se plaît stupidement à le répéter et à le croire :
le public est impuissant à contrôler, promouvoir ou
réformer ce gouvernement qui n'a de force que pour
organiser le pillage des deniers publics et les luttes
intérieures. Ces maux ont leur source dans notre
Révolution. Mais tous ces pauvres gens, qui en me
surent très bien l'effet, loin d'en définir la cause, restent férus de l'idée qui produit tout le mal. En rentrant
au logis, j'entends mon hôte me dire : « Les Fran-

« çais sont plus en avance que nous partout, pour
« la politique comme pour le reste. »

... Le jour fond dans une nuit qui le continue,
une nuit bleue, limpide, sereine, d'une pureté et
d'une paix surprenantes qui descendent sur les
blés verts, le mur de glaise ambrée d'un jardin, une
maison d'argile, plus lointaine, flanquée d'un grand
cyprès. L'aïeule entre, venant des champs, et parle
avec volubilité, à grands éclats, avec de grands
gestes brusques, exaltée comme de coutume, et
mêlant ses propos de mots de corps de garde. Dans
la rue, un enfant de cinq ans crie à un autre gamin :
« *Me cag.., c..., D..,!* » Le blasphème est un des premiers mots qu'ils apprennent, un des fruits empoi-
sonnés d'un siècle de politique et d'éducation libérales.

§ 3. — Une mine de charbon en Aragon
Les paysans a la mine

De Saragosse, le chemin de fer m'emmène pendant une centaine de kilomètres à travers un pays
qui est un vaste désert si l'on excepte le fond des
vallées où se succèdent une douzaine de villages.
Tout le terrain qui a pu être arrosé est cultivé : blés
et légumes dans le fond, vignes sur les premières
pentes. Tout le surplus, déboisé et privé d'eau, ne

peut rien produire. L'irrigation et le reboisementde
cette zone plus élevée qui n'a pas encore perdu sa
terre arable permettrait de tripler la population
agricole.

Le village minier compte 3oo habitants. A la
posada, la patronne me toise et, après un rapide
examen, déclare ne pouvoir me loger : tous ses lits,
assure-t-elle, sont occupés. Je m'adresse, tout près
de là, à un petit café tenu par un jeune ménage.
L'homme et la femme réfléchissent longuement,
hésitent et finissent par accepter de me préparer
une couchette sur le sol d'un étroit cabinet dépen-
dant d'une chambre qu'occupe un mineur andalou.

Mon logement et celui de mes hôtes sont pauvres
et propres : sol cimenté, murs et plafonds blanchis
à la chaux, mobilier extrêmement rudimentaire.
Ma couchette improvisée se réduit à un mince matelas, un peu plus court que moi, jeté sur le sol entre
deux murs que je touche de la tête et des pieds ; un
oreiller, une couverture, un drap unique plié en
deux complètent la literie.

Ma nourriture quotidienne se composera de
légumes insuffisamment cuits et de viande desséchée
par une cuisson trop prolongée. Des œufs remplacent parfois la viande. Une fois par jour, il y a
un potage gras et de la salade. Les aliments sont
apportés par la femme dans un plat qu'elle dépose
au milieu de la table et où son mari, l'Andalou et

elle-même puisent chacun avec sa cuiller ou ses doigts. Mais ils servent mon repas sur une petite table placée au coin de l'âtre et garnie d'une assiette et d'un couvert. Chaque matin, j'emporte à la mine, pour l'*almuerzo*, un morceau de pain avec du jambon ou une omelette.

Le prix total de ma pension est de 2 fr. 25 par jour. Mon salaire de débutant s'élevant à 2 fr. 5o, je fais remarquer, dès le second jour, à mon compagnon de chambre, que ce prix me semble élevé. Sans me le dire, il fait part de mon observation à la patronne qui réduit mon prix de pension à deux pesetas.

On ne voit pas, au village, d'autres journaux que ceux que reçoivent des abonnés : *Heraldo de Aragon* y est très répandu ; on y trouve aussi quelques lecteurs de *Heraldo de Madrid*, d'*El Païs* et de *A.B.C.*

Sauf quelques Asturiens, Valenciens et Andalous, la presque totalité des cinq cents ouvriers qui travaillent à la mine de charbon est fournie par le village et par les villages voisins. Ces mineurs aragonais sont des cultivateurs qui travaillent à la mine pendant la plus grande partie de l'année et retournent aux champs lorsque les travaux agricoles, notamment la moisson et la vendange, réclament des bras nombreux.

La Compagnie les paye de 2 fr. 50 à 3 fr. 50 par jour. La plupart reçoivent 2 fr. 75. Quelques-uns, de 4 fr. à 4 fr. 50. D'autres, payés à la tâche, gagnent couramment cinq à six francs par jour et quelques-uns, exceptionnellement, sept et huit francs. La durée officielle de la journée de travail est de dix heures. En fait, le séjour dans la mine dure neuf heures ou neuf heures trente et le travail effectif sept heures trente ou huit heures. Ce travail n'est pas intensif. La discipline est très paternelle : l'ingénieur traite familièrement son personnel qui semble lui témoigner quelque confiance. Sur tous ces points, la mine aragonaise offre un vif contraste avec la mine française.

Sur ces mineurs espagnols sévit la passion du jeu, si répandue en Espagne : aux cartes et à boire, ils perdent tout ce qu'ils gagnent et demeurent très pauvres. On me cite l'un d'eux qui, venant de toucher un mois de deux cents francs, court au café, joue et perd tout. Ceux que le hasard favorise dépensent ce gain facile au cabaret ou à la ville où ils se rendent pour faire la fête. Ces habitudes désastreuses ne sont pas seulement celles des jeunes gens, mais de pères de famille dont la femme et les enfants attendent le salaire pour vivre.

A cinq heures trente du matin, mon compagnon de chambre est debout. Il s'habille et roule une cigarette. Il ne se lave le visage et les mains que le

soir, son travail terminé. Agé de quarante à quarante-cinq ans, mineur de profession, il a travaillé
dans les mines de diverses provinces espagnoles. Sa
femme et ses enfants habitent Barcelone. Il présente
ce teint jaune et ce visage creusé de rides profondes
qui caractérisent si ordinairement les ouvriers de
la mine. Ces traits professionnels apparaissent déjà
chez quelques-uns des cultivateurs-mineurs, même
adolescents.

Ces mineurs paysans arrivent, pour la plupart, des
villages situés à une heure de marche et plus de la
mine. Ils parcourent cette distance matin et soir. Du
village où j'habite à la mine, il n'y a que cinq minutes
de chemin. Par la fenêtre de notre chambre, nous
voyons déjà les mineurs traverser le vallon, vêtus,
comme tous les gens du pays, de pantalons et vestes
de velours frappé et portant sur l'épaule leur lampe.
Chaque ouvrier doit fournir sa lampe et payer sa
lumière. Quelques-uns se servent de lampes à huile,
mais, la plupart, de lampes à carbure, éclairage qui
revient à dix ou quinze centimes par jour. La mine ne
contient pas de grisou. Les galeries s'ouvrent de plain-
pied, à flanc de montagne. Il faut quitter l'air vif et
frais du matin pour l'air tiède et confiné des souterrains, la pure lumière, les champs si doux aux yeux,
les maisons dont le toit de tuiles roses s'empanache
de fumée bleue, et s'enfoncer dans la nuit de la
terre. Nous devrions séjourner dans les galeries de

six heures à midi et de une heure trente à six heúres.
En fait, nous y pénétrons vers six heures trente.
Chaque groupe d'ouvriers parvient, après vingt à
trente minutes de marche dans les galeries, à son
chantier ; ils accrochent leurs vestes aux boisages,
s'assoient à terre et font l'*almuerzo*. Le travail
commence vers sept heures trente et dure jusqu'à
onze heures et demie.

Tous ces ouvriers sont rebelles aux idées de prévoyance et d'économie. Malgré les efforts de l'ingénieur, une quinzaine d'ouvriers seulement sur
cinq cents se sont fait inscrire à *la Société des Pré-
voyants de l'avenir*. Ils ne sont pas moins étrangers
aux habitudes de propreté : ils ne prennent de
bain que fort exceptionnellement. La Compagnie
leur assure gratuitement le service médical et phar-
maceutique. Il ne survient d'ailleurs que de menus
accidents, rares et imputables à l'imprudence ou à
la négligence des ouvriers.

Plusieurs de ces mineurs me disent qu' « ils ne
« voudraient jamais travailler dans des mines gri-
« souteuses ». Mon camarade de chambre exprime
la même opinion, Quelques-uns me demandent :
« Que vous en semble, de ce travail ?... C'est la pre-
« mière fois que vous travaillez dans la mine ?...
« Vous êtes Français ?... En France, les mines sont
« dangereuses : je ne voudrais pas y travailler. »

J'aide à construire des murs de soutènement des-

tinés à empêcher l'affaissement du plafond des galeries. Un des ouvriers se plaint de la modicité des salaires, tout en reconnaissant le bon marché de la vie: « Pour la plupart, nous sommes payés 2 fr. 75.
« *Poco jornal*, maigre salaire ! et nous devons payer
« la lumière... Il est vrai qu'un homme peut vivre
« avec 1 fr. 75 ou deux pesetas par jour, toutes
« dépenses comprises, logement, nourriture et
« vêtement... »

Deux hommes causent près de moi tout en chargeant dans un wagonnet le charbon arraché par le piqueur à la paroi. L'un d'eux raconte que, dans une autre mine, les deux frères, au cours d'une querelle, en étaient venus aux mains et que, le plus fort ayant jeté à terre le plus faible, celui-ci avait tiré son couteau de sa ceinture et l'avait planté dans le ventre de son adversaire. Ils sont tous impulsifs, violents, facilement brutaux. Très vite, ils passent de la discussion à la querelle et de la querelle aux coups. Parfois même, ils se livrent d'emblée aux voies de fait: un mineur, passant auprès d'un piqueur, lui dit, par manière de plaisanterie: « Ivrogne ! » L'autre riposte immédiatement par un coup de sa lampe qui met la tête de son camarade en sang ; le pauvre homme est obligé d'abandonner son travail pour aller se faire panser.

Comme nous suivons la galerie pour sortir, un des mineurs me fait la réflexion que j'ai entendue si

souvent déjà en d'autres localités : « Il me plairait bien
« d'apprendre le français. »

Au bout de la galerie, nous apercevons la lumière
du soleil. Et nous voilà bientôt dehors : le village
s'étage sur un petit mamelon, au sortir d'une gorge
de rochers ruisselants de lumière ; ses toits roses
fleurissent sous le soleil, autour d'un clocher d'église
qui se profile, mince et haut comme un minaret, sur
le ciel clair. Un cirque de montagnes s'arrondit tout
alentour ; sur le bas des pentes dénudées verdissent
les vignes et les blés étagés par petites terrasses.
Dans le creux du vallon, la terre noire nourrit le
blé, les légumes, quelques arbres à fruits, quelques
noyers ; sur les bords d'un ruisseau, les peupliers
frémissent.

Je remonte déjeuner chez mes hôtes. Pendant une
bonne partie du repas, le jeune patron et deux
ouvriers qui ont pris place à sa table ne cessent
d'échanger des plaisanteries sur les organes sexuels ;
la petite bonne, qui a treize à quatorze ans, rit à
gorge déployée.

A une heure vingt, les mineurs des villages éloignés, couchés à terre devant l'entrée de la galerie,
font la sieste. A une heure trente, ils s'éveillent,
s'étirent, se lèvent pesamment. Quelques-uns commencent à blasphémer ; de ceux-là aux autres,
l'odieuse épidémie se propage ; ils entrent à la file
dans la galerie, noyant sous le flot de leurs impréca-

tions des plaisanteries obscènes ou des bavardages inutiles.

Lorsqu'ils ne se tutoient pas, ils ne disent jamais « *si* » ou « *no* » tout court, mais, solennellement, « *si, señor* » ou « *no, señor* ». Quand ils n'ajoutent pas « *señor* », ils transforment le « *si* » en une sorte de léger sifflement : « *sss !* »

Tous m'accueillent et me parlent avec cordialité. Ils ne laissent pas paraître la moindre trace d'hostilité pour l'étranger, pas même le regret de le voir gagner un salaire dont pourrait profiter un enfant du pays. Sans doute, cette attitude ne permet pas de définir leurs sentiments intimes : il ne faut pas oublier qu'ils se font de la courtoisie une loi et que, pour eux, l'ouvrier étranger est un hôte. D'autre part, ils donnent l'impression de natures rudes et violentes, mais très franches.

Un de ces mineurs a travaillé en France. Il déclare avoir trouvé les Françaises à son goût. Il se plaît à donner, à ce sujet, des détails intimes et réalistes. La conversation, ainsi engagée, se généralise aussitôt. C'est là son tour habituel : mots et plaisanteries obscènes, avec les gestes qui les soulignent et les blasphèmes qui les assaisonnent. Le blasphème est proféré à jet continu. Ils en arrivent à ne pouvoir commencer, continuer ni finir une phrase sans accumuler les blasphèmes et même à n'échanger entre eux rien qu'une succession de blasphèmes, de violence croissante. Ils n'accusent aucune trace de préoccupations d'ordre religieux ou moral, politique ou social. Le blasphème, l'ordure, l'argent, le jeu, la boisson, cela semble emplir tout le cercle de leur horizon mental et constituer toute la substance de leur vie.

Les habitants du pays paraissent dépourvus de toute initiative : aucun d'eux n'a l'idée d'ouvrir une boutique contenant les divers menus objets nécessaires à cette population ouvrière. Malgré les nombreux pâturages naturels, on ne compte pas au village plus d'une demi-douzaine de vaches.

Je passe la soirée au logis. Mon hôte est rude, brusque, violent. Il en est de même des autres hommes du pays qui fréquentent son débit : la démarche, le geste, le son de voix accusent à tout instant leur nature impétueuse. L'hôtesse est gracieuse, modeste, empressée, toujours d'humeur aimable : on dirait que c'est elle qui fait maintenant la cour à son jeune mari chez qui l'on ne sent plus que le maître, l'homme autoritaire et dur. Quelques clients viennent boire de l'anisette et du café. Une grande affiche-réclame, sur laquelle s'étale un démon de couleur verte, vient d'être posée le long du mur : pendant vingt minutes, quatre paysans-mineurs le contemplent, bouche bée, médusés, n'interrompant leur silence extasié que par des blasphèmes d'ahurissement. Mon voisin de chambre me dit : « Le

« samedi, le dimanche et les jours de paye, la salle
« est trop petite et, toute la nuit, ils boivent de
« l'alcool et du vin en jouant de l'argent. »

J'en suis témoin, le lendemain même, jour de paye.
Après-dîner, je restais au premier étage, dans la
cuisine où nous prenions nos repas, et mon camarade de chambre, tout en fumant une cigarette, y
demeurait également, peut être pour fuir les tenta-
tions de la salle de débit. Comme il m'avait offert,
la veille, une consommation, je lui en offre une
autre, à mon tour. Il éprouve quelques seconde.
d'hésitation, puis, brusquement : « Allons ! » fait-il
En bas, pendant qu'il boit, un mineur lui dit : « Une
partie de cartes ! » Encore une fois, il hésite quelques
secondes, puis il se lève brusquement et va chercher
les cartes avec un tapis vert. Cependant, il n'est
pas extrêmement joueur : il est remonté vers onze
heures, après avoir risqué quelques consommations.
Mais le débit s'était empli pour toute la nuit d'une
clientèle bruyante de buveurs et de joueurs. Au
matin, un des mineurs avait perdu les dix douros
qu'il venait de toucher.

Au cours de mon travail dans la mine, quelques
bribes de conversation avec mes compagnons me
dévoilent assez vite la nature de leurs préoccupations
et leurs tendances d'esprit. Le désir, général dans
tout le monde ouvrier espagnol, de ramener unifor-
mément à huit heures la journée de travail en comp-

tant les huit heures d'après le temps de présence
effective et non de travail réel, se retrouve chez ces
paysans-mineurs d'un coin reculé de province. Ainsi,
un des vieux ouvriers me dit, en hochant la tête :
« Au commencement de l'exploitation de cette mine,
« il est venu des Italiens ; ils ne voulaient pas tra-
« vailler plus de huit heures ; et nous travaillons
« davantage. » L'émigration ouvrière répand ainsi
de pays à pays et de province à province les mêmes
revendications, uniformisant les plaintes et les désirs
d'une même catégorie sociale. Un autre mineur me
dit: « Les métallurgistes demandent actuellement la
« journée de neuf heures, mais c'est pour arriver peu
« à peu à la journée de huit heures. » La contagion
des programmes ouvriers se propage également de
métier à métier, par imitation.

J'aide deux mineurs, âgés de quarante à cinquante
ans, à murer l'entrée d'une étroite galerie. Un
piqueur me jette amicalement, au passage : « Que
« pensez-vous du métier ? » Un autre, qui travaille
à la tâche à notre voisinage immédiat, vient se
reposer pendant quelques instants en causant avec
nous : « Quinze hommes de mon village, dit-il,
« sont partis travailler en France. C'est un pays
« riche, la France ! Je l'ai vu dans un almanach :
« il s'y trouvait un tableau comparatif de la
« richesse des divers pays ; c'est la France qui
« venait en première ligne ; elle prête de l'argent à

« tous les Etats. Si elle est riche, c'est qu'elle a un
« bon gouvernement ! Et c'est aussi parce qu'elle a
« pris les biens de l'Eglise et des moines ! » Légende
de la richesse des congrégations, imagination de
conte des *Mille et une Nuits* attribuant à la baguette
magique de l'Etat le pouvoir de créer de la richesse,
toutes les basses et calomnieuses sottises de l'anticléricalisme français, toutes les illusions des pro-
metteurs de l'Etat-Age-d'or hantent jusqu'aux pauvres cervelles de ces Aragonais de la montagne. Nul
conseiller n'a accès au tribunal de leur raison pour
leur faire voir que bien mal acquis ne profite jamais,
que l'Etat français, enrichi de la fortune volée à
l'Eglise, a vu se creuser le gouffre du déficit, en
pleine paix, et qu'enfin la richesse de la France, qui
consiste tout entière dans la force de travail et
d'épargne de ses habitants, a réussi, par ce double
prodige, à résister jusqu'à ce jour à la folie dilapi-
datrice des gouvernants qui l'exploitent (1). Par
contre, la pauvreté des Espagnols n'est due que
trop souvent à leurs défauts. Mes deux compagnons, tout en maçonnant leur mur, les recon-
naissent, ces défauts, mais sans en dégager une
leçon : « Le jeu, voyez-vous, me disent-ils, c'est le
« goût de tous les Espagnols. Et il y en a qui y per-

1. Mais la guerre à laquelle ils l'ont conduite risque d'entraîner dans une même ruine la fortune des particuliers et
celle de l'Etat.

« dent tout leur salaire, bien qu'ils aient femme et
« enfants. Un de nos camarades perdait habituelle-
« ment au jeu les quatre francs qu'il gagne : il ne
« possède pas d'autres vêtements que ceux que
« nous lui voyons sur le dos ; il lui est souvent
« arrivé de venir à la mine sans avoir mangé.
« Aussi, maintenant, pour le garder contre lui-
« même, l'ingénieur prend-il soin, d'accord avec lui
« de payer sur son salaire sa dépense quotidienne
« et de ne lui donner que le surplus. C'est pourtant
« un brave garçon et un bon travailleur que ce joueur
« passionné ! »

Le piqueur, notre voisin, revient causer avec
nous : « Dans les provinces qu'il visite, le roi est
« très acclamé parce qu'il plaît. On raconte qu'ayant
« un jour demandé, dans son palais, à des person-
« nages de la Cour, s'ils étaient libéraux ou conser-
« vateurs, chacun de ceux-ci avait répondu — con-
« servateur — et que le roi s'était éloigné en disant
« — je vois que je suis le seul libéral de cette mai-
« son. Et puis, il est populaire parce qu'il a gracié
« beaucoup de condamnés à mort que ses ministres
« ne voulaient pas gracier : il y a même des minis-
« tres qui ont démissionné à cause des grâces
« royales !... Seulement, la famille royale nous
« coûte cher : neuf millions de pesetas ! »

Ces propos sont l'écho fidèle des campagnes jour-
nalistiques des libéraux et des républicains : l'anec-

dote du palais a paru dans les feuilles libérales ; le regret de payer si cher la *Casa real* n'est éprouvé que depuis que les journaux républicains et libres-penseurs ont mené des polémiques à ce sujet en même temps qu'ils déclamaient contre le budget des cultes. Les salariés des villes et des campagnes sont tenus soigneusement dans l'ignorance des sommes autrement formidables que coûtent les roitelets parlementaires du régime républicain et le budget de la propagande et du culte de la Libre Pensée officielle, dans l'Etat laïque.

Mis en verve par les déclarations du piqueur, les deux autres mineurs se mettent à parler avec sympathie de Canalejas et du parti libéral. Survient ensuite un autre mineur qui s'inquiète de savoir si je connais « personnellement » Jaurès et si j'ai connu « personnellement » Zola. Il me dit avec fierté qu'il n'ignore pas les noms de Guesde, de Lafargue et de Bebel.

Une autre fois, un mineur nous assure que « le « Maroc sera pour l'Espagne un nouveau Cuba ». Pour la plupart, les hommes du peuple ne comprennent pas qu'il y ait pour l'Espagne un intérêt capital à posséder le nord du Maroc et l'on m'assure que beaucoup de personnes des classes cultivées ne le conçoivent pas davantage : ce qui montre à quel point, sous l'influence des idées étrangères, le sens des intérêts permanents de la nation est aboli chez

beaucoup d'Espagnols. Ils n'imaginent pas que
l'œuvre de l'Etat soit essentiellement une œuvre de
prévoyance, de patience et de durée ; ils en attendent un résultat immédiat, improvisé, et mesurable
aux intérêts tangibles de leur existence matérielle.
L'idée du « bon gouvernement » qui enrichit les
citoyens semble familière à mes compagnons de travail : l'un d'eux me l'avait déjà exposée ; un autre
me l'exprime à nouveau. Pendant que j'aide le mineur, chargé de la voie, à poser, au fond d'une galerie récemment approfondie, les rails des wagonnets,
il m'assure que, « ce qui manque à l'Espagne, c'est
« que l'ouvrier ne soit pas mieux payé par son tra-
« vail. Il lui manque aussi un bon gouvernement :
« avec un bon gouvernement, l'Espagne serait
« riche. » A coup sûr, un « bon gouvernement » ne
peut manquer d'aider à la prospérité générale du
pays : mais les gouvernés sont bien aussi pour
quelque chose dans sa richesse ou dans sa pauvreté
comme dans l'excellence ou dans la malfaisance de
son gouvernement. Or, les Espagnols ont le gouvernement qu'ils méritent, celui qu'ils ont voulu et
qu'ils ont fait, une Constitution « moderne » pour
laquelle ils n'ont pas reculé devant les révolutions,
les guerres civiles, les coups d'Etat et qu'ils ont, en
définitive, reçue de la Révolution française.

La tristesse de la vie souterraine est plus vivement ressentie par cette race à qui le soleil pro-

digue si généreusement tous ses dons. Un jour, l'un des hommes avec qui je parcourais une galerie déserte s'arrête un moment, promène sa lampe vers l'entrée d'une autre galerie que nous devions boucher et, devant ce silence de mort et cette nuit épaisse, murmure : « Comme c'est triste ici ! » Un autre avec qui, un après-midi, j'arrache des rails au fond d'une galerie abandonnée, répète à plusieurs reprises : « Ils sont pourris ! Tout pourrit dans la « terre ! Et moi aussi j'y pourrirai !... » La pensée de la mort n'éveille aucune autre idée en son âme obscure.

Toutefois, ces réflexions moroses s'entendent rarement. Les conversations habituelles sont ordurières et émaillées de blasphèmes. Le mineur qui a vécu dans le midi de la France a conservé un souvenir particulièrement vif de Carcassonne où il assure que les mœurs sont profondément dissolues (1). Un matin, je travaille auprès d'une demi-douzaine de piqueurs et de chargeurs : leurs plaisanteries et gestes obscènes sont fréquents ; l'imagination descend sa pente naturelle ; ce n'est pas dans la terre seulement que tout devient pourriture.

Pendant qu'ils attendent l'arrivée de wagonnets vides, un apprenti de treize à quatorze ans s'étire les

1. V. dans *L'Ouvrier agricole*, au chapitre des vendanges en Languedoc, une remarque concordante faite par un jeune vendangeur.

bras et baille, gémissant : « Quand donc y aura-t-il
« encore une grève !... — Pour passer le temps à se
« promener ? » lui dis-je. Il se met à rire. Alors, un
des hommes : « Nous avons déjà fait une grève d'un
« mois. C'était le bon temps : on allait de taverne
« en taverne pour se distraire. Et puis, l'époque des
« vendanges survenant, on allait aussi travailler
« dans les vignes. — Mais vous demandiez autre
« chose, je suppose ? — Ah ! oui, se remémore ce
« grand enfant, oui ! une augmentation de salaire. »

L'exclamation de l'apprenti trahit l'état d'esprit
de tous les jeunes ouvriers. Ils sont toujours partisans des grèves, seul moyen pour eux d'obtenir des
vacances. Ce désir suffit à expliquer en partie leur
présence en si grand nombre dans les locaux des
sociétés de résistance de Saragosse pendant les réunions des métallurgistes en grève. Les propagandistes en profitent pour les gagner à leurs idées.
L'apprenti devenu adulte continue d'appartenir aux
sociétés anticléricales ou tout au moins garde leur
esprit et le répand autour de lui dans l'atelier. Le
groupe « Jeunesse ouvrière » réunit, retient et en-
semence plus abondamment les intelligences plus
ouvertes et plus avides de culture.

Les émissaires des sociétés de résistance de Saragosse, venus dans ce pays éloigné pour préparer des
grèves, ont, ainsi que les premiers mineurs de profession envoyés, au début, par l'étranger ou par

d'autres provinces, semé l'anticléricalisme parmi les paysans qui travaillaient à la mine et ces paysans-mineurs l'ont ensuite propagé à la fois parmi les jeunes apprentis-mineurs et parmi les cultivateurs au milieu desquels ils vivent et avec lesquels ils travaillent à l'époque de la vendange et de la moisson ; à ce moment-là, en effet, ils quittent habituellement la mine pour retourner aux travaux des champs. L'ouvrier agricole gagne ici seulement 1 fr. 50 par jour pendant l'hiver, mais de quatre à cinq francs lors de la moisson et de la vendange.

Ces alternatives d'activité agricole et d'activité minière ont empêché jusqu'ici de créer des organisations ouvrières permanentes susceptibles d'améliorer le sort des salariés. L'instabilité du personnel ou la discontinuité de son effort n'a pas permis, par exemple, d'organiser une coopérative de consommation.

Bon nombre de ces paysans-mineurs présentent un type sémite caractérisé.

C'est une population rude et passionnée, chez qui le fanatisme libre-penseur déchaîne d'âpres colères. J'ai été le témoin, chez mes hôtes, d'une scène particulièrement tragique. Un soir, vers la fin du repas, un ouvrier mineur vient voir mon logeur, ancien mineur lui-même, et mon compagnon de chambre et de mine. Le grand diable vert de l'affiche-réclame apposée dans le débit excite leur verve irreligieuse

pendant que la jeune femme exprime timidement le
dégoût que cette image lui inspire. Ces scrupules
exaspèrent l'intolérauce des trois mineurs qui se
prennent à railler et injurier les *santos*, les saints et
les statues qui les représentent. « Est-ce qu'en cas
« de péril, crie l'un d'eux, on invoque Dieu et les
« saints ? On invoque son père et sa mère ! Dieu et
« les saints, on les blasphème ! » La jeune femme
ayant répété que ces propos la blessaient : « Les saints,
« hurle son mari, c'est du bois ! On peut en faire
« fabriquer par le menuisier ! Me dire de respecter
« les saints, c'est comme si tu me disais que cette
« porte est un *santo* et qu'il faut la respecter ! » (1)
Un des mineurs renchérit : « L'hiver, il faut prendre
« toutes les statues des saints pour se chauffer ! » La
femme veut le faire taire, mais les trois hommes lui
crient que tout ce qu'elle dit « n'est que sottises. »
Et son mari, furieux : « Je ne crois ni à la Vierge ni
« aux saints, ni à Dieu, ni à diable ! *Me cag...* ! *Me*
« *cag...* ! *Me cag...* ! » Pendant que, dans sa rage,
il hurle les plus odieux blasphèmes, sa femme, en
larmes, clame de toute son énergie : « Et moi, je
« crois ce que m'a enseigné l'Eglise et qui fait que je
« suis restée une honnête femme ! » Elle retombe sur

1. La conception du saint, que ces propos supposent, est
une conception de nègre et de protestant. Les anti-catho-
liques sont incapables d'en formuler une autre. Ils confondent irrésistiblement l'être représenté et sa représenta-
tion.

son banc, au coin de l'âtre, haletante, les yeux
noyés de pleurs. D'une voix plus basse, comme brisée, qui disait l'affreuse déception de son rêve d'a-
mour : « Tu ne parlais pas ainsi, le jour de notre
« mariage... Avec moi, ce jour-là, tu as communié... »
Elle se tait. L'homme garde un silence chargé de
colère. « Soyons pratiques ! reprend l'un des ouvriers,
« et suivons l'exemple que nous a donné Barcelone !
« On y a brûlé quarante-huit couvents ! Tous les
« Christ, les Vierges, les Saints étaient jetés à la rue
« et brûlés ! — Et nous avons l'exemple du Portu-
« gal ! ajoute, farouche, le mari. On a donné vingt-
« quatre heures aux curés et aux moines pour quit-
« ter le pays ! » La femme, à ce moment, se re-
dresse : « Si je puis, j'enseignerai à mes enfants ce
« que je crois... » Mais lui, dans un sursaut de violence, avec un geste de menace : « Tu enseigneras ?...
« Et moi ? Ne suis-je pas le maître ? — J'ai dit : si
« je puis ! — Et moi, hurle l'homme en levant ses
« poings, je leur enseignerai à ne pas croire ! » Dans
un accès de rage, il bondit, saisit sa chaise, saute à
travers la pièce, la chaise levée, vers sa femme. Les
deux mineurs, presque en même temps, se sont in-
terposés et ont saisi chacun un bras du « maître ».
Elle, muette, immobile, les yeux sur ses yeux, magnifique de courage tranquille, l'attendait... Son
mari repose la chaise à terre... Prompte comme
l'éclair, la jeune femme s'enfuit dans sa chambre en

sanglotant. L'homme échappe aux deux ouvriers,
en deux bonds rejoint sa femme et la giffle... Les
deux mineurs ont couru après lui : ils le tirent dans
l'escalier. La femme s'enferme à clef... Lorsque le
patron est descendu au débit avec ses amis, elle
sort, revient s'asseoir au coin du foyer désert et je
l'entends dire, d'une voix brisée, au milieu des san-
glots : « Je retournerai chez mes parents... »

Mais elle ne le fera pas. Elle ne quittera pas
l'homme à qui elle a juré d'être fidèle. Elle connaît
son devoir qui est de tâcher de faire de cet animal un
homme et de sauver du père l'enfant. L'amour peut
fonder un foyer ; le devoir le conserve. Cette femme
portera, par amour et par devoir, sa croix. Le catholicisme a formé son âme héroïquement dévouée.
L'anti-catholicisme a formé son mari, qui est une
ignoble brute. La guerre au foyer domestique,
voilà l'œuvre, dans un village perdu de l'Aragon,
d'une Révolution accomplie par les Jacobins au nom
de la « Fraternité », du « Progrès », et pour donner
à l'« Humanité » le « Bonheur ». Les trois farouches
anticléraux qui ont déchaîné ce drame moral ne
lisent jamais aucun journal et la contrée où ils vivent
était considérée comme jouissant récemment encore
d'une situation religieuse satisfaisante. Mais l'activité hypocrite et venimeuse du parti libéral avait
longuement préparé le terrain à recevoir la propagande orale des premiers ouvriers mineurs venus

des autres provinces et de l'étranger pour apprendre leur métier aux hommes du pays.

Le lendemain matin et le surlendemain matin, dès la première heure, j'entends l. jeune femme confier aux voisins, non point sa peine intime, profonde, la meurtrissure inguérissable de son cœur — car elle s'oublie entièrement elle-même — mais la crainte que les menaces anti-religieuses de son mari lui font concevoir pour l'âme de son petit enfant. Elle leur demande, à mi-voix, anxieuse : « Croyez-vous « qu'il fera comme il l'a dit ?... » Sa voix tremble un peu. Ils lui répondent par des formules banales: « Mais non ! mais non ! ça passera ! c'est des pa- « roles !... » Elle garde sa secrète inquiétude, désormais compagne de sa vie intérieure, et elle se montre, comme par le passé, empressée, aimable, gracieuse, auprès de son mari qui se fait bienveillant pour mériter, sans le demander, son pardon — en attendant qu'il recommence, car la haine qui couve dans son cœur ne mourra pas.

Ce qui se cache au fond de toutes nos luttes sociales, nos querelles politiques et même les guerres de races, c'est un conflit religieux : l'irréductible opposition entre la religion de l'esprit et du progrès apportée par l'Évangile et la religion de la matière et des instincts inférieurs héritée de l'homme des

cavernes. La régression morale de ce village est
attristante. Le dimanche, la messe de six heures
réunit quelques femmes venues par les rues désertes,
entre les maisons closes où tous paraissent encore
dormir. A la messe de neuf heures, je compte huit
hommes dont pas un seul mineur, deux douzaines
de femmes et autant d'enfants. Par contre, deux cultivateurs travaillent aux champs pendant la mati-
tinée ; quelques mineurs payés à la tâche vont à la
mine, quelques ouvriers à l'atelier de réparations,
la Compagnie les laissant libres d'agir comme il leur
plaît : attitude justifiée par la doctrine libérale qui
commande de sacrifier au principe verbal d'une
liberté indéterminée et indifférente le devoir réel de
ne pas collaborer à un mal précis en le facilitant. Si
le mal peut être libre, la destruction de la liberté,
destruction tenue pour un mal, devrait être licite,
ce qui est absurde. Conclure à la liberté, c'est conclure, non à une liberté indifférente, mais à la liberté
du bien. Une entreprise industrielle ne devrait pas
favoriser, en les laissant librement s'exercer, les
mauvaises tendances de natures ignorantes et iné-
duquées, mais amener celles-ci à faire de leur activité l'usage le meilleur.

L'influence qu'exercent les uns sur les autres les
mineurs précipite leur régression. Celle-ci reçoit son
impulsion permanente des grossiers instincts qui
fermentent dans leurs âmes frustes, rudes, et ne

rencontrent pas de réducteurs. La question est de
savoir si cet état doit être tenu pour un idéal que le
gouvernement laïcisé s'efforcera de faire passer du
domaine individuel et privé dans le domaine collectif et public. Il lui suffira de répudier officiellement
les principes de régénération et de progrès dont le
Christianisme intégral possède le dépôt et d'enseigner, en les imposant, les doctrines que le natura-
lisme, c'est-à-dire la loi même des instincts inférieurs, inspire. Cette substitution d'une société civile
sécularisée à la société civile chrétienne, voilà toute
la substance du programme des libéraux et de leurs
divers succédanés qui, tous, travaillent exclusivement à transformer l'Espagne catholique en une
Espagne d'infidèles.

La vie ouvrière de ce village ne comporte, en
dehors des bavardages les plus insignifiants, aucune
autre distraction que boire et jouer : « La seule dis-
« traction du pays est de se saoûler », me disaient
en riant plusieurs mineurs. Ils exagéraient ; leur
ivrognerie n'a pas le caractère grossier qu'elle prend
chez nous ; ils entendent par « s'enivrer » ce que
nous appelons « boire un verre de trop », c'est-à-
dire l'exaltation du langage et peut-être une démarche moins assurée. Le mal profond dont ils souffrent
et qui est à la racine de tous leurs maux consiste en
l'absence de vie religieuse due à leur ignorance de
la religion. La science religieuse supplée à toutes les

autres et aucune autre ne lui supplée. On répète un peu partout qu'à l'Espagne manque la culture : oui, celle-là !

L'état des paysans-mineurs aragonais que j'ai observés se résume ainsi :

— Indifférence religieuse, mais truffée de blasphèmes et orientée vers l'irréligion active, même violente.

— Moralité réduite à ce qui reste d'habitudes collectives traditionnelles, encore vivantes dans l'opinion commune et sanctionnées par elle.

— Situation matériellement modeste, médiocre même, mais qui n'est pas la gêne, ni la pauvreté, ni à plus forte raison, la misère.

— Esprit politique libéral orienté vers un anticléricalisme agressif.

— Absence d'idées sur les problèmes sociaux. Pour unique préoccupation, le gain journalier.

— A l'égard d'un ouvrier étranger isolé, accidentellement survenu, qui, par suite, ne leur fait pas de concurrence appréciable, ils se montrent plutôt bienveillants. Du moins ne m'ont-ils laissé apercevoir aucune trace de cette défiance hostile qui accueille trop souvent même un compatriote dans notre France ravagée plus profondément encore que l'Espagne par la guerre sociale et la lutte des classes, le déchirement des partis politiques et le fanatisme libre penseur qui transforment chacun en ennemi de tous les autres.

§ 4. — CONCLUSION

Au cours de cette étude, l'Aragonais, ouvrier des villes ou des champs, nous apparaît franc, loyal, intelligent, actif, travailleur, mais têtu, querelleur et violent.

Le paysan a multiplié ses efforts pour la mise en valeur du sol, malgré son aridité trop fréquente. Mais le reboisement et l'irrigation dépassent les forces individuelles, exigent l'intervention de la province ou de l'Etat : l'extrême centralisation ne la permet pas à la province et le parlementarisme l'interdit à l'Etat. Au lieu de chercher le remède dans le retour aux institutions traditionnelles — *fueros*, biens communaux — qui avaient fait la force et la prospérité du pays, et de les compléter par l'organisation syndicale des agriculteurs, la population, travaillée par un siècle de libéralisme, par les agents et l'argent de l'étranger, tourne le dos aux solutions vraies et possibles et les cherche inutilement dans l'illusion dangereuse du régime républicain et la sottise de l'anticléricalisme.

La diffusion de ces idées est facilitée par l'émigration temporaire des cultivateurs dans les villes ou

par la transformation sur place des paysans en salariés de la mine qui se creuse ou de l'usine qni s'édi-
fie dans les plus lointains *pueblos*. Par là, le mouvement des idées et l'agitation politico-sociale se
propagent dans les campagnes sous l'impulsion des
sociétés ouvrières de Saragosse. En face de syndicats catholiques qui manquent d'argent, de journaux
et d'unité de direction, se dresse une organisation
socialiste révolutionnaire rattachée à Madrid, à
Barcelone, aux pays étrangers, se livrant à une propagande incessante et bruyante, pourvue d'abondantes ressources dont l'origine reste suspecte.
Facile est le recrutement des nouveaux néophytes :
on leur promet l'Eldorado ; on leur affirme que, dans
la société nouvelle, ils pourront vivre tout à la fois
dans l'abondance et dans l'oisiveté. La surenchère
à de tels programmes est tout aussi impossible que
le rappel au bon sens. Mais le malaise est d'autant
plus facile à exploiter qu'il est réel et trouve partout les mêmes causes profondes : l'inorganisation
professionnelle, l'isolement du salarié, son impuissance et son ignorance. Le champ reste libre à l'activité du rassembleur de ces forces éparses et à
leur exploitation par les politiciens besogneux, les
ambitieux et les stipendiés des puissances internationales secrètes.

Tanneurs ou ouvriers du bâtiment, ils gagnent
bien leur vie : tout est si bon marché en Espagne !

Les tanneurs se montrent courtois, hospitaliers, d'intelligence souple, vive, ouverte ; mais ils sont ignorants et pleins des préjugés, des idées fausses et des illusions dont la propagande moderne les a imprégnés. Les maçons et les peintres sont des gens frustes, dépourvus de toute curiosité intellectuelle ; leur existence est toute matérielle ; leurs préoccupations sont exclusivement d'ordre inférieur. Les ouvriers ruraux de la papeterie travaillent pour un maigre salaire ; leur grève procède moins d'idées socialistes que du simple désir d'augmenter leur gain ; ils appartiennent à une race intelligente et travailleuse, mais empoisonnée par la funeste propagande venue du nord des Pyrénées : blasphème continuel, indifférence religieuse, naïve ignorance ensemencée par la légende de la bonne République, source de tous biens, à laquelle se laisse prendre leur crédulité ; ils ne manquent cependant, dans la conduite de leurs affaires personnelles, ni de perspicacité, ni de finesse, ni d'esprit positif et calculateur. Les paysans-mineurs appellent des observations analogues.

La grève des métallurgistes de Saragosse nous montre à quel point la politique pure inspire les mouvements ouvriers. La plupart des grèves espagnoles tendent à provoquer une grève générale à la faveur de laquelle éclaterait une révolution qui substituerait la République à la Monarchie. Telle est *l'exploitation* des ouvriers par les politiciens professionnels. Cette « exploitation » s'étend aux cultivateurs et aux petits commerçants et employés, par l'effet du régime parlementaire : étant tous appelés à exprimer, par l'intermédiaire de leurs députés, leur volonté sur les problèmes généraux intérieurs et extérieurs, il est tout naturel que, groupés ou non, ils participent aux luttes engendrées par ce régime de partisans et que les intérêts généraux du pays en souffrent. Si ces problèmes généraux échappaient à la consultation électorale, les citoyens, isolés ou associés, administreraient eux-mêmes leurs intérêts immédiats pour lesquels ils ont compétence certaine. Au contraire, ils abordent les grands problèmes nationaux dans un état d'esprit inadéquat : le champ de leur esprit est plus étroit que la réalité à laquelle occasionnellement il s'applique, et l'activité de leur esprit s'exerce dans un plan inférieur à celui où cette réalité est placée ; ils se décident, en effet, par des considérations d'intérêt personnel, local et transitoire, dans des questions qui mettent en jeu des intérêts collectifs, nationaux et permanents ; leur horizon est plus limité dans le temps et dans l'espace que ne l'est le problème ; parce qu'ils ignorent ou ont oublié, ils ne peuvent voir ni prévoir ; ils traitent comme des accidents des faits qui durent. Et comme ils troublent la politique, la politique les trouble. Les deux fonctions, politique et économique, mêlées jusqu'à la confusion, s'exercent dans une activité désordonnée et ruineuse alors que, associées mais distinctes, elles assureraient la prospérité du corps social.

Le régime politique explique la facilité avec laquelle la crise ouvrière se généralise et s'aggrave. L'exploitation électorale et parlementaire, ou révolutionnaire, de la situation des ouvriers se poursuit avec une extrême intensité. Ce travail effervescent est facilité par le désir commun à la plupart des Espagnols de ne pas mériter le reproche d'*atrasados*, de retardataires. Dès lors à l'affût de toutes les nouveautés étrangères, ils s'en emparent, les copient et les développent de manière à se trouver très vite en avance sur leurs initiateurs. Mais ils imitent sans discernement, ils imitent pour imiter, avec l'espoir de ne pas paraître ce qu'ils sont, tant ils mettent de force à croire que tout ce qui existe chez eux est mauvais. Et, en effet, tout y est mauvais depuis qu'ils ont répudié leur héritage pour accueillir les erreurs étrangères, depuis enfin qu'ils ont honte d'être Espagnols. C'est ainsi que pendant un siècle ils ont attiré tous les malheurs sur leur patrie.

On nous présente volontiers, en France, cette Espagne moderne comme susceptible de fraterniser plus volontiers avec nous. Cette étude nous montre, au contraire, sous l'extrême courtoisie d'une race hospitalière, la permanence des sentiments hostiles à la France. Nul n'a oublié que Napoléon a envahi l'Espagne et lui a fait perdre l'Amérique et que la troisième République a laissé les États-Unis lui ravir ses dernières colonies. Nous avons ainsi enfermé en Europe l'Espagne et nous l'avons contrainte à fixer ses ambitions à notre voisinage immédiat, c'est-à-dire à reprendre sa politique continentale la plus ancienne. Elle devient notre concurrente dans la Méditerranée et en Afrique où elle s'irrite de nous voir limiter si étroitement son domaine marocain; elle retrouve ses affinités de race avec notre Midi, y envoie ses émigrants et se souvient que ses provinces du Nord occupaient jadis les deux versants des Pyrénées et que, plus anciennement, le royaume de Léon s'étendait sur nos provinces méridionales. Elle aperçoit à nouveau dans sa vieille alliance avec l'Allemagne la raison d'espérer retrouver ses plus anciennes frontières du Nord. Le péril espagnol et hispano-allemand, conjuré par la politique séculaire de nos rois, tend à renaître, évoqué par la politique de nos Jacobins.

Poursuivant l'examen de nos responsabilités, si nous nous demandons quels enseignements nous avons propagés en Espagne, alors elle nous montre l'affreuse blessure dont saigne sa conscience religieuse. La scène de violence entre l'aubergiste des mines de charbon et sa jeune femme symbolise toute l'étendue du mal : la Libre Pensée a réveillé la

bête. Soustraits à l'action libératrice de la religion
et de la morale religieuse, les individus sont aussitôt
mis sous le joug de la violence égoïste des passions
et rivés comme à une chaîne à la loi de la force par
où se traduit cette violence. Et voici — cas particulier de ce régime de la force brutale — à quelle sorte
de féminisme aboutit l'évolution moderne : l'homme,
par nature plus fort que la femme, se l'asservit ;
dans cette société nouvelle, la brutalité du mâle
redevient la loi du rapport entre les deux sexes.
C'est ce que les socialistes, les libres penseurs, les
« modernes » appellent « progrès » : l'âge des
cavernes.

CHAPITRE IV

LA CASTILLE. — MADRID

Dès mon arrivée à Madrid, je me mets en quête d'un logement dans le quartier populeux de Toledo. Je parcours de nombreuses rues sans découvrir aux balcons le papier indicateur, si ce n'est pour des appartements de plusieurs pièces et non meublés. Un portier m'indique aimablement une famille disposée à sous-louer un cabinet : mais je me présente trop tard à l'adresse indiquée ; la location est faite. Une demi-douzaine d'autres portiers me répondent d'un ton presque maussade qu'ils n'ont rien à louer, qu'ils ne connaissent dans le quartier rien qui puisse me satisfaire, et que je ne trouverai rien ; ils me paraissent plutôt désireux de se débarrasser d'un inconnu peut-être compromettant. Enfin, une vieille concierge consent à mettre une alcôve à ma disposition. Son petit appartement se compose d'une première pièce de deux mètres de côté, où l'on entre directement et qu'éclaire une fenêtre de cinquante

centimètres de hauteur, ouverte sur la courette
intérieure de l'immeuble à quatre étages ; puis, d'un
étroit couloir flanqué d'une alcôve qui lui sert de
chambre ; ce couloir aboutit à une cuisine pourvue
d'un fourneau et d'un siège de cabinets et donnant
accès à l'étroite et obscure alcôve qu'elle m'offre au
prix de trois douros pour quinze jours. Après discussion, elle me la laisse à douze pesetas cinquante
centimes : « N'est-ce pas tout ce qu'il vous faut pour
« faire la sieste et dormir ? » Je me contenterai
donc de ce trou obscur. « Vous y serez *divinement*
« bien pour dormir, ajoute-t-elle. D'ailleurs, l'ap-
« partement est tranquille : il n'y a pas d'enfants
« ici ».Mais les cris des enfants des autres logis, joints
aux voix et aux chants des différents locataires,
résonnent parfois avec force dans la courette intérieure. La concierge me demande combien de temps
je compte rester et si je suis « Français ou Allemand » ; mais, observant la discrétion hospitalière
de tous ses compatriotes, pas plus que mes précé-
dents propriétaires elle ne s'enquiert de mon nom.
Seulement, le prix de location reçu, elle bredouille
d'un air fort embarrassé et un peu honteux quelques
paroles que je la prie de répéter. Alors, presque
rougissante : « Surtout, vous n'êtes pas anarchiste ! »
J'éclate de rire. Elle murmure, confuse : « C'est
qu'il y en a tant ! » Son logis est très propre : les
murs et les plafonds sont soigneusement blanchis à

la chaux. Cette maison ouvrière est habituellement tranquille. Une seule fois, au milieu de la nuit, par la courette intérieure m'est arrivé le tumulte d'une grande dispute : une voix de femme s'est mise tout à coup à résonner avec une volubilité qui paraît extraordinaire à quiconque n'est pas Espagnol. C'est une locataire qui se plaint qu'une voisine ait fait tomber, en passant, le linge qu'elle avait lavé. La délinquante répond. Et c'est, pendant une demi-heure, une série de répliques échangées à une vitesse incroyable : l'une n'a pas cessé de parler que l'autre commence sa réponse. Il est admirable qu'un si mince sujet puisse suffire à mettre en mouvement de pareilles « rotatives » d'éloquence. Ce torrent de rhétorique émaillée d'une multitude de courtois *Usted* et de discourtois *canalla* rencontra enfin la digue des protestations de plusieurs co-locataires se plaignant de ne pouvoir dormir. Sur quoi, le meeting nocturne prit fin.

Mon quartier présente sans cesse la plus vive animation. La foule s'agite autour d'une multitude d'éventaires et de petites voitures de marchands ambulants. De nombreuses jeunes ouvrières, au teint mat, aux yeux sombres, à la noire chevelure, circulent, élégantes dans leurs vêtements d'une extrême simplicité ; leur fine silhouette se dessine sous un châle noir aux longues franges ; leurs pieds menus chaussent de petits souliers à talons hauts.

Au coin des ruelles, assis sur le trottoir, des garçons
déguenillés, âgés de dix à vingt ans, jouent à pile
ou face, ou bien aux cartes. Les linges lavés flottent à toutes les fenêtres. Chaque famille s'entasse
dans une ou deux chambre d'immeubles dont la
cour intérieure montre les galeries de bois qui des-
servent les étages : c'est un fourmillement de gens,
un tumulte d'enfants, un pavoisement de linge et
de guenilles. Par les fenêtres ouvertes, on aperçoit
toujours, à l'intérieur des logis, de nombreuses
images de piété. Un soleil ardent éclabousse de
lumière les rues banales et populaires. *El Liberal*,
le plus répandu des journaux, se voit dans les mains
des concierges, boutiquiers, ouvriers, artisans, qui
habitent le quartier. Le soir, les crieurs d'*España
nueva* en parcourent les rues : c'est, avec *El País* et
El Socialista, le journal le plus lu par les ouvriers
d'opinions extrêmes. A la nuit, tout le quartier
déborde d'une foule grouillante : les familles prennent le frais sur le pas des portes et dans la rue où
se déversent les hôtes des étroits logis. On s'étonne
du nombre incroyable d'enfants et d'adolescents que
l'on rencontre par groupes de dix à vingt, en file sur
le trottoir ou assis en cercle au milieu de la chaussée.
Un cinématographe et un théâtre de *zarzuela*, dont
les places coûtent dix centimes, attirent en grand
nombre les spectateurs.

Tout ce vaste quartier de Toledo, où se presse une

population très dense, ne possède que deux églises :
en semaine, à toutes les messes, il y vient beaucoup
de petites gens et, le dimanche, elles s'emplissent et
se vident sans cesse, tout en ne recevant qu'une
petite partie de la population. Une école et une chapelle protestantes se sont installées au cœur du
quartier: au fond du vestibule, s'aperçoit une grande
inscription, « église de Jésus », de ce Jésus qu'ils
ont cessé d'appeler Christ. Plus loin, je remarque
tout le premier étage d'un immeuble occupé par le
« Centre d'instruction des ouvriers républicains
radicaux du district de la Inclusa » et, dans la *Calle
de Valencia*, la « Deuxième succursale de la Coopérative socialiste madrilène » avec « Ecoles laïques »
et « Cercle socialiste ».

Dans un restaurant, je lie conversation avec un
jeune ouvrier Castillan qui vient de passer deux
ans en France. A propos de grèves catalanes : « Oh !
« fait-il, là, il y a toujours des grèves. Et elles ne
« servent à rien : si les ouvriers sont payés davan-
« tage, le prix de la vie augmente... Les ouvriers
« espagnols ne gagnent pas assez parce que les patrons
« manquent d'argent : ce sont les curés qui acca-
« parent l'argent. — Dans quel but ? — Pour bien
« manger. Ce qu'ils ne dépensent pas, ils le gardent et
« l'entassent. — Mais pourquoi faire ? — Je ne sais pas.
« Mais c'est à cause de cela que l'Espagne est pauvre.
« Aussi, à la dernière révolution de Barcelone, a-t-on

« tué trente curés d'un coup ! » Quelle pauvreté d'esprit !

La nourriture n'est pas beaucoup plus chère qu'en province. Le lait coûte cinquante centimes le litre. Le matin, les petites gens font leur collation dans les laiteries avec dix centimes de café au lait et cinq centimes de crêpes. Il n'y a plus de *casas de comida*, mais des *tiendas de vinos y cervezas* 1) où l'on prend ses repas. Dans une de ces *tiendas*, à ma question. « Qu'y a-t-il à manger ? » la femme me conduit à l'étalage où gisent des ragoûts de morue et des ragoûts de veau aux tomates. Comme je lui fais remarquer que je n'aime pas manger froid, elle répond aimablement qu'elle « fera réchauffer ». Je paie cinquante centimes une portion de veau à la sauce tomate où je ne trouve que du gras, un os et des cartilages. Dans une autre *tienda* du quartier Toledo, je paie le même prix pour une portion de ragoût de foie et de débris de poulet accommodés aux tomates. Dans une autre *tienda*, les portions de légumes (haricots ou pois chiches) coûtent vingt-cinq centimes, le riz trente centimes, deux œufs frits quarante centimes, une portion de viande quarante centimes. Dans une *tienda* du centre de Madrid, fréquentée par des ouvriers, le *cocido* coûte cinquante centimes, ce qui est également le prix d'une

---

1. Débits de vin et de bière.

portion de morue, ou dé deux œufs sur le plat, ou
d'une portion de riz mêlé de quelques bouchées de
viande ; une côtelette coûte soixante-cinq centimes,
une portion de haricots vingt-cinq centimes. Dans
une mauvaise *tienda* excentrique de la *Ronda de
Atocha*, je paie un franc pour deux œufs à la coque,
des haricots blancs et une côtelette.

Le blanchissage est également un peu plus cher
qu'en province : pour une flanelle, un caleçon et trois
chemises, il m'est demandé 1 fr. 25 ; une autre fois,
je paie o fr. 5o pour une chemise, une flanelle, un
caleçon, une paire de chaussettes et un mouchoir.

L'ouvrier madrilène n'en vit pas moins à bien
meilleur compte que l'ouvrier français. Avec un
salaire inférieur, il pourrait économiser davantage.
Il est vrai qu'il se contente de peu. Sa frugalité
est-elle une supériorité ? Produire autant à moindres
frais constitue un avantage évident. Mais cette
supériorité peut être niée par les économistes libéraux qui, ayant moins en vue le producteur que le
produit, mesurent le degré de civilisation à l'intensité des besoins, cause de l'intensité de la production. Incontestablement, le fait que les travailleurs
se montrent plus exigeants sur les conditions de
leur vie matérielle suppose chez eux un degré de
richesse matérielle qui permet ces exigences, et,
d'autre part, l'abondance croissante des objets de
consommation constitue un progrès matériel. Mais

une civilisation purement matérielle ou de caractère matériel prédominant reste une civilisation inférieure dont les Etats-Unis nous fournissent le meilleur exemple.

Madrid est une élégante capitale et non une ville industrielle. Quelques usines commencent à s'y construire. Mais les ouvriers mécaniciens ne forment encore qu'un groupe sans importance. Les ouvriers qui constituent l'armée socialiste dont Pablo Iglesias est le chef, sont les boulangers, les maçons, les typographes et les cochers. Tous les ouvriers boulangers sont syndiqués ; nul ne peut exercer le métier s'il ne fait partie du syndicat et le droit d'entrée est de deux cents pesetas. La *Casa del pueblo*, foyer d'agitation du parti socialiste, est installée dans un édifice vaste et confortable, que les quatre-vingt-dix syndicats socialistes ont payé 250.000 pesetas ; la plus grande partie de cette somme a été versée par le syndicat des maçons et ouvriers du bâtiment qui compte 10.000 associés. Les sociétés ouvrières copropriétaires acquittent un loyer dont l'importance ne se justifie pas par les frais généraux (impôts, réparations, concierge, éclairage, etc.). Le portrait de Pablo Iglesias partout exposé, les feuilles anticléricales vendues dans le vestibule marquent nettement les fins politiques de l'institution. Si un fonds de réserve est constitué, c'est donc en vue de l'action politique et non de l'action professionnelle. Cette action politique est essentiellement anticatholique, c'est-à-dire dirigée contre la dignité de conscience et la liberté intellectuelle des ouvriers, et socialiste, c'est-à-dire hostile au syndicalisme que la *Casa del pueblo* semble abriter et qui, ébauche de l'idée corporative, constituerait l'unique tentative raisonnable d'émancipation ouvrière. Les syndicats socialistes de la *Casa del pueblo* ne tentent aucun effort pour améliorer le sort des ouvriers. Par exemple, le syndicat des boulangers, qui exige un droit d'entrée de deux cents pesetas payable en une seule fois et une cotisation mensuelle de un franc, et qui est riche, n'accorde cependant aux syndiqués aucun secours en cas de chômage, maladie, accident ou vieillesse, et n'a ouvert aucune école professionnelle. La fortune syndicale est uniquement destinée à soutenir une grève. L'activité professionnelle du syndicat est donc tout à fait négative; et comme le syndicat est entièrement soumis à des influences politiques, les grèves tendent moins à améliorer la condition des travailleurs qu'à atteindre des buts politiques. Le syndicalisme apparent de la *Casa del pueblo* de Madrid dissimule un antisyndicalisme réel : il dirige l'effort collectif des ouvriers dans une voie qui ne les conduit pas à l'émancipation, mais à une plus complète servitude. Le syndicat des ouvriers de l'imprimerie réclame une cotisation hebdomadaire de cinquante centimes ; le syndiqué qui ne la paie pas pendant quatre semaines consécutives est rayé de l'association. Le syndicat n'assure aucune autre assistance pécuniaire que le versement de soixante-quinze pesetas à la famille de l'associé défunt si celui-ci est inscrit depuis plus d'une année. Les autres syndicats de la *Casa del pueblo* donnent le même secours en cas de décès, mais n'en accordent aucun autre. Il est vraiment superflu de mettre sur pied une organisation ouvrière aussi complexe pour aboutir à un résultat aussi maigre et, pour tout dire, pratiquement nul. C'est la montagne qui accouche d'une souris. L'organisation socialiste de Madrid est inutile aux ouvriers et dangereuse pour le pays. De la *Casa del pueblo* dépendent des « écoles laïques », entretenues de ses deniers et qu'inspire l'esprit ferrériste : elles ne diffèrent donc pas des écoles athées de l'Etat laïque français. Une exposition de travaux scolaires, organisée dans l'une des salles de l'immeuble syndical, attend la proche visite du ministre libéral de l'Instruction publique : ainsi se trahissent une fois de plus les secrètes accointances du libéralisme espagnol et des chefs du parti qui organise en Espagne des foyers permanents de corruption, d'abêtissement et de sédition. La fondation d'écoles laïques et non d'écoles professionnelles, par la *Casa del pueblo*, fournit une nouvelle démonstration du but confessionnel uniquement poursuivi sous le couvert de la défense des intérêts ouvriers.

Au voisinage immédiat de la *Casa del pueblo*, se trouve la « Coopérative socialiste madrilène de consommation. » Le journal officiel du parti est *El Socialista*, quotidien.

La *Casa del pueblo*, très fréquentée par les ouvriers socialistes, présente toujours une grande animation. Une vaste salle, ornée du portrait de Pablo Iglesias, sert de café et de restaurant et l'on y trouve toujours beaucoup de consommateurs. Le café au lait coûte trente centimes, au lieu de quarante centimes dans un café de la ville. Mais on y paie vingt centimes un *refresco espumoso*, c'est-à-dire un sirop à l'eau de seltz qui, partout ailleurs, vaut quinze et même dix centimes. Un repas consiste en un *cocido*, pour cinquante centimes, ou le plat du jour, par exemple, un ragoût de mouton aux petits pois ; la portion en est assez abondante, mais elle coûte cher, une peseta. Presque tous les consommateurs lisent *España nueva*. Dans le vestibule d'entrée, se vendent les journaux révolutionnaires, notamment *Renovacion*, « organe de la fédération des jeunesses socialistes d'Espagne », feuille mensuelle à cinq centimes, et *Adelante* (En avant !), « défenseur des sociétés de résistance, organe du groupe socialiste de Valladolid », hebdomadaire à cinq centimes, presque exclusivement rempli d'articles de polémique anticatholique. De nombreux « avis » sont affichés dans le vestibule : l'un, émané des ouvriers relieurs, désigne comme « traîtres » trois ouvriers ; l'autre, apposé par les soins des garçons de café et d'hôtel, en exclut. dix de leur syndicat pour n'avoir pas rempli leurs obligations de syndiqués et désignent les maisons où ils travaillent ; un troisième « avis » met à l'index une imprimerie ; un quatrième déclare « traître » un ouvrier tapissier ; un autre, « traître et exclu » un ouvrier de l'industrie du cuir.

Les syndicats catholiques d'ouvriers possèdent un organe hebdomadaire, *El eco del pueblo*. Le syndicat catholique des maçons et ouvriers du bâtiment compte six mille associés ; mais l'absence de direction dont il souffre ne lui a pas permis de jouer le rôle auquel il pourrait prétendre. Plusieurs cercles catholiques ouvriers ont été ouverts à Madrid, mais leurs locaux restent à peu près vides depuis que les patrons ont tenté de transformer l'organisation ouvrière catholique en un patronat. Les ouvriers ne les ont plus fréquentés que lorsqu'ils se sont trouvés dans la nécessité de demander quelque assistance. Beaucoup sont retournés à la masse indifférente et amorphe. D'autres, sous la pression de la propagande socialiste, la contrainte exercée par les *socios* (1) de la *Casa del pueblo*, ont fini par

1. Associés.

se faire inscrire aux Sociétés socialistes. Cette
déperdition des forces catholiques ouvrières s'ac-
centuera jusqu'à la ruine si une organisation catholique purement ouvrière, vraiment professionnelle
et réellement indépendante, n'est pas enfin mise sur
pied.

Tous les journaux républicains et -socialistes
mènent violemment campagne contre la guerre du
Maroc. Que les Espagnols aillent au Maroc, ils le
concèdent encore : mais que ce ne soit pas pour se
battre ! ou, si l'on se bat, qu'il n'y ait ni tués ni bles-
sés ! Ils ont horreur du sang versé dans une guerre
qui n'est pas une guerre civile, la seule guerre qu'ils
admirent, qu'ils veulent et qu'ils préparent. Mais la
guerre marocaine est une « folle aventure », le Maroc
« un abattoir », une tombe odieuse »(1). « Les Maures
« se défendent comme les Espagnols à Saragosse, en
« 1808, rue par rue, maison par maison (2) ». Ces
journaux exaltent les ennemis de l'Espagne et humi-
liant devant eux leur patrie. Ils sèment toutes les
alarmes qu'ils peuvent semer. Ils proclament, comme
leurs orateurs de réunions publiques, que « le peuple
ne veut pas cette guerre », car ils considèrent qu'ils
incarnent « le peuple », ils parlent et écrivent en
son nom comme s'ils en avaient reçu délégation
explicite ou mandat impératif. Tous ces temps-ci,

1. *El Socialista*, 26 juin 1913.
2. *Id.*

en raison de quelques petites batailles livrées autour
de Tétouan, le numéro quotidien d'*El Socialista* est
presque complètement consacré à cette « guerre
maudite » (1), comme il imprime en gros caractères ;
par trois fois il répète : « Seule, la paix peut sauver
l'Espagne. » On croirait, à le lire, que l'Espagne est
un pays cerné de toutes parts, réduit à la dernière
extrémité et qui n'a plus qu'à se rendre. Cette guerre
est « une folie », l'Espagne « court à l'abîme » ; c'est
« un nouveau Cuba » qui se prépare ; « la funeste
« guerre marocaine est un volcan qui va détruire
« l'Espagne comme le Vésuve a détruit Pompéi ».
Et ainsi de suite. Ces instigateurs de la défaite ne
savent que propager le découragement, la peur, la
panique. Ainsi, *El Socialista* entreprend de racon-
ter à nouveau toute l'histoire de Cuba, sous le titre :
« Hontes passées qui expliquent les hontes pré-
« sentes et font présager les hontes futures. » *España nueva* affectionne la formule : « Le pourrissoir
marocain. » *El Pais* intitule un article de première
page : « Les razzias, croix en main. » D'après tous
les prédicateurs de la défaite, châtier les Maures,
c'est les irriter. Pour les conquérir, il suffirait
d'aller à eux avec des médecins, des maîtres d'école
et des orateurs humanitaires. Il est impossible de
pousser plus loin la sottise. La vérité est que cette

1. 27 juin.

guerre, sous l'influence des parlementaires, est conduite de façon déplorable ; l'opinion voit trop clair
dans les scandaleux profits que les politiciens en
retirent ; la désolante corruption sévit ; les intrigues de couloirs et les passions des partis s'emparent de cette entreprise mal menée, la compliquent
et l'aggravent. Et, par suite, les critiques ne
viennent pas que des républicains et des socialistes :
les journaux libéraux et conservateurs, se plaçant à
un autre point de vue, ne les ménagent pas ; les jai_
mistes y joignent les leurs et, seuls, avec raison
remontant à la source du mal, dénoncent dans le
gouvernement parlementaire le gouvernement de la
corruption et du gâchis. *El Liberal* (1) ne songe,
au contraire, qu'à rendre plus puissante l'institution
qui engendre tant de funestes effets : il profite du
mécontentement général pour décrire en termes
favorables l'état de la République portugaise, vanter
sa prospérité financière, la paix qui y règne, le progrès que réalisent la marine, l'instruction et l'assistance publiques. Ainsi, par ces impudents mensonges, persuade-t-il peu à peu l'opinion que tout
est pour le mieux dans la petite République lusita-
nienne comme dans la grande République française.
Par là, s'expliquent les illusions auxquelles le public
s'abandonne. *El Liberal*, traitant dans cet esprit

1. 2 juillet 1913.

toutes les affaires espagnoles ou étrangères, crée une ambiance favorable à toutes les expériences désastreuses tentées en Espagne.

Un dimanche matin, un grand meeting socialiste contre la guerre (1) réunit dans une salle publique de mon quartier environ 1500 hommes et 300 femmes. Ce sont des femmes qui siègent au bureau de l'assemblée. Une demi-douzaine d'orateurs des deux sexes se succèdent à la tribune et y débitent, non sans talent, des lieux communs et des absurdités noyés dans le plus copieux verbiage ; surtout un citoyen et une citoyenne excellent dans un genre d'éloquence, fort apprécié ici, qui consiste à enfiler des mots et des phrases avec une incroyable rapidité. L'auditoire est attentif. Le silence n'est coupé, de temps à autre, que par de nombreux «Très bien !»

1 Dans les milieux populaires espagnols, règne ce sentiment que les dépenses pour la marine et l'armée sont superflues, qu'il y a seulement lieu de s'inquiéter d'une guerre défensive et qu'un soulèvement général suffira, comme il y a cent ans, pour chasser l'envahisseur. Ce soulèvement général, au début du xixᵉ siècle, réussit au prix de la ruine générale du pays. Encore ce succès fut-il dû à l'appui militaire des Anglais et aux embarras de Napoléon dans le reste de l'Europe. Comment l'espérer aujourd'hui que les progrès de l'armement et de la technique militaire exigent un outillage formidable et une longue, minutieuse et savante préparation ? Sans une marine et une armée suffisantes, l'Espagne est à la merci de l'envahisseur. Mais le peuple ne voit pas cela de lui-même et les prédications des agents de l'abaissement de l'Espagne l'aveuglent complètement.

proférés à mi-voix ou par des salves d'applaudissements brefs et drus. A un certain moment,
un ouvrier, derrière moi, soupire : « Prim ! un
Prim ! un général Prim ! » Tous les orateurs
femmes se livrent à des déclamations qui atteignent au maximum du vague et du banal (la guerre
est une chose affreuse, horrible, etc.) et invoquent
la défense de tuer portée par l'Eglise, argument
singulier dans la bouche de libres penseuses déli-
rantes. Un des orateurs s'écrie que, tout peuple
ayant le droit de vivre chez lui librement, « je me
« range pour cette raison du côté des Moros ! » c'est-
à-dire du côté de ces musulmans invinciblement han-
tés par l'idée de sortir de leur pays pour conquérir
la terre. Les pays d'Islam constituent des centres
permanents d'agression contre les pays non-musul-
mans, la conquête étant le moyen d'apostolat que
leur foi commande comme le plus parfait de tous.
Auprès de ces foyers de barbarie militante, la sécurité et la paix sont impossibles. Mais le mauvais Espagnol qui se faisait applaudir se rangeait du côté des
Maures comme Jaurès se rangeait du côté des Allemands. Ces internationalistes se révèlent toujours
comme les nationalistes fervents de la nation enne-
mie et les pionniers de la civilisation inférieure. L'orateur continuait : « On prétend que nous allons civi-
« liser les Moros ! Les civiliser ? nous qui manquons
« d'écoles ? nous chez qui la rapine est la loi suprême

« du gouvernement ? C'est l'Espagne qui a besoin
« d'être civilisée ! » Il ne lui manquait que de dire
qu'il convenait de charger les Maures de civiliser
l'Espagne. Le lendemain, *El Pais* ira plus loin en
écrivant qu'il faut en charger les Juifs. L'orateur
conclut en préconisant les manifestations dans la
rue et, s'il est nécessaire, l'insurrection. Pablo
Iglesias, qui prend la parole le dernier, adresse le
même appel : d'où il ressort qu'en Espagne, en effet,
il y a des Espagnols qui ont grand besoin d'être civi-
lisés, étant devenus très semblables à des Moros.

Je m'en vais déjeuner dans une modeste *tienda*
voisine. Une douzaine d'ouvriers avaient pris place
aux diverses tables et l'un d'eux pérorait très haut,
faisant l'apologie de Pablo Iglesias, se déclarant
socialiste et « humanitaire autant qu'il est possible
de l'être ». Il ne tarde pas à être pris à partie par
deux autres ouvriers qui se proclament républicains,
mais non pas socialistes. La discussion se propage
de table en table ; tout le monde y prend part,
hausse le ton ; des quarts d'idée se heurtent dans
une mêlée confuse qui ne cesse qu'après le départ
des plus exaltés. Alors, un des ouvriers demeurés là
dit de « l'humanitaire » : « C'est un ignorant ! Il
« est évidemment de bonne foi, mais c'est un inno-
« cent ! »

Le lendemain, *El Pais* (1) publiait, en première

1. 23 juin 1913.

page, un article intitulé : « Pour les Juifs d'Orient » :

« Le 31 mars 1492 fut un jour critique pour l'histoire
« d'Espagne ; des milliers de Juifs furent avec barbarie
« expulsés de leur patrie dont la vie industrielle et intel-
« lectuelle cessa après avoir eu, du x⁰ au xv⁰ siècle,
« tant d'importance pour les Espagnols et l'Humanité.

« Ce n'est pas le moment d'énumérer les mérites de
« cette race. Son activité économique est manifeste dans
« l'histoire du capitalisme. Aujourd'hui, on lui attribue
« une large part dans la création des instruments de
« crédit, dans le développement de la vie commerciale,
« dans la prospérité des finances des Etats dont ils ont
« souscrit les plus forts emprunts. Dans le domaine des
« idées, de la science et de l'art, ce n'est pas seulement
« leur livre national, la Bible, mais les noms de Maï-
« monides, Ben Gebirol, Spinoza, Rembrandt, Heine,
« Marx et de tant d'autres de même puissance intellec-
« tuelle, qui disent plus que tout éloge.

« Et ils sont ce qu'ils furent toujours : des esprits
« supérieurs et des persécutés. Dans la science, l'art, la
« banque, l'industrie, leur valeur les place toujours au
« premier plan. Et cependant... onze millions de Juifs
« persécutés sont obligés d'errer d'un continent à un
« autre...

« Une bonne partie des Juifs espagnols trouvèrent un
« jour un lieu de repos relatif. Dans l'empire turc,
« 250.000 vivent une vie laborieuse et féconde..., gar-
« dant amoureusement le souvenir de leur vieille patrie
« et, « comme un édifice que nul ne peut détruire bien que
« soit ternie la blancheur de son marbre », notre langue.

« Leurs conditions d'existence et, avec elle, la survi-
« vance de notre tradition sont de nouveau menacées.

« Salonique, reine de la mer Egée, cité quasi-espagnole,
« se trouve dans l'alternative de tomber au pouvoir d'une
« Grèce qui n'est certainement pas celle du siècle de
« Périclès ou d'une Bulgarie ambitieuse et féroce. Pareil
« sort menace les Israélites d'origine espagnole qui la
« peuplent.

« L'Espagne peut-elle assister avec indifférence à la
« disparition de sa langue et à la ruine de ceux qui sont
« toujours ses fils ? Nous leur devons une réparation,
« tardive mais impérieuse. Depuis le xv⁰ siècle jusqu'à
« nos jours, ils n'ont été l'objet d'aucune initiative noble
« et juste ; il ne s'est que très récemment produit des
« tentatives isolées et méritoires, comme celle du séna-
« teur Dʳ Pulido.

« Nous ne pouvons laisser échapper l'occasion qui
« s'offre à cette heure... Il est nécessaire d'ouvrir nos
« portes à ces frères exilés. Nous ne pouvons trouver
« une immigration plus homogène et plus capable de
« rendre la vie à nos campagnes stériles et désertes
« et à nos cités qui, faute d'intelligence et d'activité,
« agonisent. Il est nécessaire de faciliter la nationalisa-
« tion de ces Espagnols sans patrie. Il est nécessaire de
« favoriser leur coopération aux Entreprises intellec-
« tuelles et éducatives (1). Il est nécessaire de fortifier
« notre commerce et notre industrie en les mettant en
« relations chaque jour plus étroites avec les éléments
« israélites d'Orient.

« Et ainsi nous servirons la prospérité spirituelle de
« notre pays, son développement économique et, par-
« dessus tout, la cause de la Justice et de l'Humanité,
« en substituant aux antagonismes de religions et de
« races leur harmonie.

1. Bien avant la Révolution russe, tout était prêt pour la
soviétisation de l'Espagne.

« Pour la section espagnole du Comité philosémite :
« Juan Vicente Viguera, Ramon Carande. »

Ce manifeste déborde de mensonges : — alors que
la grande puissance et l'extrême prospérité de l'Espagne datent du jour où, délivrée des Juifs et des
Maures, elle devient maîtresse de ses destinées, ce
jour-là est représenté comme marquant le début de
la décadence espagnole. — La race juive nous est
décrite comme supérieure à toutes les autres races.
Elle doit cependant ses grands hommes à la culture
que leur a dispensé la société chrétienne au milieu
de laquelle ils vivaient. Les Juifs de talent n'ont
produit d'œuvres supérieures que dans la mesure
où ils ont subi la pression de ce milieu et sont restés
dominés et disciplinés par lui ; dès qu'ils s'en
affranchissent et le dominent, par exemple au
xixᵉ siècle et particulièrement en France, ils défor-
ment et abaissent les sciences et les arts, la littérature et la philosophie. — La race juive est figurée
sous les traits de la légende sémite qui en fait une
éternelle persécutée. Or, les mesures de rigueur
dont elle est parfois l'objet traduisent toujours la
réaction tardive, mais légitime et nécessaire, des
peuples qu'elle a longuement et perfidement ou im-
pudemment exploités, trahis et ruinés. — Les Juifs
sont représentés comme capables de devenir partie
intégrante d'une autre nationalité, de se fondre

dans une autre race ; l'Espagne est outragée du titre
de « vieille patrie » des Juifs réfugiés à Salonique ;
la langue espagnole est assimilée à la langue nationale de ces Juifs pleins de « l'amoureux souvenir »,
de la terre d'Espagne dont « ils restent toujours les
fils » ; ils sont pour les Espagnols « des frères exilés », « des Espagnols sans patrie ». Toutes ces formules expriment une abominable imposture, suent
la trahison. La lettre des Juifs espagnols publiée
par *España nueva* deux mois plus tôt (1) avoue
leurs véritables sentiments pour l'Espagne et, au
surplus, pour tout pays, quel qu'il soit : partout où
ils se posent comme un vol de sauterelles affamées,
ils ne voient qu'une terre dont les dépouilles les
enrichiront. Après avoir vécu du Turc, incapables
de lutter contre le Grec qui leur est supérieur, les
Juifs de Salonique cherchent un autre peuple qui
l'accueille et se laisse piller. Ils se tournent vers
l'Espagne qu'ils sont tous préparés à envahir, ayant
conservé l'usage de la langue castillane (2). Avec
ses habitants, qui ont perdu le souvenir des méfaits
dont ils ont souffert, les expulsés-envahisseurs espèrent plus aisément régler un vieux compte de haine.
Israël estime que les conjonctures lui sont favora-

1. 7 avril 1913.
2. L'un d'eux m'assurait que ses compatriotes parlaient
plus purement castillan que les Espagnols, la langue de
Castille ayant dégénéré depuis l'exode de ses ancêtres.

bles : sa presse internationale, qui a vilipendé l'Espagne libérée, exaltera l'Espagne asservie. Depuis un siècle, le libéralisme a imprégné la nation d'idées étrangères et funestes. Le Juif manquait : il vient. Il vient « pour faire revivre les champs stériles et déserts », lui qui ne sait que faire travailler les autres et recueillir le fruit de leurs peines ! Le socialisme lui apparaît comme la suprême organisation capitaliste d'un pays transformé en une vaste société anonyme dont il monopolisera les richesses. Ainsi que l'écrit *El Pais*, on ne peut trouver « immigration plus homogène ». Une fraction de la nation juive s'apprête à pénétrer en bloc dans la nation espagnole. Les Français savent quel instrument de domination seront pour le Bloc juif les « Entreprises » financières, industrielles, commerciales, politiques, sociales, et surtout « intellectuelles et morales » : esclavage et corruption, voilà ce que prépare pour l'Espagne le « Comité philosémite » du républicain *Pais*.

§ 1. — IMPRIMEURS

Un lundi matin, je me présente à l'imprimerie dont le patron m'a embauché. Mais tous les ouvriers sont syndiqués et ont déclaré, en apprenant ma venue, que l'admission d'un non-associé équivau-

drait au refus de reconnaître l'existence et les droits
de leur syndicat. Aussi le patron m'invite-t-il à
m'y faire inscrire avant de venir travailler chez lui.

Le syndicat est donc, en fait, obligatoire. Dans
ces conditions, ou son secrétariat devrait être ouvert
tous les jours pour permettre les nouvelles inscrip-
tions, ou les ouvriers devraient tolérer la présence
d'un nouveau venu jusqu'au jour d'ouverture du
secrétariat et sous promesse de s'y faire inscrire.
Or, le secrétariat n'est ouvert que le mardi et le
vendredi, dans la soirée, et les syndiqués exigent
l'inscription préalable : de la sorte, embauché le
samedi, je suis obligé d'attendre jusqu'au mercredi
pour travailler. Ce retard m'est préjudiciable et le
syndicat n'y trouve aucun profit. Les ouvriers
savent cependant que l'ouvrier, vivant au jour le
jour, ne peut attendre : imposer plusieurs jours de
chômage est tout à fait injuste.

Le mardi soir, je me rends à la *Casa del pueblo*.
Il y règne toujours de nombreuses allées et venues
d'ouvriers se rendant aux secrétariats de leurs syndicats respectifs, ou à des réunions syndicales, ou à
des conférences. Un cours pour apprentis-typogra-
phes, qui a lieu chaque soir, à l'étage supérieur, de
huit à neuf heures, constitue la seule tentative modeste d'enseignement professionnel que je sache
avoir été faite. Chaque métier dispose d'une pièce
pour son secrétariat. Cette installation est des plus

médiocres : les chambres sont très petites et les couloirs de dégagement très étroits. Chez les imprimeurs, je trouve le secrétaire et lui expose l'objet de ma démarche. Il m'accueille froidement, comme un visiteur importun, et me questionne comme un homme suspect. Il me demande où je travaille, où j'ai travaillé, depuis combien de temps je me trouve à Madrid et enfin si, de la ville d'où je viens, je lui apporte une lettre de recommandation. « Non, mais « un carnet de syndiqué et le reçu du droit d'en-« trée. » Il examine minutieusement les deux pièces. Puis il objecte : « Vous avez payé huit francs « de droit d'entrée. A combien s'élevait le droit « d'entrée ? — A dix francs. — Vous êtes Fran-« çais. Il y a des sociétés ouvrières, en France. « Comment se fait-il que vous n'en apportez pas « quelque lettre d'introduction ? On se munit de « documents !... Repassez vendredi. — Ah ! non ! « Je ne puis rester plus longtemps sans travailler « et les ouvriers de l'atelier, tous syndiqués, refu-« sent de m'admettre avant que je sois inscrit. — « Eh bien ! asseyez-vous là en attendant que les « camarades arrivent. »

Peu après, deux membres du comité surviennent et se mettent à travailler avec le secrétaire sans prêter attention à ma présence. Au bout de quelques instants, l'un d'eux me fait répéter mes explications et me demande si je possède une lettre de recomman-

dation d'un autre syndicat. « Non, fait aussitôt le
« secrétaire, il n'a qu'un livret de syndiqué et il a
« été syndiqué peu de temps. » L'autre me demande
le livret, l'examine avec soin ainsi que le reçu et,
après un instant de réflexion, murmure : « Il ne me
« paraît pas y avoir d'inconvénients à l'admettre. »

J'attends encore. Survient le trésorier. Chargé de
recouvrer les droits d'entrée et les cotisations, il
exécute à cet effet, tous les lundis, une tournée dans
toutes les imprimeries. Les autres lui soumettent
ma requête. Aussitôt, d'un ton brusque, il me demande : « Avez-vous une lettre de recommandation ? »
Après le même jeu de questions et de réponses, il
scrute minutieusement, comme s'il craignait qu'elles
fussent fausses, les pièces que je lui remets et se
décide enfin à me faire remplir un bulletin de demande d'admission. Mais le nom de baptême, sur
mon livret, précédait le nom de famille et, me
conformant aux indications du bulletin, je l'avais
mis à la suite de ce dernier. Sujet de grande per-
plexité ! « ... Mais... mais... décidément, comment
« vous appelez-vous ? Ici, il y a un nom et là un
« autre ! — Mais non ! fis-je avec impatience, vous
« voyez bien que ce sont les mêmes noms ! — Pas
« pour moi. — Alors, pour vous, bonnet blanc n'est
« pas la même chose que blanc bonnet ? » Il hoche
gravement la tête et interroge : « Comment avez-
« vous été placé dans cette imprimerie ? — Par les

« soins d'un ami madrilène. — Comment s'appelle-
« t-il ? » Je donne le nom et, autour de la table, ils
se le répètent en s'interrogeant des yeux.

On voit leur extrême défiance, leur accueil inqui-
sitorial. Entreprenant de faire de l'administration,
ils surpassent aussitôt en tracasseries niaises les
plus formalistes et les plus inintelligents des bureau-
crates de carrière. Dans un syndicat véritablement
professionnel, leur attitude policière ne se justifierait
pas : le syndiqué, apportant son argent et s'enga-
geant à agir de concert avec ses co-associés, ne peut
en aucune façon troubler la vie de l'association. Il
en va tout différemment si celle ci se propose certaines fins extra-professionnelles pour lesquelles
des garanties spéciales deviennent nécessaires. Mais
les chefs du syndicat n'avouent pas ces préoccupations étrangères aux intérêts de la profession et
ne demandent de façon expresse aucune justification
qui corresponde à leurs soucis secrets. En l'espèce,
leur défiance et leur tracasserie s'exerçaient à vide.
Ils auraient pu obéir à la crainte professionnelle de
nuire aux syndiqués en ne leur réservant pas la
place que j'allais occuper : mais cette inquiétude
n'existait pas chez eux. Leur méfiance était donc
alimentée par des considérations d'ordre politique.
Les sociétés ouvrières de la *Casa del pueblo* constituent essentiellement une organisation politique
et la *Casa del pueblo* n'est rien de plus, sous le cou-

vert professionnel, qu'un foyer permanent de conspiration. D'où la crainte qu'éprouvaient ces chefs
du syndicat des typographes d'admettre un agent
politique appartenant à un autre parti.

Finalement, le trésorier du syndicat me dit :
« Lundi prochain, je vous remettrai, à l'atelier, votre
« carnet d'associé et vous paierez le droit d'entrée
« et la cotisation. En attendant, voici un mot de moi
« pour les camarades de l'atelier. » Il rédige quelques
lignes à l'adresse du représentant du syndicat dans
l'imprimerie où je suis embauché, l'informant que
je me suis présenté au secrétariat pour demander
mon admission et que l'on peut me considérer comme
en faisant partie à dater de ce jour.

Le trésorier s'est abstenu de m'indiquer le taux
du droit d'entrée. Ce droit, pour les diverses sociétés
ouvrières de la *Casa del pueblo*, varie entre 25 et
50 francs (à l'exception des boulangers qui en versent
deux cents). Ces taxes sont exorbitantes et, bien
que le fait puisse paraître à peine croyable, ces
sociétés, qui sont nombreuses, qui veillent avec
rigueur au paiement des droits d'entrée et des cotisations et touchent ainsi des sommes considérables,
ne possèdent rien : toutes leurs ressources sont
absorbées par la location de leurs bureaux, leurs
frais d'administration, les maigres subventions
accordées aux grévistes et surtout la propagande
socialiste. Elles ne songent pas à constituer la for-

tune corporative qui leur permettrait de subvenir
aux besoins de leurs associés ; elles sont notamment
incapables de venir en aide à ceux-ci en cas de
chômage ; or, le chômeur ne peut obtenir du travail
dans un autre métier qu'à la condition de payer de
nouveaux droits d'inscription au syndicat ; de sorte
que le résultat le plus clair, pour l'ouvrier, de cette
organisation inspirée par l'esprit socialiste, est qu'il
paie toujours et ne touche jamais rien. Le seul avantage qu'il ait retiré de l'activité de ces sociétés consiste dans l'élévation du salaire et la réduction du
temps du travail : résultat fort appréciable et qu'il
fallait commencer par obtenir, mais après lequel
tout reste encore à faire.

La journée de travail dure dix heures, de huit
heures à une heure et de trois à huit heures. Le premier ouvrier que je rencontre en pénétrant dans
l'atelier me demande aussitôt « si je fais partie de
« la Société. — Je me suis présenté hier soir au
« secrétariat. — Vous avez un bulletin ? — J'ai une
« lettre. » Je vais être placé précisément sous ses
ordres. C'est un des conducteurs de machine à
imprimer. Mon rôle de *mozo* — garçon de salle —
consiste à recevoir les feuilles, à porter les « formes »
et à les nettoyer. Je dois aider, en outre, à balayer
l'atelier avant que le travail ne commence, ce qui

m'oblige à venir une heure avant les typographes :
ma journée dure ainsi onze heures et souvent onze
heures et quart et onze heures demie, les fréquents
retards causés par l'impression d'un journal du soir
retenant à maintes reprises le personnel jusqu'à huit
heures et quart et huit heures et demie. Mon salaire
est de trois pesetas.

Le conducteur de machine se montre distant avec
moi comme avec l'autre *mozo*, les apprentis ou ses
aides : chef d'une équipe, il la commande ; déposi-
taire d'une parcelle d'autorité, il l'exerce ; nous ne
sommes pas ses égaux. Son collègue agit de même.
Le chef d'atelier ou contre-maître, que l'on appelle
« régent », garde la même attitude sèche et impérieuse. Les compositeurs, vêtus comme de petits
bourgeois, arrivent, saluent d'un *buenos dias*, mais ne
fraient pas avec les autres ouvriers. Groupés autour
de leurs casiers, ils parlent beaucoup, mais entre
eux seuls. Tout le personnel de l'atelier est hiérar-
chisé et observe une stricte discipline. Ils sont cependant tous syndiqués et ils professent des opinions
socialistes. Le sentiment hiérarchiste, très vif chez
tous les ouvriers, apparaît comme lié à la nature et
aux nécessités du travail, aux exigences du bon fonc-
tionnement de l'atelier. On me cite néanmoins une
imprimerie dont le patron fait parade de convictions
socialistes, exige de ses ouvriers qu'ils les partagent
et cherche à leur donner un avant-goût des délices

présumées du régime futur en supprimant toute discipline et toute autorité apparentes. Par contre, dans une imprimerie jaimiste, la discipline revêt un caractère familial qui fait du chef un ami.

Le personnel de mon atelier compte, en plus des typographes, deux aides-machinistes, âgés de vingt à vingt-cinq ans, trois apprentis de douze à quinze ans, fort espiègles, et un autre *mozo*, âgé de vingt-cinq ans environ.

Dès le début du travail, un des apprentis parle de Romanones, le président du conseil des ministres, avec un des chefs de machine. Les préoccupations purement politiques les hantent. Le *mozo*, mon collègue, me dit, de suite : « On est mieux en France qu'ici. » Il ajoute que sa mère louerait volontiers une alcôve de son logis pour deux douros par mois, blanchissage compris. Par deux fois, un des apprentis chante à mi-voix *la Marseillaise*. Les deux aides-machinistes me disent qu'ils connaissent quelques mots de français et aimeraient pouvoir le parler couramment. Entre ces ouvriers et apprentis, la conversation prend très souvent et très vite, subitement même parfois, le ton vif et passionné d'une querelle.

Un peu avant l'heure du repas, les aides-machinistes et le *mozo* me demandent si je me propose de déjeuner dans le quartier. Sur ma réponse affirmative, ils chargent l'un d'eux de me conduire dans une *taberna* qu'ils connaissent et que des ouvriers imprimeurs fréquentent. Celui qu'ils ont ainsi délégué ne se contente pas de m'indiquer la *taberna ;* il pousse la courtoisie jusqu'à y entrer pour me recommander à la patronne et il ne me quitte qu'après s'être assuré que je trouve dans ce petit restaurant les aliments qui me plaisent. La patronne m'avait conduit à la vitrine pour me permettre de faire en connaissance de cause mon choix. J'ai payé o fr. 75 pour du pain, trois sardines et deux côtelettes d'agneau. Dans les environs, se trouvent en assez grand nombre des bars ou *tabernas* où le café coûte quinze centimes. L'aide-machiniste, qui m'a présenté à la patronne du restaurant est un Madrilène, plein d'aisance et de distinction, avec une nuance de réserve et une pointe de hauteur qui plaisent chez le Castillan, aimable avec dignité, courtois sans s'abaisser jamais. Ces gens du peuple ont de la race. La lointaine influence arabe se fait sentir : il y a des nez et des bouches sémites, à l'atelier. Les trois apprentis offrent un type voisin de celui des jeunes Maures : ils ont le corps gracile et frêle des enfants de l'Orient, gracieux d'une grâce un peu féminine, nonchalants comme de jeunes félins qui, dans le temps d'un éclair, apparaîtront pleins de fureur. Deux d'entre eux, purs Madrilènes, ont le nez aquilin, le visage ovale, le teint bistré, les yeux chargés de lumière et d'ombre de ces enfants Maures, de grande famille, si aristocrates sous leur *djellaba* bleue et qui

comptent dans leur ascendance quelques chrétiennes
capturées sur les rivages méditerranéens. Un des
apprentis me montre, sur un fragment de journal
illustré, le portrait d'un soldat espagnol de l'armée
du Rif, qui, à distance, m'avait donné l'impression,
avec sa barbe, d'un soldat de la police indigène. « Il
« est certain, déclare l'apprenti, que beaucoup d'Es-
« pagnols, lorsqu'ils portent la barbe, ressemblent
« à des Moros. » Tous les ouvriers de l'atelier ont
ce visage immobile, sévère et triste, qui s'observe si
fréquemment en Espagne. D'une façon générale, ils
semblent d'intelligence très ouverte et très vive. Ils
forment une catégorie d'ouvriers supérieurs que
leur besogne matérielle ne dégrade pas ; ils dominent leurs instruments; ils frôlent les choses de la
pensée, ce qui peut-être ne va pas sans leur inspirer
sur eux-mêmes quelques illusions. Les deux aides-
machinistes — des Madrilènes — ont des physiono-
mies plus intelligentes et des manières plus élégantes que la plupart de leurs camarades ; tout, chez
eux, accuse plus d'éducation et d'affinement ; l'un
d'eux appartient à une famille d'employés. Un
ouvrier est fils d'un Français de la Navarre française et d'une Espagnole. Un autre est Navarrais
espagnol ; un autre, Basque ; un autre, Andalou ; un
autre, Gallego. Le *mozo* avec lequel je travaille est
Gallego et l'un des apprentis madrilènes le raille :
« C'est un Gallego, ou un Aragonais, je ne sais quoi ! »

Tous ces provinciaux viennent se fondre dans la population madrilène et se perdre dans le courant d'idées qui coule de la socialiste et anticléricale *Casa del pueblo* et submerge la classe ouvrière.

Une propagande active, continuelle, inlassable, nous poursuit, nous harcèle (1) ; quand, le matin, je me rends à l'imprimerie, je vois, postés dans les rues qu'il me faut suivre et que parcourent les ouvriers des divers corps d'état, les vendeurs d'*El Socialista* et d'*El Pais*. Le soir, au retour, ce sont les vendeurs d'*España nueva* qui nous guettent. Si je m'adresse à un marchand de journaux établi à poste fixe, il me dit habituellement, avant que je lui aie rien demandé : « *El Pais ?* » Et, sans attendre la réponse, il me le donne. Un matin, dans le quartier de Toledo, je demande à un jeune camelot *El Libe ral*. Il me le tend sans mot dire. « Donnez-moi aussi « *El Socialista*. — Ah ! fait-il avec satisfaction, vous « prenez *El Socialista !* C'est très bien ! » Il me rappelle son collègue de Barcelone qui me félicita de lui acheter *El Motin*.

Ma besogne n'offre pas de difficultés particulières et je me mets assez vite au courant. Pour recevoir

1. Il en est de même tout le long de la voie ferrée, dans les deux Castilles : le chemin de fer apporte par ballots les journaux révolutionnaires de Madrid. A Valladolid, je vois tous les employés de la gare et bon nombre de voyageurs, à six heures du matin, acheter *España nueva*, qui vient d'arriver.

la feuille, il faut observer certaines règles : si l'on ne
place pas ses mains correctement, on n'arrive pas
à superposer exactement les feuilles imprimées que la
machine rejette ; faute d'habitude, on risque à tou
moment d'être en retard sur le débit et de brouiller
les feuilles ; d'autant plus que celles-ci, se présentant
souvent mal en raison de leur légèreté, flottent, se
replient, se roulent, et il faut redoubler de vitesse
pour rectifier leur position et les entasser régulièrement sans cesser de suivre le rythme de la machine.
Cette habileté s'acquiert très vite et les apprentis
reçoivent correctement les feuilles tout en se dispu-
tant lorsque le conducteur de machine a le dos
tourné. Le débutant reçoit les feuilles à sa façon,
selon qu'il imagine que ce sera pour le mieux ; mais
sa façon ne vaut rien ; les anciens la rectifient, lui
indiquent la vraie manière de les saisir, qui est le
produit d'une expérience collective, le résultat de
tâtonnements répétés et de rectifications accumu-
lées.

Les compositeurs travaillent à la tâche. En dix
ou onze heures, ils gagnent couramment de six à
huit pesetas. Quelques-uns, exceptionnellement,
arrivent à se faire des journées de neuf et dix pesetas.

Entre ouvriers, de tout âge et de toute fonction,
les échanges d'observations dégénèrent tout de suite
en très vives disputes. L'un d'eux m'en donne cette

explication : « Nous sommes ainsi, nous autres Espa-
« gnols ; très vite emballés et très batailleurs ! »

Un des apprentis me dit que le roi passe ses étés
à La Granja, « qui est au bord de la mer, tout près
« de Cadix et de Ségovie ». Je lui fais remarquer
que c'est impossible, « d'après ce que j'ai vu sur les
« cartes d'Espagne. Vous n'en avez donc jamais
« regardé, vous ? — Je ne suis jamais sorti de
« Madrid », se contente-t-il de répondre. Certains
s'écrieront : voilà bien l'Espagne sans écoles ! Mais
j'ai constaté maintes fois une ignorance analogue
chez l'ouvrier français (1).

« Ce qui manque à l'Espagne, me confie un des
« aides-machinistes, ce sont des canaux d'irrigation.
« S'ils nous arrivait de bons gouvernants, nous pos-
« séderions, comme la France, des canaux d'irriga-
« tion » ; car il croit que la France est fertile et
bien cultivée parce qu'elle est pourvue d'un bon système d'irrigation, étant dotée de « bons gouvernants ». Son camarade me fait l'éloge des *corridas* :
« La lutte et le foot-ball, ajoute-t-il, sont des jeux
« barbares. » Il a tout à fait raison. Mes compagnons d'atelier me parlent également de Napoléon :
« C'est nous autres, Espagnols, qui avons commencé
« sa ruine ; et nous n'avions ni armée, ni marine, ni

1. Par exemple, à Roanne, au café des intellectuels, à propos de la Rochelle. Voir *La Vie ouvrière*.

« canons, rien ! Napoléon disait qu'avec des soldats
« espagnols et des généraux français on pourrait
« conquérir le monde... Mais tout cela est loin de
« nous et les sympathies entre les deux peup'es
« s'accroissent tous les jours. »

La scatologie blasphématoire, à l'atelier comme
dans les *tiendas* et les rues de Madrid, est acciden-
telle. Mais, comme dans le reste de l'Espagne d'ailleurs, l'injure scatologique est parfois adressée à la
mère de l'interlocuteur ; cette coutume homérique a
plus d'une fois provoqué des rixes mortelles.

Nous imprimons des journaux quotidiens : le travail dominical en est la conséquence. Un aide-
machiniste et un apprenti me disent à ce sujet, d'un
air triste et las : « On travaille tous les dimanches !
« On ne se repose jamais ! » Cette réflexion leur
vient tout naturellement à l'esprit, la veille du jour
où tout le monde se repose. Si nous nous rendions
compte de ce que coûte à ceux qui le préparent le
journal du dimanche, comme nous accepterions
volontiers de ne pas lire le journal ce jour-là où les
ouvriers imprimeurs « ne se reposent jamais ! »

Les ouvriers de l'atelier se cotisent par petits
groupes pour payer le savon qui leur sert à se nettoyer les mains, à la fin de la journée de travail.

Le jour de sa fête, le patron offre un banquet à
ses ouvriers : cette habitude familiale ancienne se
maintient encore, malgré les idées de division, de

haines et de luttes de classes, semées par la *Casa del pueblo.*

Un samedi soir, le tirage du journal ayant tardé, notre journée ne s'achève qu'à huit heures quinze et je suis chargé, à cette heure, de porter avec l'autre *mozo* un paquet de journaux au bureau de la rédaction. Un volumineux paquet sur la tête, nous déambulons par les rues de la capitale, fourmillantes de monde et brillantes de lumière. Mon compagnon me dit : « Nous verrons si l'on nous donne la *propina.* » Nous montons plusieurs étages, nous déposons notre fardeau dans l'antichambre et le *mozo* demande au domestique qui a ouvert la porte : « Est-ce qu'il y a une *propina ?* » L'autre, qui attend la demande pour exécuter sa consigne, nous remet alors à chacun dix centimes. A peine dans l'escalier, mon camarade s'écrie : « On va les boire ! » A une *taberna* voisine, nous prenons un verre de vin de dix centimes et nous nous séparons. Des Français eussent usé de la taverne avec moins de discrétion. En tirant ses dix centimes, le *mozo* avait sorti de sa poche, un instant, toute sa paye de la semaine : « Ça, c'est pour ma mère. »

§ 2. — CONCLUSION

Intelligent et distingué, l'ouvrier madrilène reste victime d'une ignorance qu'il doit à ses chefs politi-

ques. Il en est la dupe. L'opinion publique est per-
vertie par des journaux qui travestissent impuné-
ment la réalité, vantant sans cesse les bienfaits et la
douceur du régime républicain dont les deux pays
voisins sont affligés. La *Casa del pueblo* abrite une
organisation purement politique qui ne se propose
pas d'améliorer le sort des ouvriers, mais qui abuse
de leur confiance pour les enrôler dans l'armée de
la guerre civile. La *Casa del pueblo* est le siège d'une
conspiration permanente en vue d'établir la République, un foyer révolutionnaire dont la caisse s'alimente de l'impôt prélevé, au besoin par la menace,
sur le salaire des ouvriers. Le socialisme républicain
exploite d'une façon scandaleuse la classe ouvrière.
L'Espagne, cette belle nation que l'on ne peut connaître sans l'aimer autant pour ses hautes qualités
naturelles et son aptitude aux grandes choses que
pour sa dignité dans le malheur, souffre d'être
envahie par les idées et les passions funestes qui ont
traîné sur d'autres pays d'Europe le cortège de
maux innombrables : sa régénération ne sera possible que le jour où elle repoussera avec horreur ces
influences maudites, parce qu'enfin elle voudra avec
force redevenir espagnole.

CHAPITRE V

LE PAYS BASQUE

---

§ I. — BILBAO. — PEINTRE

Le quartier ouvrier de San Francisco, sur la rive
gauche du Nervion, est extrêmement populeux. Les
vendeurs d'*El Socialista* s'y abattent chaque soir.
On y crie aussi *Adelante*, « journal des socialistes
de Valladolid », *La lutte des classes*, « organe de la
fédération socialiste basque », hebdomadaire à dix
centimes, et *La Justice sociale*, « organe du parti
socialiste ouvrier, fédération catalane », hebdomadaire à cinq centimes, enfin *La Barredora*, journal
local, anticlérical et pornographique. Une grande
quantité de *tabernas* regorgent de monde, le samedi
soir et le dimanche. De nombreuses *posadas* ouvrières se succèdent dans ce faubourg ; dans une *posada*
aragonaise, quelques Aragonais récemment arrivés
portent encore leur costume de velours. Presque
tous les ouvriers de Bilbao sont vêtus de toile bleue,

avec chemise bleue ou noire, chaussent des espadrilles noires et se coiffent du petit béret bleu que
portent également commerçants et bourgeois.

Les maisons sont noires, semblent humides et
sales. Les logis ouvriers que j'ai vus sont mal tenus
et malpropres. Bilbao, sous son ciel trop souvent
brumeux, évoque le souvenir de nos villes du Nord.
Le logement est assez cher : dans une pauvre *posada*,
la chambre se paie soixante-quinze centimes ; on
demande, comme prix de sous-location d'une chambre ou d'un cabinet dans un appartement privé, deux
douros par mois, sans meubles, et, meublé, quatre
douros. Dans une vieille maison, un logement complet, non meublé, composé d'une chambre claire
avec alcôve claire, d'une cuisine sombre et de deux
alcôves noires, vaut cinq douros par mois. Un cabinet, meublé d'un lit et d'une chaise, mal éclairé, ou
une alcôve noire, se paie couramment, dans le quartier du marché ou dans le quartier San Francisco,
trois et quatre douros par mois ; une chambre claire,
quatre et cinq douros ; un lit dans une alcôve à deux
lits ou même une place dans un lit déjà occupé peut
coûter jusqu'à deux douros par mois. J'ai exceptionnellement trouvé, dans le quartier San Francisco, au troisième étage, en sous-location, pour
onze francs par mois, blanchissage compris, un
cabinet de deux mètres sur deux, prenant jour sur
une courette de mêmes dimensions ; non loin de là,

on me demande vingt francs par mois, sans le blanchissage, pour un cabinet de deux mètres sur deux,
éclairé par une petite fenêtre mesurant quarante
centimètres de côté et s'ouvrant à un mètre quatre-
vingt au-dessus du sol. J'ai fini par arrêter, sur la
rive droite du Nervion, dans le quartier du marché,
une chambre sur rue, très claire, avec balcon, mesurant deux mètres cinquante sur chaque côté, meublée d'un lit, de deux chaises et d'une table avec
pot et cuvette, pour le prix de vingt francs par mois
sans le blanchissage ; elle dépend d'un petit appartement situé au troisième étage d'une vieille maison;
une famille d'ouvriers (l'homme, la femme et un
enfant) occupe la cuisine et un cabinet noir et sous-
loue les autres chambres ou cabinets. Le plancher
malpropre et les vieux papiers peints me font
regretter le carreau et les murs blanchis à la chaux
des autres provinces ; et, en effet, je n'ai pu m'y
endormir qu'après avoir tué une cinquantaine de
punaises, les premières rencontrées en Espagne et
qui me rappelèrent fâcheusement Chartres (1), Lille
et Roubaix (2). Une des deux chambres voisines est
à louer, mais l'autre, dont je suis séparé par une
mince cloison et une porte verrouillée contre laquelle
doit appuyer un lit, est occupée par un jeune homme,
tuberculeux avancé, que je ne cesse d'entendre, nuit

1. Voir *l'Ouvrier agricole.*
2. Voir *Deux chauffeurs-conducteurs.*

jour, tousser et cracher, râler et gémir ; sa mère,
une veuve, occupe un cabinet noir. situé au fond
de la chambre de l'agonisant; son autre fils, ouvrier
boulanger, couche dans un autre cabinet noir qui
s'ouvre sur le corridor. La cuisine et les water-
closet prennent air et lumière sur une courette
intérieure, mesurant environ deux mètres cinquante
sur chaque côté, et qui éclaire un deuxième appartement situé tout au fond de l'immeuble, composé
d'une chambre s'ouvrant sur cette courette et d'un
cabinet aéré et éclairé par le sombre palier de l'escalier commun.

Mon logeur, ouvrier originaire d'une autre province, est complètement acquis aux idées révolutionnaires. Rentrant un soir, très surexcité pour
avoir bu plus que de raison, il m'expose ses opinions : « ... Nous sommes tous frères, car nous
« venons tous de la terre ! La terre d'Espagne est
« aussi bien aux Français que la terre de France
« aux Espagnols... Je l'ai entendu dire dans bien des
« meetings : il n'y a que l'Humanité !... » Je lui
objecte : « Si je venais prendre ce qui vous appar-
« tient, vous vous hâteriez de vous défendre : de
« même, les Espagnols, si les Français envahissaient
« l'Espagne. — C'est ça ! » s'écrie-t-il avec enthousiasme et croyant dans sa simplicité que j'approuve
ses divagations, « c'est ça ! ça même ! tous frères ! il
« n'y a que l'Humanité !... » Il était tout aussi impos-

sible d'arrêter cet imbécile que de lui faire entendre
raison. Il continuait: « Le commerce doit être huma-
« nitaire et non se faire en versant le sang... Nous
« avons tous droit à la vie!... Nous avons droit
« à la vie, droit à la culture et droit au repos : ça
« fait trois droits... et huit heures pour chacun !...
« Et nous en sommes encore à travailler comme des
« ânes de charge!...Je suis pour le travail intelligent !
« Car la science progresse, aujourd'hui !... Je l'ai
« entendu proclamer dans bien des conférences!...
« Dire qu'en Espagne, il y a encore plus de 4o o/o
« d'illettrés!... » Ses propos deviennent de plus en
plus exaltés et décousus : « Le socialisme et la
« société actuelle entreront en guerre ! Si nous ne
« voyons pas cette guerre, nos enfants la verront !...
« Le collectivisme, c'est une collecte et une réparti-
« tion... Ah! nous sommes vraiment malheureux,
« nous autres !...Est-ce vrai ?... Les curés le clergé...
« il y a le clergé... — Séculier et le clergé régulier,
« lui soufflè je. — Oui, c'est ça! le clergé séculier et
« le clergé régulier... » Il lance le poing en l'air, il
répète « l'Humanité!... » bredouille, profère d'inco-
hérentes formules... Son enfant, âgé de six ans,
entre bruyamment dans la chambre. Le père, interrompu dans son discours, le gifle, d'un coup de pied
le jette à terre, le frappe pour l'y mieux aplatir, le
frappe pour le relever, le regifle, le rejette à terre
d'un coup de pied, le relève d'une claque, le recla-

que. Je crie : « Assez ! assez ! » inutilement. La mère s'interpose : « Laisse-le ! » Il lève la main sur elle. Elle s'enfuit dans la cuisine où il se précipite à son tour et j'entends le bruit d'une bousculade, d'une lutte, de coups « humanitaires ».

... Dans la nuit, parfois, de la chambre voisine me vient un murmure : « Plus bas ! je suis plus bas !... » La plainte passe comme dans un souffle d'épouvante. Souvent, le soir ou le matin, à l'heure où je me couche, à l'heure où je me lève, le bruit irrégulier de la toux ou du halètement s'arrête : « *Madre !* » L'appel se fait entendre dans un cri où la voix, brisée, jette un dernier reste d'énergie. La mère se hâte : « Que veux-tu ? » Il râle : « De l'eau ! » Et tout autour de lui coule, bourdonnante, bruyante même et parfois joyeuse, la vie de la maison, de la rue, de la cité ; la rumeur monte du dehors ; de jeunes enfants jouent à grand bruit sur le palier et dans le corridor ; la mère a couru à la cuisine, et le voilà seul en sa chambre, comme abandonné dans son désespoir. Au cours de la nuit d'un dimanche, je l'entends qui épuise ses dernières forces dans sa petite toux sèche, brève, dans l'effort qu'il fait pour cracher des débris de poumons ; et puis, c'est sa respiration courte, haletante, gémissante ; et il soupire : « Plus mal... « je suis plus mal... » Puis il blasphème : « *Me cag... D...* ! » Il blasphème contre Dieu, d'une voix où il met toute sa force ; il blasphème une fois, deux, trois, cinq fois, dans cette nuit où il touche à la mort... Il râle : « *Madre mia !* » De son alcôve, elle répond : « *Mi chico !* » Combien de fois encore pourront-ils se dire : « Ma mère !... mon petit !... » De la rue, montent une rumeur continue et joyeuse, des chansons et des rires, les notes égrenées d'une flûte. Lui, il gémit, il vagit comme un nouveau-né, il suffoque : « *Madre !... adios !...* » Maintenant, dans un cabaret, en bas, on chante en chœur : les voix emplissent la nuit d'un bruit de fête. La mère se penche à la fenêtre et soupire : « Ils chantent... » De la chambre, dans un râle : « *Me cag... los bailos !* » répond, injuriant les fêtards, le mourant. Et il recommence : « *Madre... madre mia...* », sans cesse, de sa voix qui râle, invoquant sa mère... Les chants montent, plus forts, mêlés au claquement des castagnettes. Même pour mourir, les pauvres ne connaissent pas le luxe du silence qui donne le repos... Il a vécu quelques jours encore. Et puis, rentrant de mon travail, j'appris que mon jeune voisin avait cessé pour toujours d'appeler sa mère.

Dans une des nombreuses laiteries de Bilbao, entre en coup de vent une femme, de quarante à cinquante ans, tablier sur le ventre, mal peignée, poitrine flottante ; en proie à une vive surexcitation, elle s'écrie : « Les Basques, c'est un peuple de voleurs, de p...,

« d'hypocrites, d'inquisiteurs ! Il n'y a pas pire
« canaille au monde ! Ils vont à la messe ! Leur pays
« est plein de couvents !... Moi, je suis Castillane !...
« Il n'y a pas de Dieu ! Dieu, c'est l'or !... Les évê-
« ques ont des voitures et des palais ! On ne mettra
« donc pas des cartouches de dynamite dans les
« églises pour les faire sauter !... Ah ! la France !
« voilà un pays intelligent !... qui a chassé les moines
« et les curés !... Mais c'est sur nous qu'ils se sont abat-
« tus !... » Les autres femmes présentes dans la boutique la regardent avec un air d'indulgence nuancée
de pitié et la laissent patiemment dégorger sa haine
et gagner la porte sans que sa fureur l'ait quittée.

Le fond de l'alimentation populaire est toujours
le bouillon gras et le *cocido*, le bœuf bouilli mêlé de
pois chiches. La portion de poisson (merluche
bouillie avec sauce) ou de viande (bifteck avec
pommes de terre ou ragoût de bœuf aux pommes),
ou une omelette coûte quarante à cinquante centimes
dans un restaurant ouvrier du quartier San Francisco.

En dehors de la pelote basque, jeu qui passionne
cette province autant que les *corridas* le reste de
l'Espagne, il n'est guère d'autre distraction populaire que le cinématographe. Les affiches annoncent,
avec l'emphase coutumière aux Espagnols, un film

« grandiose et monumental » ou « d'un succès gran-
diosissime ». Le ciné du quartier Saint-François
coûte quinze ou trente centimes suivant que la repré-
sentation est « simple » ou « double », c'est-à-dire
réduite aux films ou agrémentée de chorégraphie ou
de chansons de café-concert. Tous les cinés sont
très fréquentés par les ouvriers, même en semaine.
A San Francisco, le déroulement du film est accompagné d'un abondant commentaire verbal ; le public
ne ménage pas les interpellations gouailleuses ; les
danses sont, les unes, de style espagnol, merveil-
leuses de grâce, les autres, d'importation étrangère,
de ce genre grossier et bête qui nous vient d'Amérique et où la danse participe de l'exercice de force
et de dislocation, de la sentimentalité niaise et de
l'épaisse balourdise ; il s'y joignait une danse suffisamment déshonnête pour que l'on pût regretter de
voir dans l'assistance autant d'enfants des deux
sexes amenés par leurs parents. Dans les quartiers
aisés, aux représentations cinématographiques de
l'après-midi, en semaine, les petites places sont
remplies de jeunes ouvriers ou employés, de douze
à vingt ans, que j'ai vus saluer de plusieurs salves
de vigoureux applaudissements un film représentant la capture, par la police, de hardis voleurs ; il
en était différemment à Saragosse. Au cours des
nombreuses séances auxquelles j'ai assisté, les attitudes risquées ou les situations inconvenantes, qui

obtiennent tant de succès à Barcelone ou à Saragosse, ne provoquent aucune manifestation d'approbation. Les applaudissements du public vont aux scènes sentimentales ; une réconciliation, un père qui retrouve son fils dans des circonstances tragiques, des fiancés rendus l'un à l'autre après de cruels malentendus, un mari qui conquiert l'amour de sa femme. Mais les cinés déroulent trop souvent des films tirés de romans ou de pièces de théâtre dont la lecture ou la vue n'est pas recommandable même pour des adultes. Le public, composé en majorité d'enfants et d'adolescents, n'achèterait ni le roman ni le billet de spectacle, mais dispose de dix ou quinze centimes et d'une heure de loisir : ainsi se vulgarisent les thèses malhonnêtes qui alimentent presque toute la littérature écrite ou jouée. Un jeudi après-midi, dans un très vaste ciné, aux trois quarts empli d'enfants des deux sexes, de dix a quinze ans, un film yankee met en scène un adultère dont tous les détails, et les plus significatifs, sont merveilleusement soulignés par des acteurs qui connaissent à fond toutes les ressources de leur art. Le mari trompé est un parfait honnête homme, intelligent et énergique, d'une dignité parfaite, très évidemment présenté au public comme un type de haute moralité. Il tue froidement le coupable et, sur son cadavre, récite le « Notre Père ». Condamné en justice, il reçoit dans sa prison la visite de son

fils, âgé d'une douzaine d'années, à qui il fait jurer de
ne pas se marier. Sitôt l'enfant parti, il lit une page
de la Bible et, d'un fragment de la cruche qu'il a brisée, s'ouvre les veines. Il a récité le « pardonnez-nous
nos offenses comme nous pardonnons à ceux qui nous
ont offensés » sur le corps de celui qui l'a offensé et
qu'il a tué ; il a arraché à l'affection, à l'émotion et
à l'ignorance de son fils un serment absurde et coupable ; après avoir prié, il se tue. Adultère, assassi-
nat, abus d'autorité, suicide, tous ces crimes enrobés
de morale protestante sont prêchés par elle et avec
elle à cette jeunesse, en images de lumière vivante, en
actes qui imprègnent les yeux, la sensibilité, le jugement, l'âme, en sensations impulsivantes. Ce meur-
trier puise son inspiration dans sa seule conscience
éclairée uniquement par une interprétation personnelle des textes sacrés. Quand une crise morale éclate
en lui, il se croit favorisé de révélations surnaturel-
les : la Bible méditée, il n'obéit qu'à son inspiration
individuelle, tenue pour la parole de Dieu ; il ne craint
point d'errer ; il professe le dogme de sa propre infail-
libilité ; il se fait sa loi morale. C'est un puritain, un
kantien, un homme religieux suivant la formule
d'un Pécaut ou d'un Ferdinand Buisson, c'est un
vrai pasteur génevois. Et voilà pourquoi il ravage
son foyer comme n'aurait jamais pu le faire l'incon-
duite de sa femme ; il arrache à son enfant un serment mauvais et, après lui avoir enlevé le respect

de sa mère, lui retire l'affection et la protection pater-
nelles ; après avoir vengé l'injure, il récite les fór-
mules du pardon des injures ; il légitime son suicide
par un texte sacré. Il commet le pire sous les plus
hautes inspirations auxquelles puisse atteindre sa
conscience d'homme droit, juste et loyal. C'est le
criminel raisonneur, scrupuleux, inspiré : un mons-
tre. Ce film protestant prétend en faire un ange.

Tandis que la presse anticléricale se montre très
ardente, très combative, violente, la presse catholique reste très modérée, et même terne. En dehors
de *Euskadi*, quotidien nationaliste basque, très répandu, qui publie toujours plusieurs articles en
langue basque, et de *Aurrera* (En avant !), hebdomadaire jaimiste, les organes catholiques ou conservateurs sont *La Gaceta del Norte, Pueblo vasco,
Nervion, Noticiero. El Pueblo vasco* (1) rapporte
que le trésorier de la « Chorale socialiste » de Bilbao,
un ouvrier typographe, s'est enfui avec les fonds de
la société, qui s'élèvent à 334 fr. 90 ; plainte est déposée par le président de la chorale, également ouvrier typographe. Presque en même temps, plainte
était déposée par un ouvrier peintre, président du
« Groupe d'art socialiste » de Bilbao, contre son

1. 28 juillet 1913.

trésorier, également en fuite avec les 6r fr. a5 qui
constituaient le fonds social. *La Gaceta del Norte*,
qui est le plus répandu des journaux de Bilbao,
nous fait de piquantes révélations (1) : en 1905. Salmeron, chef du parti républicain espagnol, obtient
d'un général, moyennant deux millions et une haute
charge dans la République, qu'il prépare un coup
d'Etat. Salmeron demande alors à Lerroux de soulever Barcelone à ce moment-là. Mais, peu après, Mo-
ret, président du Conseil, écrit au général que Lerroux l'a mis au courant du complot : il offre au général le portefeuille de la guerre et la conjuration
avorte. *La Gaceta del Norte* se plaint (a) des « infamies de la presse sectaire » : *El Pueblo*, de Valence,
a raconté avec force détails et commentaires des
faits scandaleux qui se seraient passés dans le collège des Maristes d'Astorga ; or, il n'existe pas, à
Astorga, de collège des Maristes ! Nous connaissons
ces méthodes, en France, et, plus que ces calomnies
de la presse, les calomnies judiciaires minutieusement montées de toutes pièces par des ministres,
des policiers et des juges complices.

La lutte des classes, hebdomadaire socialiste
basque, réédite les pauvretés défraîchies que l'anticléricalisme a depuis longtemps mises en circula-

1. a3 juillet 1913.
a. 7 juillet 1913.

tion chez nous, par exemple (1) le rite « anti-hygié-
nique » du baptême, les cruautés de l'Eglise qui,
« au nom du Dieu d'amour, a condamné Copernic,
« Képler et Galilée » (et non plus seulement Galilée)
« a gardé huit ans en prison Giordano Bruno, sans
« livres, sans papiers, sans amis, avant de le traîner
« au feu... Tout cela en vain : d'abord l'astronomie,
« puis la géologie et ensuite l'anthropologie ont dé-
« truit le catholicisme (2) ».

El Socialisia (8 juillet) combat, dans un article
sur « L'Argentine », l'émigration dans ce pays —
une République cependant — où l'ouvrier serait
exploité autant, si ce n'est davantage, qu'en Europe :
on l'attire par l'appât d'un gain mensuel de 140 pesetas, sans l'avertir qu'il lui faudra payer 3 fr. 50

1. Dans son « Courrier régional » du 5 juillet 1913.
2. Du moins tout l'effort des ministres libéraux tend-il
vers ce but. *La Trinchera* (20 juillet 1913) rapporte qu'à la
session de clôture du congrès des licenciés et docteurs ès
lettres et philosophie, le ministre de l'Instruction publique,
Ruiz Jimenez, a dit : « Luttez sans repos contre l'enseignement congréganiste qui est le pire ennemi. » C'est dans cet
esprit que, par une série de mesures administratives, l'enseignement de l'Ecole normale supérieure a été réformé
dans le sens de la laïcité, les livres portés à l'Index ont été
introduits dans les Bibliothèques scolaires, les Ecoles nor-
males que dirigeaient des religieux ont été sécularisées, la
religion supprimée du programme des lycées, l'influence
du curé dans les comités locaux d'enseignement primaire
réduite, l'inspection de l'enseignement réorganisée par un
décret qui ne fait plus mention du droit d'intervention
ecclésiastique.

par jour dans la *fonda* la plus modeste et que le
vêtement le plus simple, qui vaut soixante pesetas
en Espagne, lui encoûtera là-bas deux cents ; qu' « en
« fin de compte, un ménage avec deux enfants ne
« peut vivre avec 250 pesetas par mois... Dans le
« présent régime bourgeois et égoïste, le salaire est
« internationalement déterminé par le coût de la
« vie. Si l'ouvrier réussit à faire augmenter son
« salaire, aussitôt augmente le prix des choses
« qu'il consomme... Si, par l'union et la force, les
« ouvriers obligent le capitaliste à augmenter les
« salaires, celui-ci augmente ensuite la valeur de ses
« marchandises... ¡L'augmentation du coût des
« marchaudises augmente le coût de la vie et la
« situation de l'ouvrier reste la même. . Il ne faut
« pas beaucoup s'enthousiasmer pour les réformes
« immédiates : elle nous apprennent uniquement à
« lutter. Ce qu'il faut, c'est travailler de toutes nos
« forces à en finir avec le régime bourgeois actuel
« et à entrer dans le régime socialiste ; autrement,
« nous aurons toujours des exploiteurs et des
« exploités, des hommes qui travaillent et d'autres
« qui bénéficient de leur sueur... » L'augmentation
des salaires et, par suite, du coût de la production
augmente nécessairement le prix de la vie. Cette
conséquence inévitable ne manquerait pas de se
produire en régime socialiste comme en régime
bourgeois. Et le régime socialiste, lui aussi, comp-

térait un grand nombre de travailleurs pour un petit nombre d'administrateurs-gouvernants qui seraient les profiteurs. Enfin, la production étant, en régime socialiste, plus coûteuse et diminuée, l'appauvrissement général s'ensuivrait nécessairement. Le remède préconisé par *El socialista* serait pire que le mal : il l'aggraverait en le généralisant. Le régime socialiste, c'est le régime capitaliste étendu à toute la société et porté à sa plus haute puissance. Transformer l'Etat en patron universel et en unique capitaliste, ce n'est pas faire disparaître le patronat ni le capitalisme, mais leur donner le maximum d'extension et d'intensité. La solution doit être cherchée dans l'effort collectif et continu des ouvriers en vue de constituer la fortune ouvrière. Il n'existe pas deux procédés d'enrichissement, l'un propre aux bourgeois et l'autre spécial aux salariés. Nul n'a jamais pu s'enrichir que par l'accumulation des économies réalisées sur son revenu et, si ces économies sont très petites, par leur fructification dans l'association et dans le temps. Or, ni la force ouvrière n'est pleinement constituée, ni elle n'a trouvé son juste point d'application. L'association ouvrière poursuit des buts politiques et non professionnels ; elle déploie sa puissance dans la lutte des classes, en vue du bouleversement social. L'activité du corps professionnel s'appliquant à reconstituer et agrandir le bien de mainmorte volé par la Révolution, voilà la force qui manque aux ouvriers et dont les corps monastiques lui donnaient l'exemple, voilà le point d'application utile de cette force, faite du faisceau d'efforts des vivants et des morts et de ceux qui vont naître, et dont l'action créatrice peut susciter toutes les institutions d'instruction, de prévoyance, d'assistance et de retraite dont les ouvriers éprouvent le si pressant besoin. Cet instrument de leur libération, la Révolution l'a brisé. La reconstitution et l'utilisation de cette force n'entraîneraient pas la conséquence redoutée par *El Socialista*, d'augmenter le coût de la vie, puisqu'elle n'aurait pas pour effet d'augmenter le coût de production des marchandises.

El Socialista, à propos de la grève générale proclamée en Catalogne par 80 000 ouvriers et ouvrières de l'industrie textile, publie (1) un article dans lequel il constate le préjudice que l'absence de colonies cause à cette industrie : « Les colonies perdues sont autant « de marchés qui nous sont fermés », et un article où il s'élève véhémentement contre « l'entreprise absurde du Maroc », qui serait cependant un marché singulièrement avantageux pour l'Espagne et un débouché pour sa population. Mais la passion aveugle ce journal et le parti dont il est l'organe.

Pablo Iglesias est venu à Bilbao tenir un grand

1. 1ᵉʳ août 1913.

meeting contre la guerre marocaine : 2.000 auditeurs se pressent dans la salle. A l'issue de la réunion, Pablo Iglesias télégraphie au président du
Conseil que « le peuple de Bilbao veut la cessation
de la guerre ». « Le peuple de Bilbao », ce sont les
2.000 hommes, femmes et jeunes gens accourus pour
entendre Pablo Iglesias. La plupart habitent le
quartier San Francisco où s'écoule un véritable flot
d'ouvriers derrière le *leader* socialiste se rendant à
la *Casa del pueblo* qui s'élève au milieu des maisons
de filles publiques. Dans une *taberna* où je vais
déjeuner, un Basque de la montagne prend son
repas. Survient un Basque, ouvrier d'usine, ami du
montagnard et de la patronne. Ces deux derniers se
plaignent amèrement de l'augmentation des impôts.
« C'est le résultat de la guerre marocaine ! » s'écrie
l'ouvrier. Mais les deux autres ripostent avec vivacité, mettant en cause la politique générale du gouvernement libéral et la Constitution.

La propagande révolutionnaire s'exerce sur une
population ouvrière cosmopolite, composée d'Espagnols de toutes les provinces et de Français,
d'Anglais, d'Italiens et d'Allemands. Les partis
politiques qui se partagent la Biscaye sont : les
socialistes, les républicains, les libéraux, les conservateurs, les jaimistes et les nationalistes. Les deux
premiers et les deux derniers ont seuls de l'importance ; les socialistes et les républicains sont localisés

dans les centres industriels. Le parti nationaliste,
qui prend depuis quinze ans une importance croissante, est séparatiste : il réclame l'indépendance
complète des provinces basques. L'idée séparatiste,
basque ou catalane, est le fruit d'un siècle de libéralisme parlementaire et centralisateur : ce régime a
exaspéré le sentiment régionaliste auquel, seuls, les
principes politiques traditionnels peuvent donner
satisfaction dans l'unité nationale. Ce nationalisme
séparatiste des provinces est un symptôme grave et
inquiétant de la tendance à la reconstitution, contre
l'Etat libéral oppresseur, de petits Etats libres dont
la multiplicité serait loin de nous donner une garantie
de paix universelle.

A Bilbao, le conseil municipal ne compte (1913)
qu'une voix de majorité du bloc jaimiste-nationa-
liste-conservateur sur le bloc libéral-républicain-
socialiste.

La lutte entre les patrons et les socialistes est
menée avec acharnement. Le patronat de Bilbao a
construit tout un quartier d'habitations ouvrières
salubres et économiques sur le flanc du coteau de
Notre-Dame de Begoña. C'est un emplacement de
choix, qui réunit les meilleures conditions d'éclairage et d'aération. Un logement composé de trois
chambres à coucher ne coûte pas plus de trois à
quatre douros par mois. Les patrons ont également
suscité la création d'une dizaine de syndicats ouvriers

qui comptent un asssz grand nombre de syndiqués,
malgré les injures, violences et persécutions de
toutes sortes dont souffrent dans les ateliers les
ouvriers qui refusent de s'affilier aux syndicats
socialistes. Les syndicats patronaux accordent des
secours en cas de maladie, accidents, grève, chômage, décès, fermeture de l'atelier, renvoi motivé
par l'affiliation au syndicat ; ils prévoient sept catégories de cotisations; le secours est proportionnel
au taux de la cotisation, qui varie de o fr.45 à o fr. go
par semaine. Malgré la forte organisation du Patronat de Bilbao, ses syndicats et ses mutualités, les
ouvriers inscrits n'en fréquentent pas les salles de
réunion ; ils sentent qu'ils n'y sont pas chez eux,
mais chez les patrons, que c'est une œuvre patronale
en faveur des ouvriers et non une œuvre ouvrière
créée par les ouvriers pour eux-mêmes ; ils ne
viennent au siège syndical qu'afin de demander ou
recevoir une assistance étrangère et l'initiative
patronale leur apparaît comme une manœuvre
tentée pour empêcher la constitution d'une force
ouvrière indépendante ou la briser. Le régime économique libéral est impuissant à réassocier ces collaborateurs de la production dont il a fait des
ennemis ; en détruisant le corps de métier, il a
détruit la solidarité des producteurs et suscité l'âpre
concurrence, le conflit et la lutte dans leur répartition du produit. Patrons et ouvriers n'ont plus

conscience de leur solidarité professionnelle, mais
de leurs intérêts séparés et opposés. Grâce à l'initiative intelligente et obstinée d'un Aragonais,
ouvrier mécanicien, une organisation syndicale
catholique ouvrière, indépendante, a été mise sur
pied : en deux mois, elle groupait 170 salariés
appartenant à différents métiers. Les statuts prévoient douze catégories de cotisations variant de
soixante centimes à cinq francs par mois, donnant
droit à des secours de maladie, grève, chômage,
proportionnels au taux des cotisations, et à une
retraite de vieillesse pour les souscripteurs à quatre
et cinq francs. Les syndiqués ont, en outre, ouvert
une « Académie sociale ouvrière », c'est-à-dire un
cercle d'études.

Le faubourg industriel de Deusto s'allonge dans
l'étroite vallée du Nervion, en aval de Bilbao. Sur
les bords de la rivière se succèdent les usines. Je
déjeune avec des ouvriers métallurgistes ; ils mangent
une soupe grasse et une assiettée de haricots au
milieu desquels s'aperçoivent un petit morceau de
lard et un petit morceau de bœuf bouilli ; ils boivent
deux verres de vin coupé d'eau de seltz. Il suffit de
les regarder pour reconstituer toute l'histoire industrielle de notre temps. Ce sont des hommes jeunes
et vigoureux. Une usine s'est ouverte. Ils sont venus

de leur *pueblo* pour gagner trois à quatre francs par
jour. Ils sont durs à la tâche ; ils donnent toute leur
force. Ils s'aperçoivent très vite qu'ils gagnent de
quoi vivre pauvrement et alimenter leur passion
pour le jeu, la danse et les fêtes. Nul ne leur enseigne
à diriger leur activité, à préparer l'avenir : isolés,
jetés pêle-mêle dans une masse amorphe, ils
deviennent la proie des instincts, des passions et des
rêves qui la traversent et l'agitent. Ils vivent une vie
matérielle, animale : les idées et sentiments qui y
correspondent se déchaînent en eux. Ils voient les
patrons s'enrichir alors que la situation des salariés
demeure aussi précaire. Les malades, les infirmes,
les ouvriers âgés, ou fatigués et usés prématurément,
sont éliminés et remplacés par des jeunes qui se
succèdent sans relâche. L'étonnement fait place,
très vite, à la colère et à la haine, et les profiteurs
de ce désordre surgissent qui le cultivent, l'entretiennent et l'accroissent. Un cri monte, réclamant la
justice, hurlant contre l'Eglise et acclamant la Révolution. Et cette société est fille de la Révolution
accomplie contre la justice et contre l'Eglise. La
société moderne repose sur deux principes : la liberté
absolue de la concurrence, c'est-à-dire, sans correc-
tifs, la loi du plus fort, inspirée par le sentiment non
discipliné de l'intérêt personnel, c'est-à-dire la loi
du pur égoïsme. Les ouvriers en sont les victimes. De
quoi se plaignent-ils, s'ils acclament la Révolution ?

J'ai eu les plus grandes peines à me faire embaucher. Un soupçon féroce, une consigne impitoyable m'ont écarté de plusieurs usines. Finalement, j'ai pu obtenir de travailler comme péon dans une usine en construction au faubourg de Deusto.

La journée de travail est de dix heures et demie : de six à huit heures, de huit heures trente à midi et de une à six heures. Les péons sont payés trois francs ; les ouvriers de métier, de trois francs cinquante à cinq francs.

Je suis chargé de peindre au minium des balustrades et des charpentes de fer : travail à la portée du premier barbouilleur venu, mais qui offre l'inconvénient de m'isoler ; comme je travaille seul, un peu à l'écart, l'occasion d'entrer en conversation avec d'autres ouvriers se présente rarement. Dans mon voisinage, se trouvent des ouvriers appartenant à divers corps de métier : deux monteurs allemands avec qui les Espagnols ne tiennent que les plus répugnants propos accentués par les gestes appropriés, puis des mécaniciens, plombiers, charpentiers, manœuvres, originaires de diverses provinces. L'un d'eux me demande quelle est « ma province ? — La France », lui ai-je répondu. Un autre me dit avoir travaillé en France, mais seulement avec des compatriotes, de sorte qu'il n'a pas appris un seul mot de français ; un autre a travaillé en Gascogne, mais uniquement avec des Gascons, si bien qu'il ne connaît que leur patois. Parfois, j'entends siffloter *la Marseillaise*.

A l'heure du déjeuner, j'entre dans une *taberna* voisine, sur les talons de trois ouvriers qui y prennent pension. Les gens ne sont guère accueillants à Bilbao et généralement discourtois ou même impolis. J'en fais une fois de plus l'expérience. Le patron, accoudé au comptoir, ne prête aucune attention à ma présence. Dans le fond, la femme prépare la cuisine. Je demande ce qu'ils peuvent me donner à manger. Pas de réponse. Je renouvelle ma requête. « Je ne sais pas ! » crie la femme, d'un ton furieux. J'insiste. Silence. J'insiste derechef. « Le *cocido !* » hurle-t-elle. Je m'avance près de ses fourneaux. « D'abord, crie-t-elle, sortez d'ici ! allez dans la salle « à manger. » J'interpelle l'homme du comptoir : « Enfin qu'y a-t-il à manger? — Ce qu'il y a ? Vous « ne le voyez pas? » crie-t-il avec emportement ; et il gesticule, me montrant les quatre murs et les saucisses pendues au plafond.

Quittant ces commerçants hargneux, j'entre dans la *taberna* voisine. L'homme à qui je m'adresse me regarde d'un œil atone et garde le silence. A ma question renouvelée, il répond « oui » dans un murmure. Sa femme ne paraît pas moins somnolente. Je prends place à côté de quatre ouvriers déjà attablés et l'on nous sert le menu réglementaire : soupe grasse et *cocido*.

A une heure, les ouvriers arrivent successivement

au chantier. L'un d'eux lit *La Gaceta del Norte ;*
un autre, *El Pueblo vasco ;* un troisième, un fragment d'*Euzkadi* ramassé par terre. L'influence du
journal s'exerce surtout dans le train ouvrier, de
Bilbao à Deusto. Le billet d'aller et retour coûte
trente centimes pour toutes les stations de la ligne
de Portugalete (1). Au départ, à 5 h. 20, le matin,
aucun journal de Madrid n'est encore arrivé ; seuls,
les journaux locaux sont offerts : je ne vois guère
acheter que *El Liberal.* A la fabrique, parmi les
200 ouvriers, une vingtaine arrivent, le matin, tenant
en main *El Liberal.* Un jour, près des bureaux, un
ouvrier en donne lecture à ses camarades : il lit les
faits divers, un récit d'agression dont on a arrêté
les auteurs supposés, jeunes gens que le rédacteur
déclare appartenir au parti nationaliste. Sur quoi,
un des auditeurs s'écrie, d'un ton méprisant : « *Todos
frailes !* Tous des moines ! » Par exception, parmi
les voyageurs du train ouvrier, se trouve un lecteur
d'*El Pueblo vasco* ou de *La Gaceta del Norte.* A la
fin de notre journée, un marchand d'*España nueva* et
d'*El Socialista* se tient à la porte de l'usine, sur la
route que suivent les ouvriers sortant des usines
voisines et des hauts-fourneaux. Ils passent par
groupes, la démarche rapide, les traits durs, figures
et mains sales, vêtements de toile bleue rapiécée, la

1. Port de Bilbao.

boina fripée ; ils ont travaillé tout le jour, ils vont manger leurs pois chiches et dormir pour recommencer le lendemain le même labeur. « On voit certains animaux farouches... », écrivait La Bruyère. Dans le train ouvrier du soir, les voyageurs sont assaillis par les vendeurs de *La Barredora*. Des adolescents, des adultes achètent la feuille dont le titre est traversé par la silhouette d'un Basque chassant d'un coup de balai un curé, un moine et une religieuse, et l'acheteur en donne lecture à ses voisins.

Toute cette contrée si profondément chrétienne sert de théâtre à une propagande anti-catholique acharnée qui s'exerce par les moyens ordinaires : le journal, la réunion publique, les passions politiques et sociales. La Saint-Ignace n'en reste pas moins la grande fête nationale de tout le pays basque, universellement chômée et provoquant partout grands pavoisements et illuminations. Un de mes compagnons d'usine dit à un autre : « Nous chômons ce « jour-là parce que nous le voulons. »

Notre besogne s'accomplit sans hâte épuisante, sans surveillance tracassière, à la bonne allure de ceux qui veulent aller longtemps et loin. Je parle avec un péon de la grève des tisseurs catalans. Il me déclare, de suite, avec une nuance de dédain : « Ce « ne sont pas des socialistes ; ce sont des syndica- « listes ! » Pablo Iglesias aurait écrit aux socialistes catalans qu'il désapprouvait la grève et les ouvriers socialistes d'une fabrique de tissus auraient refusé de quitter leurs métiers. Simple question de rivalité entre le parti d'Iglesias et le parti de Lerroux. A un autre ouvrier, âgé d'une vingtaine d'années, je demande s'il est au courant de la grande grève des tissages en Catalogne : « Oui, répond-il. Ce sera « encore une grève pour rien. Les grèves... », et il balance la tête d'un air de complet scepticisme. « Les « ouvriers barcelonais, dis-je, sont syndicalistes. A « Bilbao, je crois qu'ils sont en général socialistes ? « — Presque tous », affirme-t-il.

Le soleil est brûlant, la chaleur est accablante. Parfois, il m'arrive de pouvoir continuer, dans un pan d'ombre, mon badigeonnage au minium. Puis, des nuages montent dans le ciel, chassés de la mer, roulent sur les cimes des montagnes, emplissent les vallées de buées couleur ardoise ; l'écran sombre glisse sur nos têtes ; enfin, la menace s'accomplit ; l'eau tombe abondamment ; c'est l'heure de la sortie des ateliers ; avec nos espadrilles, nous pataugeons. Dans le train qui nous ramène à Bilbao, *La Barredora* flotte aux mains des voyageurs.

§ 2. — LA ARBOLEDA. — LES MINES DE FER.

Les mines de fer de la Arboleda occupent le sommet d'un massif montagneux situé entre Bilbao et l'Océan. De là-haut, la vue s'étend sur le Nervion, Portugalete, la mer et ses falaises ; le ciel, tantôt resplendit d'un soleil lourd, tantôt se couvre des vapeurs que souffle la mer de Biscaye. Tout alentour s'étale un paysage de montagnes verdoyantes : leurs pentes sont vêtues de pâturages ou de blés qu'entourent des haies vives, avec, semés ici et là, des bouquets de châtaigniers et de chênes, de pommiers et de noyers, des champs d'ajoncs ou de fougères où serpentent les lacets de bonnes routes. C'est l'aspect de nos pays, c'est un peu un paysage et un ciel bretons, l'été, et jusqu'à l'odeur de notre terre de France.

Portant mon linge dans un sac de toile, j'ai grimpé par les sentiers sur le flanc de la montagne au sommet de laquelle, parmi les cavités des mines à ciel ouvert, se trouve le triste village, ses maisons aux balcons de bois noirci par les pluies et à demi pourri, ses murs de moellons gris ou noirs dont le crépissage ne reçoit jamais le bain de propreté et de jeunesse du lait de chaux. Cela sent la saleté, la tristesse, la misère des pays du Nord. Comme l'on se prend à regretter les villages d'Andalousie, d'Aragon et de Castille, pauvres, mais lumineux et blancs ou couleur d'ambre !

La vie y est assez chère : logeurs, cabaretiers, petits commerçants y exploitent de leur mieux l'ouvrier. La Compagnie des mines a créé un économat

où les marchandises sont vendues au prix coûtant
pour ruiner ses deux rivales, la coopérative socialiste et la coopérative catholique. Mais, par principe,
la plupart des ouvriers se refusent à y faire aucun
achat. Les socialistes ont habituellement recours
aux menaces, aux injures, et même aux voies de fait
pour recruter de nouveaux adhérents à l'association
socialiste : leur coopérative, comme toutes les coo-
pératives socialistes d'Espagne, vend aux non-coo-
pérateurs. Au contraire, la coopérative catholique,
fidèle à l'idée même de coopération, vend seulement
aux associés qui sont au nombre d'environ 3oo sur
les 3.ooo mineurs. La Arboleda et les Hauts-Fourneaux de Deusto sont les deux grands foyers de
socialisme dans la région de Bilbao. A la vitrine
d'un barbier, sur la place du village, sont mis en
vente un certain nombre de livres de vulgarisation
dite. scientifique : livres ou opuscules de Flamma-
rion, *L'Origine de l'homme*, de Darwin, et quelques
ouvrages socialistes ou antireligieux : *Paroles d'un
révolté*, de Kropotkine ; *Problèmes sociaux*, de
H. George ; *Socialisme scientifique*, de Deville ; une
plaquette sur *Pablo Iglesias et le parti socialiste*,
une brochure sur *Les victimes du confessional*, des
Pages choisies de Zola, etc.

Le travail des mineurs est un travail de terras-
siers : avec la pelle et la pioche, l'homme creuse
et retire la terre, en emplit de petits paniers qu'il

vide dans des wagons ou wagonnets. Les ouvriers
qui viennent demander du travail sont vêtus de
mauvais effets de coutil ou de velours, vieux, usés,
rapiécés et sales. Ils arrivent des différentes provinces et même de Portugal, mais surtout du Léon
et de Galice, cultivateurs qui quittent leur village
après la moisson à la fin de juillet, et qui retournent
chez eux en avril, propageant dans leurs campagnes
les idées socialistes et surtout la passion anticléricale
qui leur ont été inoculées pendant leur séjour. Cherchant à économiser le plus possible, ils vivent misérablement, se nourrissent de soupe et de pois
chiches de dernière qualité ; beaucoup parmi ces
émigrants temporaires envoient leurs économies à
mesure qu'ils les réalisent, leur famille attendant
souvent cet argent pour vivre.

La journée de travail était autrefois de douze
heures. Le travail est devenu intensif depuis que la
journée a été réduite à dix heures ; dans ce laps de
temps, chaque équipe doit arriver à remplir un
nombre déterminé de wagonnets ; c'est un travail à
la tâche déguisé. Il en est de même dans les mines
françaises de charbon (1) et, d'une façon générale,
dans toute l'industrie : résultat inévitable, en raison
de la nécessité de réduire le plus possible les frais
de production. A La Arboleda, ce travail intensif a

1. Voir *Les Mineurs*, Saint-Etienne.

eu pour effet d'éliminer les hommes âgés de plus de
cinquante ans. L'ouvrier est embauché séance
tenante par l'un des contremaîtres pour un chantier
déterminé et peut faire régler son compte à tout
moment. Il arrive que des ouvriers changent ainsi
de chantier fréquemment. De chaque *encargado*
dépendent plusieurs *canteras* (chantiers) ; à chaque
cantera est affecté un groupe d'ouvriers ou *quadrilla*
qui travaille sous la direction d'un chef d'équipe ou
capataz. On me signale un *encargado* qui manque
d'hommes. Je vais le trouver. « D'où venez-vous ?
« me demande-t-il. — De Bilbao. » Il me signe aussitôt un papier et m'invite à me trouver le lendemain matin à une *cantera* dont il m'indique l'emplacement.

Assuré d'avoir du travail, je me mets en quête
d'un logis. Le village est petit. On évaluerait sa
population à moins d'un millier d'habitants. Or,
outre les commerçants, on y compte, en été, plus de
deux mille ouvriers, mariés ou célibataires, et, en
hiver, environ cinq mille. Un millier d'ouvriers,
l'été, et deux mille, l'hiver, se logent dans plusieurs
groupes de maisons situés sur divers points de l'exploitation, à un ou deux kilomètres du village. Mais
le surplus s'entasse à La Arboleda même, dans ses
petites maisons sales, noires, hâtivement construites
en bois, ou en briques, ou en torchis si léger que
parfois la façade septentrionale est protégée par

ces planches. Des ruelles malpropres séparent ces logis exigus, incommodes, sombres et mal tenus. Les habitants auxquels je m'adresse me répondent à peine, sur un ton maussade et même hostile ; tous les gens de La Arboleda ont d'ailleurs cette réputation méritée d'être mal polis, hargneux et brutaux. Nulle part, en Espagne, je n'ai constaté pareilles façons, désobligeantes et grossières, qui s'expliquent par l'état de guerre sociale et par la situation matérielle lamentable des mineurs. Dans une maison, en haut d'un escalier raide et étroit comme une échelle de meunier, sous le toit, au fond d'une cuisine de 2 mètres sur 1 m. 5o et prenant sur elle air et lumière, on me montre une alcôve à deux lits ; une allée large de soixante centimètres les sépare ; bien que ces couchettes soient étroites, l'une est occupée par les deux enfants des maîtres du logis, un garçonnet de sept ans et sa sœur âgée de cinq ans ; l'autre, par un mineur. « Eh bien ! et pour moi ? » demandè-je, surpris. « Vous coucherez avec le « péon. C'est vingt-cinq centimes par nuit, blanchis- « sage compris. Dans le pays, tous les lits sont occu- « pés par deux mineurs et, si la place manque, on en « met trois. » Dans une autre maison, je pénètre de plain-pied, du sol marécageux d'une ruelle, dans une pièce à laquelle font suite une cuisine puis une petite chambre noire et sale qui renferme deux lits, l'un occupé par deux péons, l'autre par un seul.

« C'est trente centimes par nuit et, en outre, deux
« pesetas pour le blanchissage. — Pourquoi trente
« centimes ? — Parce que le matelas est rempli
« de laine et non de paille. — Et je ne pourrais
« trouver un lit pour moi seul? — Non. Tout le
« monde loge deux ouvriers par lit et même, l'hiver,
« trois. On est entassé comme des punaises ! (1)
« Vous comprenez, le pays est trop petit pour tout
« le monde ; il n'y a pas assez de maisons... Chaque
« semaine, vous achèterez vos *comestibles :* pain,
« huile, lard et pois chiches ; et je préparerai votre
« nourriture ; pour cela, vous me paierez à part.
« C'est ainsi partout... Il y a bien quelques *tiendas*
« qui prennent des pensionnaires à deux pesetas par
« jour, pour le logement, le blanchissage et la nour-
« riture ; mais c'est bon pour ceux qui gagnent cinq
« francs (les mécaniciens), et encore couchent-ils
« habituellement deux par lit, eux aussi ! Mais, deux
« pesetas par jour, ça n'est pas pour les péons qui
« n'en gagnent que trois !... Et puis, il faudra me
« payer à mesure, car il y en a qui sont partis sans
« payer... » Dans trois autres maisons, où des lits
étaient libres, on a refusé de me louer un lit tout
entier pour le prix des deux places. « C'est impos-
« sible! Cela ne s'est jamais fait ! Ça n'est pas l'habi-
« tude ! » m'ont invariablement répondu les femmes.

1. D'ailleurs, il n'en manque pas.

La raison véritable est qu'elles attendent de leurs pensionnaires, outre le profit de la location d'une place dans un lit, le bénéfice de leur blanchissage et de la préparation de leurs aliments; dans ces conditions, la location de deux places par un seul ouvrier ne leur assure pas le même avantage que leur location par deux ouvriers. Finalement, j'ai réussi à découvrir une logeuse moins intransigeante qui, en raison de la moindre affluence d'ouvriers en cette saison, a consenti a me louer un lit entier pour soixante centimes; la chambre est claire et propre, pourvue d'un autre lit occupé par un pensionnaire; la chambre voisine, meublée de deux lits, est habitée par quatre péons; un grand portrait de Pablo Iglesias orne la muraille. La femme insiste pour faire cuire mes aliments : « Vous achèterez chaque « semaine vos *comestibles*, haricots, lard... » Je lui réponds que je mangerai à la *tienda*. Sur de nouvelles instances, je finis par la charger de préparer, chaque matin, mon café au lait. Elle me demande aussitôt un franc pour l'achat du café et du sucre et m'assure qu'elle prendra chaque jour deux sous de lait et deux sous de pain. Elle ne me servira jamais qu'une sorte de liquide couleur de tabac blond, légèrement douceâtre, et ne contenant ni café ni lait. Tel était le secret de ses instances et telle est la source abondante de profits des logeuses : elles volent leurs pensionnaires. On me cite plusieurs

familles qui, avec les aliments soustraits aux « comestibles » de leurs hôtes, engraissent deux cochons.
Voici une des ruses employées de temps à autre : la
femme, chargée de préparer une écuelle de pois
chiches et de pommes de terre, la sale à l'excès ; le
péon ne peut la manger ; on lui prépare convenablement une nouvelle portion et celle qu'il a laissée
profite aux cochons. Mais, en outre, la logeuse pré-
lève une petite quantité de chaque portion bien préparée ; si elle loge un certain nombre d'ouvriers,
tous ces petits prélèvements réunis suffisent à nourrir sa famille. Les péons se défendent comme ils
peuvent, c'est-à-dire fort mal : la pièce de *tocino*
(lard) qu'ils achètent pour une dizaine de jours, ils
la remettent à la patronne après avoir dessiné à la
surface des carrés qui délimitent la portion destinée à chaque repas ; ils savent ainsi que le *tocino*
doit durer tant de jours ; et il dure, en effet, le
nombre de jours prévu ; mais la patronne a soin de
prélever sur chaque part qu'elle découpe un fragment qu'elle s'attribue.

La construction, par la Compagnie, de logis pour
péons — de dortoirs compartimentés par des cloi-
sons de deux mètres de hauteur — remédierait en
partie à cette situation déplorable. Mais, loin de
songer à réaliser cette amélioration, la Compagnie
ne permet pas de construire sur les terrains dont
elle a loué l'exploitation, ni même de réparer les

masures du village, de peur de payer des indemni-
tés trop fortes le jour où elle les fera abattre pour
exploiter le sol qui les porte. Elle se préoccupe uniquement de réaliser des bénéfices. Cependant, avant
la grande grève socialiste qui a amené la réduction
de la journée de travail, la Compagnie assurait à
ses péons un logement dans des baraques en planches
situées à proximité des principales *canteras* ; ces dortoirs très primitifs avaient un cube d'air très suffisant ; un ouvrier âgé gardait le dortoir et recevait,
pour cet office de surveillance aisé à remplir, le
même salaire que les autres ouvriers. Les socialistes
ont exigé la disparition de ces baraquements. La
Compagnie s'est empressée de leur donner satisfaction. Ils ont fait perdre aux mineurs un autre avantage : moyennant un prélèvement de 2 o/o sur les
salaires, la Compagnie assurait les fournitures phar-
maceutiques et les soins médicaux à ses ouvriers et
à leurs familles ; le mineur, s'il le préférait, pouvait
se faire soigner à l'hôpital de la Compagnie. Les
socialistes, alléguant que le prélèvement de 2 o/o
constituait un impôt forcé, en exigèrent la suppression. Il en résulte que, maintenant, l'ouvrier doit
payer pour être hospitalisé et doit acquitter une
cotisation mensuelle de 3 fr. 5o pour obtenir d'une
société de secours mutuels les soins du médecin
et les médicaments. On dirait que le parti socialiste cherche à aggraver la situation des ouvriers

pour les pousser plus facilement à la révolte.

Dans la *tienda* où je prends mes repas, je paie soixante-dix centimes pour une forte portion de morue frite, une omelette de deux œufs et du pain ; cinquante centimes pour une portion de morue à la sauce, des pommes de terre en ragoût et du pain.

Chez le logeur, à la *tienda*, de tous côtés, l'on me dit : « Oh ! que c'est donc un travail rude et gros-« sier ! et sale !... Et quand il pleut !... » Pour pré-server ses vieux effets de travail, le mineur fixe à sa ceinture, en guise de tablier, un vieux sac de grosse toile. Ma logeuse voulait m'en vendre un cin-quante centimes ; je l'achète vingt centimes à la *tienda*.

A six heures du soir, les mines éclatent de tous côtés, au flanc des montagnes. Au bruit de leurs détonations, les ouvriers se dirigent vers le village ; des divers chantiers, leurs groupes convergent sur la route qui y conduit et l'emplissent. Lorsqu'ils atteignent les premières maisons, deux vendeurs de journaux leur crient, l'un, *El Liberal* et *Heraldo* de Madrid, l'autre, *El Socialista* et *España nueva*. Après avoir dîné, de nombreux mineurs forment des groupes sur la Place et causent longuement. Beaucoup d'autres vont à la *tienda* passer leur soi-rée : jeunes gens de dix-huit à vingt ans, hommes d'une trentaine d'années: Un seul d'entre eux lit: il lit *El Socialista;* je ne verrai guère d'autres jour-

naux dans les mains des ouvriers qui lisent ; les
commerçants achètent plutôt *El Liberal*. Deux ou
trois ouvriers boivent un verre de vin ; tous les
autres jouent avec passion, quelques-uns aux cartes,
les autres au tonneau, à grand renfort de blasphèmes, chacun se piquant d'en proférer un qui soit
pire que le précédent. « Comment se dit Dieu en
« portugais ? » demande à un péon portugais un péon
espagnol. L'homme le renseigne. « Alors, poursuit
« l'Espagnol, on dit *me cag*... » Il associe le mot
portugais à la formule blasphématoire. Puis il continue le même exercice, au milieu de grands éclats
de rire, avec les mots espagnol, catalan et français.
Un mineur me dit : « Ça ne va pas, en France, la
« République, dites ?... Comme en Portugal (1) ! Ce

1. *Terre libre*, journal du syndicaliste révolutionnaire
Janvion, publiait, le 1ᵉʳ décembre 1913, un article de Pedro
Santos, daté de Lisbonne, 17 octobre 1913, sous le titre :
« *Les Républirequins portugais* », et le sous-titre : « *Les*
« *camarades portugais, écrasés sous un régime de terreur,*
« *jettent un cri de détresse à l'opinion.* » On y lisait : « *Et*
« *c'est pour cela que l'on a fait la République!* Tel est le
« refrain, ponctué d'indignation ou nuancé d'ironie, qui est
« ici sur toutes les lèvres des gens du peuple... Notre
« République portugaise n'a que trois années d'existence,
« mais sa carrière est déjà bien remplie. Elle a brûlé l'étape
« conservatrice et l'étape opportuniste auxquelles la Répu-
« blique française s'attarda trente années et elle s'est réa-
« lisée dès les débuts sous sa forme radicale extrême... Ils
« n'ont pas hésité à expulser les Congrégations, à sécula-
« riser leurs biens, à séparer l'Église de l'État, à instituer
« le divorce par consentement d'un seul. Et tout de suite
« ils se sont trouvés au bout de leur rouleau anticlérical.

« sont des Républiques bourgeoises et non des
« Républiques sociales! » Il soupire : « Toujours
« travailler et toujours rester pauvre ! » Un Navarrais s'écrie : « Dire que, dans mon pays, les gens

« Alors ils ont songé à ce bon peuple qui les avait hissés
« au pouvoir... Ils ont réprimé les mouvements populaires
« avec une dureté jusque-là inconnue. Ils ont sabré et
« fusillé les grévistes, muselé la presse révolutionnaire,
« arrêté les meilleurs militants qu'ils détiennent arbitrai-
« rement en prison, depuis des années, sans que ceux-ci
« puissent savoir le jour où viendra leur procès... Alphonse
« Costa exerce actuellement une odieuse dictature maçon-
« nique. Depuis que règne la République,... la liberté
« individuelle est foulée aux pieds, la liberté de la presse
« est bâillonnée, *Terra livre* et *O Syndicalista*, journaux
« ouvriers, ont été purement et simplement supprimés et
« leurs rédacteurs emprisonnés. Dans un des derniers
« numéros de *O Syndicalista*, la rédaction stigmatisait le
« régime abominable de terreur et de tyrannie que fai-
« saient peser sur le peuple les Républicains... de « cette
« République syphilitique » (*O Syndicalista*, 19 janvier 1913).
« On lit, dans un numéro de mars qui fut le dernier, ces
« paroles de désillusion : — La démocratie est contraire à
« l'organisation économique du prolétariat. — ... La popu-
« lation (continue Pedro Santos) est terrorisée par les *car-
« bonarios*... Alphonse Costa » (qu'il appelle « le tyran-
« président ») « n'a jamais manqué la moindre occasion de
« déclarer une guerre sans pitié aux « sanglants imbéciles »
« que sont pour lui les syndicalistes. Il ne s'est point con-
« tenté de vaines paroles : il a lancé ses *carbonarios* contre
« la Maison des Syndicats ; il les a envoyés perquisitionner
« chez des militants ; il retient en prison des centaines des
« nôtres. Son royal voisin, Alphonse XIII, roi de toutes
« les Espagnes, n'a point à son actif autant d'iniquités et
« d'infamies. Aucun gouvernement européen n'est allé aussi
« loin dans la voie de la persécution systématique. Et
« cependant la Gouine portugaise continue à bénéficier
« d'un inexplicable traitement de faveur... En vain faisons-

« vont à la messe tous les jours ! — Quelle erreur !
« s'exclament les autres ouvriers. Mais il faut les
« détromper ! Les plus dévots sont les plus voleurs !...
« — Ils commencent à être détrompés par ceux qui
« ont travaillé à Barcelone et à Bilbao et qui remon-
« tent au pays. » Il ajoute qu'il s'est associé avec
trois camarades pour prendre un abonnement à *El
Socialista* qui ne leur coûte ainsi que vingt-cinq
centimes à chacun, par mois, le prix de l'abonnement mensuel étant de un franc : « Le soir, nous
« passons notre temps à le lire. »

Les soirs de paye pas plus que les autres soirs, je
ne vois d'ivrognes ni n'entends de querelles ; les *tiendas* ne reçoivent pas plus de clients que de coutume ; mais plus que jamais le jeu fait fureur et l'argent qu'ils ne perdent pas à boire, ils le perdent en
le jouant aux cartes, ou au tonneau, ou surtout aux
boules.

Le travail commence à six heures, est interrompu

« nous appel à nos frères ouvriers de l'étranger. A peine
« la France ouvrière nous répond-elle Ah ! s'il s'agissait
« d'Alphonse XIII ou du tsar de Russie, les syndicalistes
« français se dresseraient comme un seul homme. Mais
« nous commençons à nous apercevoir que la Franc-Maçon-
« nerie a une autorité considérable sur le syndicalisme
« français. Et la consigne est de ronfler pour ne pas trou-
« bler la digestion des deux Républiques, sœurs en Franc-
« Maçonnerie. Quelle douleur pour nous de nous sentir
« ainsi livrés à la terreur de la charbonnerie !... »

de 8 h. 3o à 9 heures par la collation, cesse à midi, reprend à 1 h. 3o et finit à six heures. Les ouvriers qui travaillent à la tâche doivent remplir de minerai trois wagons par jour; ils sont astreints à venir aux mêmes heures que les ouvriers à la journée, mais ils s'en vont dès que leur tâche est terminée.

A cinq heures du matin, un coup de sifflet violent et prolongé éveille le pays. Mes compagnons de logement ne se lavent pas avant de partir au chantier. Nous n'échangeons pas un mot. Quelques mineurs entrent dans les *tiendas* boire un petit verre d'anis. Tous se dirigent tranquillement vers leur *cantera* où ils se trouvent ordinairement réunis une dizaine de minutes avant l'heure réglementaire.

J'arrive à ma *cantera* un peu avant six heures. Les autres manœuvres de la *quadrilla* s'y trouvaient déjà. L'un d'eux, d'un ton maussade, plaisante amèrement: « Les pics et les pioches, voilà nos « porte-plumes!... On va en gagner, de l'argent!... « Tiens! vous êtes Français? Pourquoi venir ici? « On est mieux, en France... » Les autres se taisent. Ce sont des Gallegos aux silhouettes massives; ils me regardent de biais, l'air absorbé et méfiant.

Le *capataz* survient et distribue les tâches. Il m'envoie travailler avec un jeune mineur. Nous sommes munis chacun d'un pic à manche court, d'une sorte de racloir et d'un panier. Nous nous rendons près d'un wagon vide, arrêté à deux mètres

environ du pied d'un talus de terre à minerai de fer.
Nous attaquons la terre à coups de pic, nous emplis-
sons le panier à l'aide de cette sorte de racloir appelé
raspa et nous en vidons dans le wagon le contenu.
Il est parfois nécessaire de piocher le talus à plusieurs
mètres de hauteur : le travailleur risque d'être pris
sous un éboulement ou d'être blessé par la chute
d'une pierre ; les petits accidents, tels que fracture
de bras ou jambe, ne sont pas rares. Le mélange
d'argile et de cailloux qui compose le terrain forme
une sorte de ciment assez difficile à briser.

Tout en piochant, raclant et chargeant, mon compagnon me dit qu'il se nomme Juan, qu'il est âgé de
quinze ans et qu'il est né, à La Arboleda, de parents
émigrés de Logroño, en Castille. De toutes les provinces viennent ainsi des familles ou des ouvriers
isolés qui se fixent et forment la population mélangée
des centres miniers ou industriels du pays basque.
Nous travaillions depuis un quart d'heure, échangeant quelques généralités, lorsque Juan me demande, d'un ton bref : « Il y a des gens de senti-
« ments religieux, en France ? qui croient en Dieu ?
« qui vont à la messe ? — Certes oui. — Beaucoup ?
« Beaucoup. — Vous croyez en Dieu ? — Bien sûr ! »
Alors, Juan, sur le ton grave et ferme d'un acte de
foi : « Moi, pas ! — Parce que vous êtes un ignorant.
« Pourquoi n'y croyez-vous pas ? — Parce qu'il
« n'existe pas. — Mais pourquoi ? — Parce qu'il ne

« me donne pas à manger. — Moi non plus je ne
« vous donne pas à manger, et cependant j'existe. —
« Parce qu'il ne me donne pas d'argent. — Nom-
« breux sont ceux qui ne vous donnent pas d'argent
« et cependant ils existent. » Alors il profère deux
ou trois blasphèmes et fait un geste obscène. Je
reprends : « Ce ne sont pas des raisons et vous res-
« semblez ainsi moins à un homme qu'à un cochon.
« Essayez donc plutôt de réfléchir. — L'argent,
« voilà Dieu ! — Parole de capitaliste ! Et cepen-
« dant, vous n'en êtes pas un : vous n'avez pas
« d'argent. Si donc l'argent est dieu, pour vous en
« effet Dieu n'existe pas puisque vous n'avez pas
« d'argent: mais alors pourquoi croyez-vous en l'ar-
« gent comme dieu? — Tous ici pensent comme
« moi! — Et comme les animaux ! — Nul ici ne croit
« en Dieu. — Cela ne fait que trois mille imbéciles.
« Je connais des pays qui en comptent davantage. »
Juan se tait. Il se remet en silence à piocher. Il
n'a pas tenté le moindre effort de réflexion: il a
récité sa leçon; il est à court d'idées; il ne souffle
plus mot — pendant cinq minutes. Après quoi : « Il
« y a des gens, en France, qui portent médailles et
« scapulaires ? — C'est une coutume très répan-
« due. » Alors, jetant son outil à terre, Juan lève
le poing : « Vienne donc la République pour chas-
« ser les bourgeois ! — Mais la République est pré-
« cisément le gouvernement des bourgeois, des

« riches, des patrons, des capitalistes, des finan-
« ciers ! Nous en avons l'expérience, en France,
« depuis quarante ans ! »

Juan redevient silencieux. Il reprend son travail
avec ardeur. Car il travaille très bien et avec grande
énergie. Ensuite, à mainte reprise, il me stimule,
me répète de me hâter parce que nous serons libres
aussitôt nos wagons remplis. Après quoi, il se
répand en injures à l'égard des Français en général
et à mon adresse en particulier, et cherche, par des
mensonges, à me faire abandonner le chantier :
« Cette *cantera* ne vaut rien, assure-t-il ; le travail
« y est pénible et n'est payé que deux francs cin-
« quante ; tout le monde la quitte pour d'autres
« *canteras* où la besogne est plus facile et payée trois
« francs et trois francs vingt-cinq parce que la terre
« y est plus riche en minerai ». Tout cela est faux : je
suis, notamment, payé trois francs. Je lui réponds
qu'il me plaît de rester là. Alors il imagine de me
tromper d'une autre manière : « L'*almuerzo* est à
« neuf heures. » Je ne dis rien. A huit heures trente,
il s'éloigne sans mot dire, ainsi qu'il lui est arrivé
déjà pour aller prendre des ordres ou boire au ton-
nelet. Je m'installe tranquillement derrière un
rocher pour collationner. A neuf heures, Juan revient
et reste tout surpris de voir que j'ai déjoué sa
petite méchanceté.

La contenance des wagons que nous devons remplir est d'environ quatre mètres cubes. Je demande à Juan quelle est leur contenance ? Il l'ignore. Ce que c'est qu'un mètre cube ? Il n'en sait rien. Les ouvriers qui travaillent à la tâche sont libres vers trois heures du soir, et quelquefois même à midi : d'où une extrême fatigue, qui les use rapidement, et davantage de temps libre, trop souvent passé à la *taberna* où se perd au jeu l'argent si péniblement gagné. Autrefois, les ouvriers payés à la journée ne remplissaient, tout au plus, en douze heures, que les trois quarts d'un wagon ; le travail était lent et la surveillance superficielle ; le wagon restait à une vingtaine de mètres du talus où un ouvrier piochait tandis qu'un autre portait, sans hâte, le panier rempli de terre ; il y avait seulement un *capataz* pour quatre-vingts hommes ; de nombreux petits emplois tranquilles permettaient à des ouvriers âgés, à des enfants, à quelques femmes, de s'utiliser avantageusement. Depuis la grève, la journée étant réduite à dix heures, le personnel a été diminué de 25 o/o par la suppression de tous les petits postes affectés aux vieux ouvriers, aux femmes et aux enfants ; des rails ont permis de pousser les wagons à deux mètres du lieu d'extraction du minerai ; chaque groupe de vingt hommes a été placé sous la surveillance d'un *capataz* ; le travail n'est plus accessible qu'aux jeunes gens vigoureux et entraînés et aux hommes dans la force

de l'âge ; la Compagnie refuse les hommes de plus
de quarante ans. Le premier jour où je travaille,
grâce à l'extrême activité que Juan et moi nous
déployons, nous sommes libres dès trois heures et
demie de l'après-midi, ayant achevé en sept heures
trente le travail que nous devions exécuter en dix
heures. Mais j'étais à bout de forces.

La réduction du temps du travail n'est avantageuse que si l'ouvrier est enseigné à employer utile-
ment ses heures de liberté ; de même, l'accroisse-
ment du salaire ne profite à l'ouvrier que s'il apprend
à en faire un utile usage. Les socialistes se sont
montrés incapables d'améliorer matériellement et
moralement le sort des travailleurs ; leur activité
positive ne se manifeste que dans les domaines politique et athéistique ; la dégradation qui en est résul-
tée permet de mesurer la malfaisance de leurs efforts.

Notre travail ressemble fort à celui du terrassier :
arracher et transporter de la terre, mettre les pierres
à part, emplir les wagons. Cette besogne n'élève pas
l'intelligence et n'affine pas les manières. Mes compagnons ont des façons rudes, un langage grossier,
et leur culture est nulle. La seule illumination qui
les transformait en êtres spirituels a disparu, faisant
place aux ténèbres de la superstition naturaliste.
Leurs meneurs sont plus ou moins frottés de la littérature appendue à la vitrine du barbier. Malgré sa
déchéance, cette population ouvrière conserve encore

quelques-unes des grandes qualités reçues du passé :
ce sont de solides travailleurs qui se montrent d'une
grande frugalité ; à midi, ils mangent, à la *cantera*
même, la ration de haricots ou de pois chiches et le
petit morceau de lard que la logeuse leur a fait porter ; ils absorbent beaucoup d'eau au cours de la
journée ; mais un certain nombre boivent aussi
deux ou trois litres de vin. Ils ne dépensent guère
pour leur entretien que la moitié de leur salaire.
Beaucoup, malheureusement, gaspillent au jeu le
surplus. Les paysans du Léon et de Galice résistent
sagement à cette passion : ils vivent misérablement
avec vingt-cinq sous par jour et envoient le surplus
à leurs familles. Si le gouvernement parlementaire
se préoccupait des intérêts généraux du pays et des
intérêts ouvriers, il pourrait obliger à préparer sur
place tout ce minerai qui est transporté en Angleterre pour être fondu ; la demande de bras qui résul-
terait de l'extension de l'industrie nationale et l'économie des frais de transport qui rendrait l'industrie
minière plus rémunératrice permettraient d'élever
les salaires sans diminuer les bénéfices des entreprises.

Ces préoccupations ne restent pas moins étrangères à la Société ouvrière socialiste de La Arboleda
qu'au Parlement espagnol. Je suis entré, un soir,
dans sa petite salle basse et enfumée, où préside
l'inévitable portrait de Pablo Iglesias. Trente ou

quarante *socios*, réunis en petits groupes, bavar-
daient. *El Socialista* et diverses feuilles socialistes
hebdomadaires de province étaient offertes à la
curiosité de quelques rares lecteurs ; une petite
« bibliothèque publique » m'a paru fort délaissée ;
une affiche manuscrite signalait une demande d'admission ; une autre indiquait la composition du
comité directeur de la Jeunesse socialiste.

Mon jeune compagnon de travail fait partie de la
« Société ouvrière socialiste » et de la « Jeunesse
socialiste ». Je lui demande s'il existe un « syndicat » ? Il ne comprend pas cette expression. Une
Société « professionnelle » de mineurs ? Il ne comprend pas davantage. Il finit par s'écrier : « Vous
« voulez parler du *Centro*, de la Société ouvrière ?
« — Oui. Combien payez-vous ? Une peseta par
« mois. — Quel secours en recevez-vous ? — Secours
« de grève et de chômage. » L'organisation ouvrière
de La Arboleda est constituée uniquement en vue
de la grève. Comme nous sommes, Juan et moi,
côte à côte, le nez contre le talus, peinant à lui
arracher à grands coups de pic ses cailloux et sa
glaise associés dans un dur mortier : « Les curés,
« s'écrie-t-il tout à coup, sont des c..ll... et les
« religieuses des p... ! » Je lui demande : « Et cette
« canaille de Pablo Iglesias, qu'est-ce donc ? » Juan
s'arrête, stupide d'ouïr un tel blasphème. Puis :
« Pablo Iglesias ! Pablo Iglesias ! murmure-t-il. Mais

« je l'aime ! Il faut dire : le *querido* (1) Pablo Igle-
« sias !... Je l'ai entendu plusieurs fois parler pen-
« la grève... »

Un autre jour, je lui demande s'il goûte les courses
de taureaux : « Non, c'est *muy fea* (2). — Pourquoi
« donc ? — Parce qu'on ne devrait pas tuer ainsi les
« taureaux. Ils ont droit à la vie comme les autres.
« — Ça ne vous empêche pas d'en manger ! » Le
droit des animaux à la vie ! « Comme les autres »,
c'est-à-dire comme les hommes ! L'animal est aisément élevé à la dignité humaine lorsque l'homme est
abaissé à la nature animale. Doux socialistes qui
pleurent sur les animaux mis à mort et ne rêvent
que massacre et carnage des hommes qui ne
pensent pas comme eux ! Idylle et berquinade qui
servent de préface aux plus sanglantes Terreurs ! La
conscience d'un athée de La Arboleda ressemble à
celle d'un païen hindou pour qui frapper une vache
est un crime et, tuer un paria, un acte sans importance. Les socialistes libres-penseurs tueront avec
allégresse un prêtre ou un adversaire politique,
mais ils ne mettront pas à mort le taureau, qui a
droit à la vie. Nos Jacobins n'avaient pas de moins
tendres âmes ; leur sensibilité était extrême ; ils
rêvaient de bergeries ; sentimentaux et humanitaires, ils prêchaient « la fraternité ou la mort »... Il

1. Cher, aimé.
2. Très laid, très répugnant.

m'arrive de m'arrêter de travailler un instant pour regarder pitoyablement, manœuvrant son pic, ce garçon intelligent, doué très sûrement d'aspirations vers l'idéal qui n'attendent que d'être cultivées, et qui me donne la preuve de tant d'abaissement. « Ils sont tous comme moi! » m'a-t-il déclaré avec orgueil. Tous comme lui! Quels criminels, ceux qui l'ont fait tel qu'il est et les ont faits tels qu'ils sont!

Ses idées agissent sur sa moralité : il est menteur et il ment pour nuire. Il m'a donné de fausses indications sur le salaire, sur l'heure du repas et de la collation. Il m'assure — ce qui est faux — que, la fête de Saint-Ignace étant chômée par la Compagnie, je pourrai rester tranquillement dans mon lit, ce jour-là. Son socialisme n'a d'ailleurs pas détruit chez lui l'instinct de la propriété individuelle. Ayant arraché de la terre à la paroi du talus, nous en remplissions nos paniers ; par mégarde, je fais glisser dans mon panier un peu de la terre entassée devant Juan. « Ne prenez donc pas ce qui est à moi! » fait-il sèchement. Chacun, en effet, ne doit charger que ce qu'il a pris la peine d'arracher. Mais toute la propriété individuelle est enfermée dans le « Ceci est à moi! » Sans mettre de palissade et de fossé autour d'un quartier de terre, Juan a, d'instinct, élevé un obstacle juridique entre lui et moi et circonscrit son bien, le produit de son travail. La propriété n'a pas d'autre origine.

Je ne me trouve en rapport avec les autres péons qu'au moment de mon arrivée au chantier et pendant *l'almuerzo*. Leur attitude réservée et silencieuse du premier jour a progressivement fait place à de petites manifestations d'antipathie. Deux d'entre eux rompent, un jour, leur mutisme habituel pour me demander : « Pourquoi êtes-vous venu travailler ici, en « Espagne ? Il y a du travail, en France ! Et vous y « seriez mieux qu'ici ! » Le ton est légèrement provocateur. Ils se détournent à demi en me regardant de biais. Leur aspect est celui de paysans épais, soupçonneux et sournois. Je leur ai demandé plusieurs fois et en vain de quelle province ils sont originaires ; ils feignent de ne pas comprendre ma question et ne répondent pas. Je m'adresse à l'un d'eux : « A quelle heure, hier, avez-vous fini de rem- « plir vos wagons ? » Il paraît faire effort pour saisir ma question et finit par articuler lentement : « Quand je les ai eu chargés. — Bien sûr. Mais « à quelle heure étaient-ils chargés ? » L'air abruti et légèrement inquiet, il me glisse obliquement un rapide coup d'œil et répète pesamment, après un moment de réflexion : « Quand j'ai eu fini. » Et son œil roule une fois de plus entre les paupières, m'enveloppant d'un long regard soupçonneux. Je n'en puis tirer rien de plus. Pendant *l'almuerzo*, ils me laissent à l'écart, se groupent par deux ou trois et mâchent en échangeant de rares propos. Juan alimente sourdement leur hostilité. Il prend lui-même, pendant le travail, une attitude de plus en plus agressive à mon égard. Il s'est mis à m'adresser, de temps à autre, des injures, si bien que j'ai dû mettre un terme à ses déplaisantes façons en l'assurant, un jour, qu'il avait épuisé ma patience et que, s'il continuait, je lui enverrais mon pied dans le derrière. Il a eu peur et s'est tenu coi. Mais il continue de me noircir dans l'esprit des autres péons. Un matin, du haut d'une terrasse où il piochait, hors de mes atteintes, il m'a lancé, avec une hardiesse prudente, deux pierres qui sont tombées près de moi. J'ai feint de ne pas m'en apercevoir et il n'a pas renouvelé cette manifestation haineuse. Ses mensonges en vue de me nuire, ses insultes, ses efforts pour généraliser l'hostilité et ce commencement de voies de fait montrent ce qu'un ouvrier catholique peut attendre de compagnons de cette espèce, dévots de la solidarité ouvrière, fanatiques de la liberté de la pensée et débordants d'amour de l'Humanité.

Le samedi soir, les marchands de journaux apportent, outre les quotidiens, les hebdomadaires, notamment *La Barredora*. Des femmes les guettent, d'autres courent aux portes, avides d'acheter *La Barredora*, la feuille à scandales et à attaques venimeuses contre telle personne accusée, parce qu'elle va à la messe, de mille vilenies. Chez un barbier marchand d'espadrilles, un homme lit déjà *La Bar-*

redora; il la lit à haute voix et le barbier, sa femme, son fils, un client écoutent : « ... le clergé, exploiteur de l'ouvrier. . » Sur une table de la boutique, traînent *La lutte des classes* et *El Socialista*. Sur la place, un jeune mineur, d'une quinzaine d'années, lit *La Barredora* à une demi-douzaine de compagnons de travail ; un autre, d'une vingtaine d'années à peine, la lit à deux camarades de son âge. Un adolescent de quinze ans, un homme de trente ans, chacun une *Barredora* à la main, traversent la place. Une fillette de treize à quatorze ans la lit sur le pas de la porte de son misérable logis La fillette des patrons de la *tienda* la ramasse sur la table du débit et la lit. A la porte d'une autre *tienda*, un ouvrier d'une vingtaine d'années la tient en main. Et, sans aucun doute, il en est de même dans la plupart des maisons de La Arboleda. Je lis dans ce numéro (1) — légende aussi répandue que celle des souterrains et trésors des monastères — que le corps d'un nouveau-né a été découvert dans le puits d'un asile de religieuses et une caisse renfermant un fœtus, dans la muraille d'une église. Puis, à l'imitation de certaines feuilles diffamatoires publiées en France, le journal insère des lettres de correspondants locaux qui attaquent nommément, sous divers prétextes, des personnes connues pour leurs sentiments reli-

1. 19 juillet 1913.

gieux. Les catholiques n'ont pas riposté par une feuille de combat: en Espagne comme en France, on ne trouve pas d'argent pour une presse libératrice. Les catholiques n'ont pas davantage songé à installer un cinématographe, encore moins à grouper dans une offensive vive et concertée la petite minorité d'ouvriers indépendants que les meneurs et leurs affiliés molestent sur les chantiers et finalement expulsent des mines.

Le samedi soir, la salle de réunion de la société ouvrière groupe, comme de coutume, trois douzaines de *socios* qui passent leur temps en bavardages. Un d'eux offre des brochures à dix centimes: « *Le curé et la femme, dialogue philosophique sur le fait antireligieux* », signé d'un nom de femme et imprimé à Cordoue.

L'auteur suppose que le curé fait commerce des vêtements fabriqués dans un ouvroir par des femmes dont il exploite le travail. Comme il menace de renvoyer l'une d'elles pour ses idées antireligieuses, l'ouvrière les lui expose. Il ne répond que par des menaces ou des exclamations indignées et, finalement, déclare qu'il connait ces théories et les admet mais que la religion est pour lui un moyen de gagner sa vie. La brochure déborde de pauvretés bien choisies pour impressionner les ignorants auxquels elle s'adresse : la Religion est « anti-scientifique », les Religions « naissent d'un songe », « les miracles

« disparaissent à mesure que l'Humanité s'éveille...
« Dieu n'est rien et le *Néant* n'a ni forme ni vie. »
Il n'y a pas eu de création, car « la Science nous
« a démontré que la terre passe de l'état incandes-
« cent à l'état gazeux, puis solide. » « La Religion
« n'a pas été révélée par Dieu aux hommes puis-
« que, des millions d'années avant de croire en
« lui,... l'admiration que leur causait le Soleil...
« les fit le proclamer père et seigneur de toutes les
« choses créées.» Toutes les Religions sont dérivées
du culte solaire : « Les hommes primitifs appelaient
« le Soleil, le Brillant, en sanscrit Dova, d'où est
« dérivé Deus, Dios. » Pour l'auteur de la brochure,
la ressemblance et la filiation des mots implique la
filiation et même l'identité des idées. La même méthode interprétative est appliquée aux qualificatifs
et aux ornements symboliques de la Vierge. Toute
une école dite « historique » vit encore de ces jeux
de mots. La brochure ne manque pas de flétrir
« l'horrible crime commis contre les apôtres de la
« science, Servet, Giordano Bruno et Savonarole »
(bien que le médecin Servet ait été brûlé par Cal-
vin et que les deux autres n'aient jamais été des
hommes de science). Enfin, l'Eglise « vend » les
sacrements, « tout (y) est négoce. »... Pendant que,
couché, je suis empêché par les punaises de dormir,
j'entends, dans la chambre voisine, un des péons
lire à ses compagnons, péniblement d'ailleurs, une

page de cette brochure qu'il a achetée à la Société ouvrière.

Lorsque les cultivateurs du Léon et de Galice arrivent en groupes pour travailler pendant une saison à la mine, les socialistes vont les attendre à la gare, au pied de la montagne, et leur arrachent souvent leur inscription avant même qu'ils soient parvenus à La Arboleda. On estime à 8o o/o le nombre des *socios* recrutés par la menace. On éviterait facilement ces conséquences de l'organisation socialiste par la constitution, dans les *pueblos* mêmes de Léon et de Galice, de sociétés catholiques d'agriculteurs-mineurs formées entre les habitants qui émigrent pendant six mois à La Arboleda.

Les instituteurs de l'Etat, à La Arboleda, étant étrangers à tout sentiment religieux, les écoles publiques sont, en fait, des écoles laïques au sens français du mot. Des Frères des Ecoles chrétiennes dirigent une école de garçons et une école du soir pour adultes. C'est chez eux que siège la Société Léon XIII avec sa mutualité, sa coopérative et son cercle. Créée, malgré l'hostilité des patrons et des socialistes, par un prêtre zélé, elle compte 3oo ouvriers. Une mutualité scolaire lui est annexée.

Trois cent cinquante à quatre cents hommes, femmes et enfants, sur près de 3ooo habitants, assistent aux messes du dimanche, à la paroisse, à l'hôpital et à l'asile. J'ai vu des ouvriers hausser les

épaules avec mépris en croisant dans la rue les religieuses de l'hôpital ; un autre, assis à la porte d'une
tienda, jeter sur elles des regards haineux. Les socialistes en traitement à l'hôpital affectent de leur parler sur un ton autoritaire, brutal et insolent, qu'ils
justifient en disant : « Ce sont nos domestiques. »
Il est instructif de constater l'attitude que ces éga-
litaires et émancipateurs croient devoir prendre à
l'égard de « domestiques. » Plusieurs de ces religieuses appartenant aux premières familles de Bilbao, on pourra conclure de la divers...é et de la
valeur des attitudes respectives des ouvriers et des
religieuses à la valeur des idées qui les inspirent.
Les socialistes, l'année précédente, au cours d'une
grève des boulangers de La Arboleda, allaient chercher à Portugalete du pain qu'ils vendaient huma-
nitairement au double du prix d'achat. Une nuit,
une de leurs bandes s'est rendue sous les fenêtres
de l'école chrétienne, poussant des hurlements et
menaçant d'y mettre le feu. Cette nuit même, une
autre bande d'énergumènes parcourait le village en
criant : « Vive la République ! Mort aux curés ! »

Si les émigrants mineurs sont économes, la population ouvrière stable se montre, au contraire, très
dépensière : la vie matérielle absorbe 1 fr. 25 ou
1 fr. 50 ; le surplus est dissipé au cabaret, au jeu ou
dans les fêtes, les *romerias* des *pueblos* voisins. Le
jeu exerce de grands ravages : on me cite un mineur

qui, ayant touché trente douros, se rend à Bilbao, vêtu de neuf, et en revient à pied, sans argent et avec de vieux habits, pris chez le fripier. Les mineurs boivent genéralement deux litres de vin par jour et bon nombre d'entre eux trois litres. Ils peuvent absorber une assez grande quantité de vin ou d'alcool sans être ivres. En temps ordinaire, il est rare de rencontrer un ivrogne. Les samedis et jours de paye, on en voit quelques-uns. Les jours de grande fête, le jour de la fête du *pueblo* et le Iᵉʳ Mai, l'ivresse est générale et les actes publics d'immoralité ne sont pas rares. En tout temps, la moralité est déplorable : la promiscuité produit ses effets inévitables, et les pires. Il n'est pas exceptionnel qu'une famille loue à un péon la moitié d'un lit occupé par une fillette de dix à douze ans. Père, mère, enfants s'entassent dans un cabinet exigu. Le médecin socialiste de la Société ouvrière de La Arboleda n'a-t-il pas écrit dans *La lucha de clases* (1) que « le premier devoir et l'unique préoccu-« pation d'un père de famille sont de faire de ses « enfants de beaux animaux. »

L'après-midi du dimanche, beaucoup d'ouvriers s'ornent d'un œillet rouge piqué à l'oreille. Un *fronton* est à la disposition des amateurs de pelote : parmi les spectateurs passe le marchand de bro-

1. 19 juillet 1913.

chures révolutionnaires. Il s'y tient souvent des meetings où se font entendre des orateurs de la localité ou des propagandistes venus de Bilbao. Un discours incendiaire y fut, un jour, prononcé par un député provincial de Biscaye appartenant au bloc républicain socialiste tout en étant rédacteur à *El Liberal* et l'un des propriétaires de ce journal : preuve nouvelle des relations intimes et des affinités profondes entre libéraux bourgeois et socialistes révolutionnaires.

Dans les tavernes, les parties de cartes, très animées, se poursuivent au milieu de mille blasphèmes et de discussions violentes. A côté des joueurs, est placé le litre de vin auquel ils boivent à tour de rôle et qui est à nouveau rempli, aussitôt vidé. Les jeux de boules rassemblent de nombreux amateurs.

Mais, lorsque vient la nuit, tous se ruent au plaisir. Plus que jamais on boit, on cause, on joue dans les si nombreuses tavernes ; mais surtout on danse. Il est huit heures : à la Société récréative du Liceo, on danse. Il est neuf heures : dans deux autres salles, le bal bat son plein. Il est dix heures : sur la place publique, on danse. Dans une *tienda*, des jeunes gens chantent, en s'accompagnant du tambour de basque, des airs qui s'entendent dans l'Afrique du Nord, dans les douars voisins du désert. Dans une autre *tienda*, un Aragonais danse la *jota* : il a passé la cinquantaine ; il a gardé toute la souplesse,

l'ardeur et la grâce de ses vingt ans. Dans une
autre *tienda*, un cercle épais d'hommes et de jeunes
gens s'est formé autour de quelques Aragonais : un
adolescent tient la guitare et chante « le Royaume
d'Aragon» ; un autre, plus jeune encore, lui répond,
improvisant la louange de « la femme » ; et un troisième compose des couplets sur « le parti socialiste ». Leurs voix, tendues à se rompre, restent
moelleuses, souples et prenantes : elles redisent la
plainte séculaire de l'Orient soupirant l'amour et la
douleur. On admire, autour d'eux, à grandes exclamations blasphématoires. Et le cercle s'élargit :
l'accordéon nasille, les danses andalouses commencent. Deux hommes d'une trentaine d'années, bras
levés, en vis-à-vis, font claquer les castagnettes et
précipitent les figures et le rythme avec une fougue
et une élégance sans égales. Des sourires de plaisir éclairent les visages de quelques spectateurs ;
d'autres ne trahissent leur contentement intérieur
que par l'éclat plus dur des yeux sur les faces inertes.
Je note les nez aquilins, les bouches trop épaisses
qui accusent les origines de violence et de passion.
La danse s'achève sur un ou deux « Olé » dont la
grâce est aussitôt couverte par une bordée de blasphèmes encourageants, admiratifs et joyeux. Alors
un des danseurs s'adresse à un adolescent : « *Haga
el favor* .. Faites-moi l'honneur... » C'est un Castillan bellâtre, à l'oreille fleurie d'un œillet rouge ;

un Castillan en qui se continue le pur type juif : un Juif de mellah, blanc et rose, à la bouche féroce, aux yeux de fille demi-perdus sous de longues boucles frisées. Bras levés et castagnettes, avant deux, voltes et virevoltes, impétueux caquetage des espadrilles sur le sol... Le jeune danseur oppose à l'ardeur impérieuse de son compagnon la nonchalance d'une Salomé habituée à servir. Et le symbolisme de la danse orientale se précise par une mimique qui dit tout ce qu'elle veut dire. Alors, c'est une explosion de joie et comme une fureur d'admiration parmi les spectateurs, garçons de quinze à vingt ans, hommes de trente à quarante. Trop blanc et trop rose, les yeux tant garnis de cils qu'ils semblent peints, le front perdu sous la chevelure, la bouche cruelle, Salomé et son compagnon s'arrêtent. Mais l'élan est donné ; deux autres les remplacent : la musique se fait très douce, très lente, coupée de silences, et tout à coup heurte ses notes, les fait trembler ; eux, ils dansent, le buste immobile, les pieds comme las, les hanches éloquentes, variant, au rythme des sons, leur travail silencieux... Dans l'atmosphère alourdie de la petite salle, la joie passe avec un sourd murmure sur qui flotte les plus répugnants blasphèmes proférés à mi-voix : les mineurs saluent leurs almées !

... « Le premier devoir et l'unique préoccupation « d'un père de famille sont de faire de ses enfants

« de beaux animaux » (1), Et voici d'autres exemples
de la morale de ces « beaux animaux » devenus
grands.

Dans une mine voisine de La Arboleda et si profondément déchristianisée qu'il n'y a même plus de
prêtre dans le village, un mineur discutait avec ses
péons pensionnaires : « Vous avez beau user de
« ma femme comme il vous plaît, vous ne pouvez pas
« dire, comme vous le prétendez, *notre* femme, car,
« seul, je suis marié avec elle ; seul, j'ai donc le
« droit d'en parler en disant *ma* femme ! » Toute
leur conception morale du mariage se réduisait à
l'affirmation verbale et légale d'une propriété : la
femme était devenue un objet de propriété ; mais,
de propriété individuelle avec usufruit collectif, ou
de propriété collective avec usufruit commun ?
Telle était la question débattue. Si la question, par
cela seul qu'elle était posée, ne nous plaçait en
présence d'hommes, d'ailleurs redescendus aux
formes les plus basses de la société humaine, à la
polyandrie de quelques troupeaux humains dégra-
dés, nous pourrions nous croire dans quelque che-
nil : non, nous sommes dans les monts de Biscaye, au
cœur d'une exploitation industrielle conçue d'après
le type économique libéral et pourvue de tout l'outillage scientifique moderne ; mais ce libéralisme

1. *La Lucha de cláses.* 19 juillet 1913.

économique et cet outillage scientifique ont suscité, chez les hommes groupés là pour gagner misérablement une misérable vie, l'apparition d'une petite société de sauvages, de brutes à face humaine.

Ecoutez-la encore, la brute à face d'homme. Dans ce même pays, un ouvrier mineur, avant de laisser conduire à la terre le cadavre de sa fille, en abuse en disant qu' « il était dommage que ce corps n'eût pas servi. » Cette formule est admirablement païenne. Le plus dégradé des hommes reste un homme : son intelligence lui reste pour traduire en sentence morale son ignominie. Et c'est là son plus cruel châtiment. Devenu une brute, il demeure une brute intelligente : il raisonne son crime, il le déifie, il en fait une idole et il l'adore.

Je quitte La Arboleda. Je descends de la montagne infâme par un clair soleil qui fait sourire la mer bleue en bordure des montagnes vertes piquées de bois sombres et fleuries de toits rouges. Les villas d'Arenas poursuivent leur sieste paresseuse au bord de la plage de Portugalete ; les grandes cheminées des hauts-fourneaux des Astilleros lancent leur fumée épaisse sur les bords du Nervion. La chaude lumière coule à flots sur les montagnes et les vallées, les pâturages, les usines, les hommes en guerre contre eux-mêmes et contre Dieu.

§ 3. — EIBAR. — TOURNEUR

Eibar est une petite ville cachée dans les replis
des montagnes basques. Elle compte 11 000 habitants dont 3.000 ouvriers travaillant, soit à la bijou-
terie damasquinée or (bijoux dits tolédans), soit à la
fabrication des armes à feu : ils sont presque tous
socialistes et libres-penseurs. Or, tout le pays basque
est profondément religieux et plus de 80 o/o de ces
ouvriers sont Basques. Cette transformation locale
est due au régime industriel et aux influences politiques et internationales qui s'exercent partout où
le régime industriel s'établit. Les damasquineurs,
grabadores, portent généralement une longue
blouse blanche ; les armuriers, *pistoleros*, une
longue blouse bleue. Ces socialistes exaltés sont
cependant satisfaits de leur sort : ils n'ont jamais
fait grève. Mais ils s'enthousiasment pour les grèves
des autres. Leur socialisme est surtout antireligieux. Presque tous les patrons, anciens ouvriers
restés illettrés, ont gardé les idées et les habitudes
de vie de leurs salariés ; ils les traitent familièrement, les accompagnent souvent au café.

Les ateliers de *grabadores* ne comptent générale-
lement que trois à cinq ouvriers ; les ateliers de
pistoleros, trente à cinquante. Les damasquineurs

sont de véritables artistes : les plus habiles ne gagnent pas plus de sept à huit posetas ; la plupart, cinq à six. Le peu d'élévation des salaires est la conséquence du manque de capitaux : faute d'avances, les fabricants sont obligés de vendre leurs bibelots aussitôt qu'ils les ont achevés et les commerçants, exploitant la situation, les leur achètent au plus bas prix. Les petits patrons ou ouvriers damasquineurs n'ont pas encore compris l'avantage que leur procurerait l'association et, de plus, redoutent toujours d'être volés par leurs associés.

Avec leur gain quotidien de cinq à huit pesetas, les ouvriers d'Eibar vivent dans une certaine aisance : convenablement logés et nourris, ils dépensent en plaisirs tout l'argent qui leur reste Le dimanche, s'il y a fête à Saint-Sébastien, ils n'hésitent pas à y aller passer la journée, alors que le chemin de fer, seul, leur coûte plus de 5 francs. Quoique socialistes, ils sont partisans du travail à la tâche, qu'ils pratiquent tous et qui leur rapporte davantage tout en leur laissant plus d'indépendance. Les heures régulières d'atelier sont : de 6 h. 3o à 8 heures, de 8 h. 3o à midi et de 1 heure à 6 h. 3o, soit dix heures et demie d'atelier ; mais, travaillant aux pièces, ils sont libres de venir quand il leur plaît. Un mardi, à dix heures du matin, je trouve dans une *tienda* deux de ces ouvriers, très occupés à boire, ayant déjà trop bu : l'œil atone, les paupières

lourdes, ils m'invitent à trinquer avec eux et se
livrent à mille facéties et galanteries assez bêtes
pendant que la bonne, dans la cour voisine où elle
lave le linge, chante une chanson basque qui me
rappelle les complaintes bretonnes.

Dans les rues, on crie *El Socialista* et *España
nueva*. Sur les murs, s'étalent des affiches convo-
quant au Cercle socialiste les femmes désireuses de
faire partie du « Groupe des femmes socialistes » qui
vient d'être constitué. Eibar possède un Cercle jaimiste et une « Fédération locale des syndicats professionnels » catholiques. Sur la façade d'une maison,
s'allonge en grandes lettres l'inscription *Casa del
pueblo*. Cette « Maison du peuple » occupe le premier étage de l'immeuble. La porte d'entrée porte
la mention « Cercle socialiste ». Il compte mille
membres. Le soir, après dîner, j'y trouve deux
douzaines de *socios* qui causent, lisent le journal,
prennent une tasse de café. Le cercle reçoit *El Socialista* et *España nueva*. Un piano orne un coin de la
salle. Au mur, face à l'entrée, est accroché le portrait de Ferrer. La plupart des ouvriers d'Eibar
sont syndiqués. Ceux qui ne font partie ni du syndicat catholique ni de la Société de résistance restent
sous la domination morale de cette dernière. Beaucoup, parmi les ouvriers socialistes d'Eibar, ne sont
éloignés des croyances chrétiennes qu'en apparence
et de la pratique religieuse que par le respect

humain ou la crainte des persécutions d'atelier : s'ils remontent, le dimanche, dans leur village de la montagne, ils reprennent très sincèrement et tout aussitôt les pratiques d'une foi qu'ils n'ont pas perdue. Il suffirait de quelques hommes d'action pour faire tomber, à Eibar, l'influence prédominante du socialisme libre-penseur.

Les distractions d'Eibar consistent en plusieurs « Cercles récréatifs », un cinématographe, une *Plaza de toros*, un *Fronton* pour le jeu de pelote, le *paseo* chaque soir et la musique deux fois par semaine. Le dimanche, aux différentes messes, l'église paroissiale regorge de monde où les femmes forment la grande majorité. Tout l'après-midi, les cercles et cafés sont remplis de causeurs. Le soleil d'été resplendit. Une chaleur lourde s'appesantit sur l'étroite et creuse vallée. Les montagnes, couvertes de bois et de pâturages, étalent une étonnante fraîcheur, une verdure intense que leur ont conquise les longues journées pluvieuses. Leur plaisante et apaisante solitude commence dès que l'on a dépassé les dernières maisons. On s'élève aussitôt sur leurs pentes rapides, au milieu des maïs, des châtaigniers et des fougères, des bruyères et des chênes : dans le fond du ravin, Eibar assemble les toits bruns de ses vieilles demeures et les toits rouges de ses jeunes logis. Le soir, après dîner, la musique joue sur la grand' place qui se remplit de danseurs. Le ciné

semble ne pas recueillir grand succès, car il n'ouvre
que le soir : l'assistance se compose, pour les deux
tiers, d'enfants bruyants, brusques, agités ; aux projections font suite des chansons de café-concert et
des danses acrobatiques et disgracieuses ; il est
affligeant de voir l'élégance espagnole s'abaisser à
ces dislocations et clowneries stupides et grossières ;
mais telle est la force de la nature que, même dans
l'exécution de ces paillasseries bêtes, la ballerine
laisse apercevoir la souplesse et la grâce de sa race.

En attendant l'heure de la rentrée des ateliers,
tous les ouvriers se tiennent dans les rues, en file, le
long des maisons, assis à terre ou sur des marches
ou sur des bancs. Presque tous ceux qui lisent un
journal lisent *El Liberal* de Bilbao. Si un prêtre
vient à passer près d'eux, ils prennent aussitôt un
air de supériorité et d'ironie comme il convient à
des esprits émancipés et cultivés. Le climat est pluvieux ; le ciel reste presque toujours gris. Quand le
ciel se purifie de ses nuages, le soleil d'été étincelle et
une chaleur lourde s'appesantit sur l'étroite vallée
verte où s'allonge, étranglée entre les flancs abrupts
de la montagne, la petite ville : une rue et une route
la constituent presque toute entière. Ses maisons
présentent généralement une façade entièrement
vitrée formée par les balcons clos des logis ou les

baies des nombreux ateliers. L'hiver y est très
doux, me disent mes camarades ; il n'y fait guère
plus froid que par les jours gris ou pluvieux d'été ;
mais il pleut presque continuellement. A l'heure de
la sortie des ateliers, un véritable flot d'ouvriers se
répand dans la grand'rue.

Mon patron armurier et son contremaître m'ont
averti : « Ici, quand on est fatigué, on ne vient pas
« travailler ; on est libre. » Ils m'ont placé dans la
section des tourneurs, qui compte dix ouvriers ; ils
m'ont confié une machine facile à conduire et un
travail d'exécution aisée. Un ignorant se met de
suite au courant de cette tâche qui consiste à forer
et calibrer des barillets de revolver ; il suffit de
livrer au tour la pièce de métal en la maintenant
pressée contre la mèche. La force qu'il faut déployer
à cet effet d'une manière continue fatigue beaucoup
des doigts et des mains étrangers à tout travail physique. La face interne des mains et des doigts est
aussitôt abîmée par le frottement continuel de la
poussière de métal et par la limaille. Il est, en outre,
très lassant, pour qui n'en a pas l'habitude, de rester toute une journée debout, sur place, contre le
tour. Ce travail machinal me laisse, à la longue,
une forte sensation d'abrutissement. Je suis le servant de la machine et je me mécanise.

Mes compagnons d'atelier, tous Basques, ne parlent entre eux que leur langue maternelle. Ma pré-

sence les laisse indifférents : ils ne manifestent à
mon égard ni curiosité, ni hostilité, ni sympathie ;
ils semblent m'ignorer ; il est exceptionnel que l'un
d'eux m'adresse la parole ; à la sortie, chacun se
hâte de prendre sa veste et de s'en aller. Habituellement, la moitié des ouvriers arrive avec cinq minutes
de retard ; quelques-uns, dix à trente minutes après
l'heure. Un lundi matin, un seul ouvrier se montre
exact ; l'*encargado* et sept ouvriers arrivent avec
cinq à trente minutes de retard ; un ouvrier ne vient
qu'après l'*almuerzo*, à huit heures trente, et un
autre reste absent toute la journée. L'après-midi du
même jour, l'*encargado* et six ouvriers arrivent dix
à vingt minutes après l'heure ; trois autres ne viennent pas du tout, ce qui fait, sur dix ouvriers, quatre manquants, tous jeunes gens de vingt-cinq à
trente ans. Il y aura cependant, cette semaine, deux
jours exceptionnels de chômage, l'Assomption et la
Saint-Roch. Dans l'atelier, presque à demi-vide,
l'apprenti, âgé de quatorze ans, bâille, s'étire, reste
de longs instants les yeux perdus dans le vague, soupire que « le travail du lundi ne vaut rien », puis
gémit : « Qui donc a inventé le travail ! » Un des
ouvriers, âgé de quarante à cinquante ans, me dit :
« Les gens d'ici aiment beaucoup leur plaisir. » Et,
peu après : « Combien y a-t-il d'habitants, en France ?
« ... et en Allemagne ?... de soldats en France et en
« Allemagne ?... de bateaux de guerre ?... » Il se

montre cependant très renseigné par avance sur
notre infériorité à ces divers points de vue et il
murmure : « Les Français sont pourtant un peuple
« intelligent, civilisé, très avancé dans le progrès... »

Un autre jour, un des tourneurs s'approche de moi :
« Il est très fort, le président de la Jeunesse socia-
« liste(1). Il étudie tout le temps. Il assiste aux con-
« grès socialistes. Je l'ai entendu, une fois, discuter
« avec un instituteur et il l'a mis à bas. » Après un
instant de silence : « On dit dans les journaux que
« les Français de la Confédération générale du tra-
« vail vont déclarer la grève générale pour aider les
« grévistes de Barcelone ».

Une autre fois, je demande à l'un de mes voisins
d'atelier s'il existe une Société d'ouvriers armuriers : « Oui, et la plupart y sont inscrits. — Com-
« bien paie-t-on? — Je ne sais. Mais il y a ici un
« ouvrier qui en fait partie.. » Il va lui demander
le renseignement. « La cotisation est de cinquante
« centimes par mois ». Personne ne sollicite mon
adhésion. A la fin de l'après-midi, le tourneur syndiqué fait circuler dans l'atelier un avis imprimé :
nous apprenons ainsi que, le soir même, à huit
heures et demie, le cercle socialiste donnera une
soirée musicale afin de recueillir de l'argent pour
un camarade condamné à la prison et à l'amende

1. Il venait de se faire entendre dans une Conférence
contradictoire.

pour délit de presse. A l'heure dite, le cercle est, empli d'ouvriers. Des amateurs se font entendre : le piano, deux violons et deux violoncelles unissent leurs notes et même leurs fausses notes.

Le prix de ma pension — logement et nourriture — est de 1 fr. 75 si l'on partage un lit, 2 francs si l'on occupe seul un lit dans une alcôve. A l'*almuerzo*, on nous sert du café au lait ; au déjeuner, de la soupe grasse, un mélange de pois chiches, de haricots rouges et de choux, du bœuf bouilli sauce tomates, un fruit, un verre de vin et du pain à volonté ; au dîner, des pommes de terre à l'huile, de la viande bouillie et un fruit.

Chez le même logeur, se trouvent trois autres ouvriers : un Aragonais, cordonnier ; un Castillan, charpentier ; un Basque, plâtrier, descendu d'un village de la montagne pour exécuter pendant quelque temps divers travaux. Le Basque se montre très réservé : il parle peu et rarement, lit *El Libéral* et rapportera dans son *pueblo* les idées acquises au contact des ouvriers d'Eibar. L'Aragonais et le Castillan sont syndicalistes libertaires et appartiennent à un groupement qui compte une quarantaine d'associés : ils parlent beaucoup, font volontiers étalage de leurs idées et cherchent à recruter des adeptes. « On prétend, s'écrie le cordonnier, que les patrons

« tisseurs de Barcelone, ayant trop de marchandises
« en magasin, voient la grève avec satisfaction ! Ils
« mettent ces bruits en circulation pour faire croire
« qu'ils n'ont pas besoin de leurs ouvriers ! Et cepen-
« dant, est-ce que les patrons feraient travailler les
« ouvriers s'ils y perdaient de l'argent ?... Cette
« guerre du Maroc ! Tous les soldats devraient
« refuser d'aller au Maroc ! Pourquoi se battre ?
« Pour défendre les intérêts des propriétaires des
« mines ! des cochons qu'il vaudrait mieux tuer ! »
Il a travaillé dans les différentes provinces françaises : « La vie y est plus chère qu'en Espagne,
« sauf à Marseille et à Bordeaux où l'existence est
« facile... » Le Midi de la France lui plaît mieux que
les autres provinces : « Les gens y sont plus accueil-
« lants et plus gais. On chante, on fait de la musique,
« on danse... Mais, en France, on est moins libre
« qu'en Espagne : on vous arrête pour un rien...
« parce que vous êtes dehors sans argent ! Beau-
« coup d'ouvriers français m'ont dit qu'ils étaient
« plus heureux sous l'Empire que sous la Répu-
« blique... C'est comme cette République portu-
« gaise !... D'ailleurs, tous les gouvernements sont
« mauvais : il faut tous les supprimer ! Nous sommes
« bien capables de nous gouverner nous-mêmes !
« Tous les gouvernements sont des voleurs. Nous
« travaillons pour payer leurs fonctionnaires qui ne
« servent qu'à nous embêter. Les impôts augmen-

« tent sans cesse et c'est toujours l'ouvrier qui les
« paie : le fabricant, qui est imposé davantage,
« élève le prix des marchandises que l'ouvrier
« achète. La devise républicaine — liberté, égalité,
« fraternité — quelle blague ! » Il lit habituellement
El porvenir del obrero, hebdomadaire libertaire de
Port-Mahon, et *Regeneracion*, hebdomadaire libertaire publié en Californie. En me le montrant, le
cordonnier ajoute : « Les Etats-Unis vont s'emparer
« du Mexique, vous allez voir ! Ils vont profiter des
« troubles révolutionnaires : c'est toujours comme
« ça que ça se passe ! » Et cependant il souhaite la
Révolution en Espagne : quelle contradiction chez
un homme qui ne manque ni d'intelligence ni de
jugement !

Le Castillan, à propos d'un viol commis dans la
région, soutient que « c'est la faute de la société qui
« est la cause de tout le mal... Quant au coupable,
« s'il a de l'argent, il échappera. L'argent achète tout,
« est le maître de tout, dans cette société !... En
« France, vous pratiquez le malthusianisme, n'est-ce
« pas ? C'est bien, ça ! — Vous en pouvez juger aux
« conséquences : la France se dépeuple et les étran-
« gers l'envahissent pacifiquement avant de le faire
« à main armée. » Sans répliquer, il poursuit : « Je
« connais vos grands hommes. Ce sont : Charles
« Malato, Anatole France, Gustave Hervé, Flam-
« marion. Mais Victor Hugo les dépasse tous... Je

« connais aussi le comte Tolstoï: ses livres sont tra-
« duits en espagnol. » Après un moment de silence :
« La France, s'écrie-t-il avec enthousiasme, à fait
« faire un grand pas au progrès lorsqu'elle a pro-
« clamé la Commune, en 71 ! »

Une conférence contradictoire doit avoir lieu au
théâtre, entre le président de la Jeunesse socialiste
et un syndicaliste libertaire : « Vous irez, n'est-ce
pas ? » me demandent l'Aragonais et le Castillan.
Après le dîner et en attendant l'heure de la conférence, ils m'invitent à sortir avec eux et me conduisent dans la salle de café où leur groupe libertaire, qu'ils appellent « Athénée », tient ses assises.
Ainsi s'exerce doucement leur propagande personnelle : ils exposent leurs idées, au cours de conversations quotidiennes, à un camarade de pension ou
d'atelier ; celui ci ne témoignant pour ces idées
aucune hostilité, ils le conduisent, au cours d'une
promenade, à leur centre de réunion ; là, par leurs
journaux, leurs conversations et toutes les influences
du milieu, ils le convertissent et l'inscrivent à leur
groupe. A l'Athénée, l'Aragonais me passe quelques
hebdomadaires anarchistes ; autour d'une table, des
compagnons lisent des publications libertaires ;
dans un coin, deux autres s'entretiennent avec le
camarade qui doit prendre la parole au théâtre et
lui reprochent de n'avoir pas préparé son discours.

... Dans la salle de théâtre, une foule compacte se

presse. Il peut y avoir là un millier d'ouvriers. Le
socialiste qui préside recommande d'éviter toute
manifestation d'approbation ou de désapprobation :
il sera obéi ; pendant une heure et demie, cette
assemblée d'hommes et de jeunes gens restera atten-
tive et sage. Et cependant, rien ne commande cette
attention : les deux orateurs parlent à voix trop
basse et sont aussi ennuyeux que possible ; ni l'un
ni l'autre, d'ailleurs, ne se préoccupent du programme
de la conférence ou de ce qu'a pu dire son adversaire.
Le président de la Jeunesse socialiste, ouvrier
damasquineur, âgé, semble-t-il, de vingt et quelques
années, ayant l'aspect et le costume d'un employé
de commerce ou de bureau, tire des papiers de sa
poche et lit, sur un ton monotone et quelque peu
pédant, la conférence qu'il a préparée. La forme en
est simple et correcte. Le fond, parfaitement insignifiant, consiste en un mélange de toutes sortes de
choses hétérogènes ; on n'y peut discerner aucun
plan ni définir les propositions qu'il souhaite démon-
trer. Il parle des Gracques, de la phrase de Louis XIV :
« L'Etat, c'est moi », de la Révolution française qui
a rendu l'ouvrier « politiquement libre » — ce qui
est faux — « et économiquement esclave » — ce qui
est vrai ; il compare les idées qui circulent dans la
société au sang qui circule dans le corps et estime
que, conformément à la loi de la corrélation des
organes, tous les éléments du corps social doivent

observer un développement harmonieux. Tout cela, débité avec une tranquille assurance, produit un grand effet sur l'assemblée et sur les libertaires eux-mêmes qui, à la sortie, diront : « C'est un gar-« çon vraiment très instruit ; il a acquis beaucoup « de science ». Ils se montreront, au contraire, navrés de l'insuccès de leur camarade qui, fort intimidé, a pu cependant aligner péniblement quelques phrases, puis s'est troublé et, au bout de cinq minutes, est resté court, pour être venu là sans petits papiers dans sa poche. L'auditoire jugeant moins les orateurs d'après leurs idées que d'après leur assurance et leur faconde, un très léger murmure d'ironie a accueilli la défaite du libertaire regagnant son siège ; mais le président de l'assemblée l'a réprimé aussitôt en disant qu'il ne fallait pas se montrer surpris de l'insuffisance de la réponse : « Tout le monde a bien vu que c'est un ouvrier ! » Ce qualificatif dédaigneux était plutôt amusant dans la bouche d'un ouvrier président d'une assemblée d'ouvriers. Les deux controversistes se sont donnés ensuite quelques répliques qui, en accentuant encore l'incohérence des débats, ont dégénéré presque aussitôt en conversations particulières entre les deux contradicteurs. Le président en a profité pour prétendre que le syndicaliste libertaire sortait du sujet de la conférence (aucun des orateurs ne l'avait abordé), à quoi l'anarchiste a répliqué que, puisqu'on lui faisait de l'obstruction systématique, il se tairait. Son adversaire l'ayant imité, chacun s'en fut chez soi.

Le lendemain, mes deux compagnons de pension m'emmènent à l'Athénée (où les puces, véritable fléau à Eibar comme à Bilbao, sévissent autant qu'au logis). Une vingtaine de libertaires étaient réunis, parlant tous à la fois dans une étourdissante cacophonie. Leur échec du théâtre alimentait cette dispute. Quand ils étaient trop fatigués de leur verbiage, ils faisaient un moment silence; l'un d'eux en profitait alors pour parler tout seul, vaticinant dans le vide.

A la pension, le cordonnier, un peu fatigué, se fait servir un bol de lait. « Il a beau en avoir besoin, « dit le Castillan à la patronne, s'il ne vous le payait « pas, vous ne le lui donneriez pas! — Et vous, « réplique-t-elle, si vous fournissez du travail sup- « plémentaire, ne réclamez-vous pas un supplément « de salaire? » Terrassé par cette logique, le Castil- lan murmure avec dépit : « Dans cette société, tout « n'est qu'égoïsme... »

Au dîner, il me demande : « Le clergé, en France, « l'Etat ne le paie plus? » Le cordonnier intervient aussitôt : « Non, mais la religion se pratique encore « plus scandaleusement qu'auparavant et les curés « reçoivent des catholiques plus d'argent qu'ils n'en « recevaient de l'Etat. Le gouvernement avait pro-

« mis de verser aux retraites ouvrières l'argent des
« curés : il n'en a rien fait et il prétend maintenant
« obliger les ouvriers à contribuer aux retraites sur
« leurs salaires ; après avoir volé les curés, il a volé
« les ouvriers. La République française ? C'est pire
« que le gouvernement espagnol ! » A quoi le Castillan ajoute : « Et puis, toutes les Républiques, c'est
« comme ça ! »

Un autre jour, le Castillan ayant remarqué que
« Pablo Iglesias, autrefois simple ouvrier typo-
« graphe, est aujourd'hui millionnaire comme Ler-
« roux », l'Aragonais conclut : « Tous les hommes
« politiques sont des voleurs. » Ses idées en matière
d'organisation économique des sociétés offrent le
caractère de simplicité stupide qui caractérise Kropotkine et autres illuminés aussi naïfs que dangereux : « A Barcelone, tous les métiers devraient
« faire grève ! Et dans toute l'Espagne ! Grève géné-
« rale ! — Mais comment manger ? comment vivre ?
« — Les marchandises ne manquent pas dans les
« magasins : ils en sont tous remplis ! » Prendre au
tas, production nulle, consommation illimitée : le
mouvement perpétuel est trouvé. Ce cordonnier ne
manque cependant pas de sincérité et il lui arrive
de réfléchir et de bien raisonner. Il ne lit pas les
journaux quotidiens : « Les informations ne m'inté-
« ressent pas. Je ne goûte que les articles où il y a
« des idées », ou ce qu'il prend pour des idées et

que lui servent les hebdomadaires anarchistes. Deux
de ses amis de l'Athénée avaient tenu à me montrer
la bibliothèque municipale dont ils se montraient
très fiers Elle compte quelques douzaines de livres,
mais pas de lecteurs. « Il y en avait cependant
« quatre, l'hiver dernier!» me disent avec admiration
mes deux guides. Comme je fais remarquer à l'Aragonais que la bibliothèque municipale me paraissait
peu fréquentée, il se récrie : « Mais il n'y a pas que là
« des livres ! Il y a aussi une bibliothèque au cercle
« socialiste !— S'il elle ne compte pas davantage de
« lecteurs ! — Ceux qui veulent s'instruire, ici, en ont
« les moyens ! Et l'on s'instruit beaucoup, à Eibar !
« Il n'y a pas de pays où se vendent et se lisent
« autant de journaux ! » Il s'imagine que les journaux répandent *l'instruction!* Jugeons-en par lui-
même : il me demande ce que c'est que la semaine
anglaise. « Elle consiste, dis-je, dans le repos de
« l'après-midi du samedi, s'ajoutant au repos domi-
« nical. — C'est là, fait-il, une idée protestante. Le
« repos du samedi est exigé par la religion protes-
« tante. — Du tout ! — Mais si ! Vous ne verrez
« jamais, un samedi, les protestants travailler. —
« Les Juifs, voulez-vous dire ! — Juifs et protes-
« tants, c'est la même chose », tranche-t-il péremp-
toirement. Cet esprit libre et cultivé de l'élite
ouvrière d'Eibar souffre d'étranges lacunes ! A
l'Athénée, où je me rends parfois avec lui, je trouve

toujours ses camarades occupés à lire les hebdomadaires anarchistes : *Solidaridad obrera*, de Barcelone, et *Tierra y libertad*. C'est là toute la source
de leur « instruction », de leur « culture », l'unique
aliment de leur pensée. L'un d'eux, s'étant levé pour
partir, prend congé par la formule habituelle :
« *Adios !* » Plusieurs, vivement, le reprennent :
« Non, pas ça ! Il faut dire : *salud !* » Ils laïcisent les
formules de politesse : le nom de Dieu ne doit être
prononcé que pour être blasphémé.

Le Castillan « n'admet pas d'autres repos que
« celui que son corps demande lorsqu'il est las et
« le chômage du Premier Mai. Les dimanches et les
« fêtes de saints, non ! — Ceux qui les observent,
« ajoute l'Aragonais en haussant les épaules, c'est
« par crainte de ce qu'ils appellent l'enfer. » Aussi
l'un et l'autre travaillent-ils régulièrement le dimanche matin pour satisfaire au précepte du travail
dominical, mais non l'après-midi parce que leur
corps éprouve le besoin du repos hebdomadaire. En
outre, une ou deux fois par semaine et surtout le
lundi, l'Aragonais chôme la matinée pour obéir au
précepte du caprice individuel et se prouver à lui-
même qu'il n'obéit qu'à soi. Voilà donc les règles
qu'ils se sont données : ils ne diffèrent ainsi de
personne, chacun obéissant aux préceptes de sa
croyance. Ils observent, outre ces rites, une certaine
morale qui leur commande, par exemple, de fuir les

courses de taureaux. L'un et l'autre me disent : /
« Aucun compagnon de l'Athénée n'assiste jamais
« à une *corrida*, car nous avons reconnu que c'est
« mal agir. » Je leur demande comment il se fait
que tout le minerai de fer de Biscaye soit expédié
en Angleterre pour y être fondu, au lieu de subir
cette transformation sur place. Le Castillan hausse
les épaules avec dépit : « C'est partout comme cela
« en Espagne ; ce sont les étrangers qui profitent
« de ses richesses », déclare-t-il, oublieux, au contact de la réalité, de ses convictions internationalistes. Plus fidèle à son athéisme, il témoigne sa
satisfaction d'apprendre que le roi, au cours de son
séjour à Santander, a fait visite à l'écrivain anticlérical Perez Galdos. Son syndicalisme libertaire
n'a rien de commun avec le syndicalisme professionnel : il est hostile aux syndicats professionnels,
« ils ne servent qu'à prendre à l'ouvrier son argent. »
Ce qui est très vrai des syndicats socialistes espagnols, dont les fonds servent uniquement à la grève
politique et à la propagande révolutionnaire. Pour
le Castillan et l'Aragonais, la méthode à observer
est beaucoup plus simple : il suffit de tout détruire
par l'action directe pour qu'une société harmonieuse
surgisse aussitôt. « Les grèves ne réussissent pas,
« me disent-ils à plusieurs reprises, parce que les
« socialistes, qui les conduisent, ne recourent pas
« à l'action directe. » Cette « action directe » leur

semble d'autant plus plaisante à exercer et féconde
en résultats qu'ils espèrent bien l'employer contre
un troupeau bêlant de bourgeois apeurés et de
femmes incapables de se défendre ; aussi vitupè-
rent-ils fréquemment contre les Jaimistes qu'ils
appellent des « sauvages » parce que, ceux-ci rendant coup pour coup, ils se sentent moins de goût
pour le risque que l'action directe comporterait avec
de tels adversaires. Le Castillan n'en ajoute pas
moins, avec une pointe d'admiration : « Le père de
« Don Jaime, Carlos VII, était un vaillant ! » La
Race se reconnait en lui et, par dessus les conflits
d'opinion, lui adresse son hommage.

§4. — CONCLUSIÓN

Le pays basque, si riche en minerai de fer, est
appelé au plus grand avenir industriel. Profondément catholique, il est le théâtre, sur les points où
l'industrie l'envahit, d'une lutte acharnée contre la
religion. Cette lutte se poursuit sous le couvert de
la défense des intérêts de la classe ouvrière. Une
propagande intense sévit sur la population des
mines et des usines : les émigrants temporaires
rapportent dans leurs villages de la montagne ou
dans leurs provinces les idées dont ils se sont
imprégnés dans les centres industriels. L'industrie

se répand en dehors des trois principales villes
basques : Bilbao, Vittoria et Tolosa ; peu à peu, des
usines se construisent dans les petites villes et
villages situés le long des voies ferrées.

Les associations socialistes n'ont apporté et ne
tentent d'apporter à la condition des ouvriers
aucune amélioration : elles se bornent à leur pro-
mettre le bonheur lorsqu'ils auront réussi à proclamer la République. Par contre, la dégradation
humaine, sous l'influence des doctrines socialistes,
s'étale dans toute sa force aux mines de La Arboleda.
L'organisation socialiste, qui est purement révolutionnaire, cultive soigneusement toutes les causes
matérielles et morales de mécontentement et d'abaissement, car elle vise à provoquer un bouleversement
général qui entraînera l'assujettissement de tous les
individus à un petit groupe d'administrateurs déten-
teurs de tout le capital social et de toute autorité.
Le collectivisme apparaît au terme de l'évolution du
libéralisme politique et économique, la richesse
comme le pouvoir étant concentrés dans un Conseil
suprême d'administrateurs, sorte de Parlement anonyme et irresponsable, investi d'une puissance absolue. Une telle tyrannie ne serait pas assurée de sub-
sister si la conscience des citoyens, leur pensée, leur
âme pouvaient se soustraire à l'emprise de l'Etat ;
de là, cette lutte acharnée contre l'Eglise, seule puissance spirituelle indépendante, en principe et en fait,

de la société civile, et par conséquent seule garantie
de l'indépendance spirituelle, intellectuelle et morale
des hommes.

Lorsque les ouvriers, à la suite des marxistes,
invoquent la guerre des classes, ils ne font que
reprendre, à un certain point de vue, les formules
de libre concurrence, de lutte pour la vie, d'élimina-
tion des faibles par les forts, par lesquelles les économistes libéraux, les théoriciens bourgeois, les
défenseurs du capitalisme ont exprimé leurs conceptions sociales. Lorsque les ouvriers défendent la doctrine collectiviste ou la doctrine anarchiste, ils
obéissent à deux sentiments qui répondent à une
double réalité plus ou moins obscurément perçue :
la nécessité d'une propriété commune, les abus
d'autorité de l'Etat. Leur erreur consiste à croire que
la propriété commune doive être la forme unique de
la propriété et qu'une société puisse vivre sans une
discipline maintenue par une autorité centrale. Ils
demandent que la propriété collective soit partout
parce qu'elle n'est pas là où il faudrait qu'elle fût ;
ils s'insurgent contre toute autorité d'Etat parce
que cette autorité se rencontre partout où elle ne
devrait pas être. Le double sentiment collectiviste
et anarchiste naît de la réalité sociale issue de la
Révolution française, qui a privé les ouvriers de
leur indépendance de classe et de leur propriété de
métier. Mais ils se trompent en cherchant à suppri-

mer l'Etat qui est nécessaire dans les choses d'Etat,
ou à imposer un collectivisme des biens qui est nécessaire seulement à certaines collectivités. L'Etat
maître chez lui et les individus ou groupes d'individus maîtres chez eux ; propriété individuelle partout
où elle est possible, propriété collective partout où
elle est nécessaire ; autrement dit, unité politique et
décentralisation administrative, collectivisme du métier institué maître de son propre gouvernement,—
voilà la solution du problème (1).

1. Le despotisme centralisateur du régime parlementaire
est plus spécialement senti dans le pays basque où le
régime des *fueros*, partiellement maintenu jusque dans ces
dernières années, avait valu à la province une prospérité
exceptionnelle, tout particulièrement de bonnes finances et
un réseau d'excellentes routes. Le décret royal de décembre
1913 sur les *mancomunidades* (communautés de communes et
de provinces), rendu sur l'initiative du ministère conservateur
Dato, a bien permis aux communes et aux provinces de
s'associer comme il leur convient pour la gestion d'intérêts
communs. Mais cette timide tentative de décentralisation
reste impuissante contre la force d'absorption du Parlement.

CONCLUSION GÉNÉRALE

La crise ouvrière provient, en Espagne, du développement rapide de la grande industrie dont le régime n'a pas été mis en harmonie avec les conditions essentielles de la vie humaine et les exigences d'une civilisation supérieure. Les progrès matériels dus au génie inventif de l'homme sont devenus, par suite, la cause d'un retour à la barbarie au sein même d'une société de haute culture : l'esprit scientifique s'est développé d'une façon monstrueuse, sans que fussent maintenues ses relations nécessaires avec le génie moral et religieux de la race. Une civilisation industrielle, matérielle, matérialiste, vraiment païenne, ne diffère pas, en réalité, d'une civilisation primitive, rude, brutale et barbare.

En raison même de la vivacité de réaction de l'âme espagnole, éprise de lumière et de beauté, et des protestations d'un tempérament peu porté en général à l'initiative et à la continuité dans l'effort,

les conséquences perturbatrices du régime moderne
ne pouvaient manquer de se développer ici avec
plus de violence que dans les autres pays. L'antimi-
litarisme est né du sentiment d'exaspération produit
par le service forcé ; l'anarchie, de l'insupportable
intrusion de l'Etat dans l'activité régionale, locale,
professionnelle, familiale, individuelle ; le socialisme révolutionnaire, de l'inorganisation de la
classe ouvrière et de sa privation de toute propriété
dans le temps même où l'industrialisme augmentait
d'une manière fabuleuse la richesse publique et
faisait naître des fortunes énormes et soudaines ;
cette expropriation des ouvriers jointe à leur état de
dispersion en a fait la proie des perturbateurs. Le
libéralisme politique a aggravé les conséquences du
libéralisme économique en introduisant le désordre
dans l'Etat lui-même et en fournissant aux fauteurs
de désordres l'aliment permanent du mécontentement de la classe ouvrière devenue le jouet des factions. Toutes ces causes de troubles ont agi avec
d'autant plus de force qu'elles jetaient l'Espagne
hors des voies qui lui sont tracées par son génie et
son histoire. Le caractère espagnol, égoïste et fier,
indépendant à l'excès, indiscipliné même, aspire à
une liberté qui pourrait compromettre l'existence de
l'Etat : le parlementarisme assure l'unité politique
par un despotisme intolérable qui s'applique aux
provinces, aux cités, aux corps sociaux et aux indi-

vidus. En même temps, le régime parlementaire
trouble et compromet la vie nationale parce qu'il
implique l'exploitation des dissentiments spontanés
ou des querelles qu'il suscite ; essentiellement cor-
ruptible, perméable à toutes les influences exté-
rieures et aux puissances d'argent, serf d'une presse
dont la liberté est elle-même étroitement limitée par
de grands besoins, complice de toutes les forces
étrangères déchaînées contre l'Espagne, il en dissipe le patrimoine magnifique ; il aggrave, enfin,
les crises politique et économique d'une crise religieuse. La prétendue décadence des nations catholiques est, en réalité, la décadence des nations qui
se décatholicisent.

Tous ces maux cesseraient par la reconstitution
des corps de métier et de la fortune corporative,
par l'indépendance des corps sociaux, des provinces, de l'Etat lui-même, déchargé de fonctions
parasites et délivré des influences anti-nationales
qui s'exercent sur lui ; enfin, par l'indépendance
des consciences soustraites au joug du pouvoir tem-
porel ; bref, par le retour de la nation aux principes
qui ont fait au cours de son histoire sa grandeur et
sa force.

FIN

TABLE GÉNÉRALE DES MATIÈRES

Imprimerie Jouve et Cie, 15, rue Racine, Paris — 6070-19

www.ingramcontent.com/pod-product-compliance
Ingram Content Group UK Ltd.
Pitfield, Milton Keynes, MK11 3LW, UK
UKHW021504090726
13657UKWH00001B/20